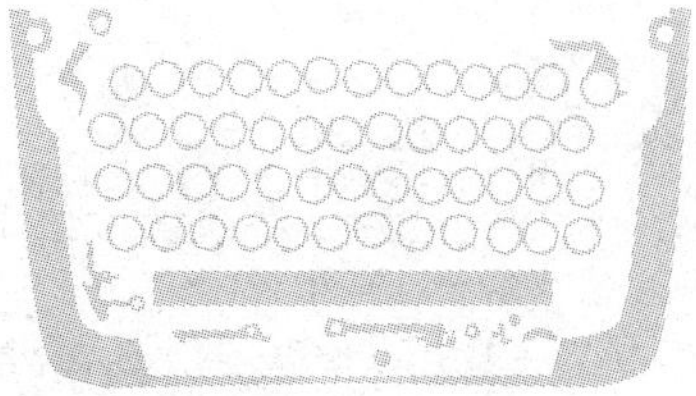

广播电视新闻专业“十二五”规划教材

电视采访学

赵淑萍　谭 笑　著

中国传媒大学出版社

前　言

从世界范围看，电视采访促动了即时进行的全球性信息传播。电视采访能够在瞬间记录并再现当代历史事件，促成了各种观念的形成。

半个多世纪以来，电视记者的采访活动对人类历史进程的影响无疑起到了推动作用。“深入的电视报道本身就很可能影响在一段时间内发展的许多事件的结局。”①双向交流的采访，启动了新闻传播同观众的“输通系统”。电视采访不但作用于人类社会，而且也影响了电视媒介自身的变革。

电视采访不仅仅是新闻报道的基础，还作用于报道手法、结构方式、报道体裁、节目样式等各个方面，成为电视新闻传播形态的表现特征。

电视采访改变了记者传统的形象；电视塑造了职业记者的屏幕形象。数以百万计的电视观众能够认出电视记者，并从记者的采访过程中审视记者的思想、能力和个性。

电视新闻采访是一门专业性很强的应用学科。自从电视诞生以来，记者采访就作为新闻报道的基本手段，奠定了电视新闻传播的基础。在某种程度上讲，当人们谈到某个事件，谈到某个庆典、灾难的时候，与其说是事件本身，倒不如说是在电视新闻节目中的所见所闻。观众在电视上看到活生生的画面，就像是种种事件的参与者，受众在电视上感受、经历了更多的超过自身体验的情感和事物——欢乐、悲痛，胜利、失败，战争、和平……收看电视新闻已成为人们生活中不可缺少的组成部分。

然而，正是因为有了电视记者的采访，才提供了电视新闻报道的内容。

电视记者每天向人们提供大量的新闻报道，影响和改变了社会、经济、文化以及人们的生活和观念。

今天，全媒体时代的新环境，向电视记者提出了新的挑战；新科技、新观念、新思

① 〔美〕汤姆·贝塞尔：《传播新闻》，载《传播媒介之职能》，美国驻华大使馆新闻文化处1984年版，第28页。

维、新发展，将继续影响、作用于电视记者的采访活动；紧紧跟上新技术的发展，提高思维能力，接受新的理念，增强采访技能，成为现代电视记者胜任创造性采访工作的先决条件。

本书的写作过程，正是处在这样一个瞬息即变的特定历史时期。在媒体融合引发一系列变革的时代背景下，笔者对这本教材的框架、结构、体例、内容进行新的构思，不断调整、充实，完善。有所感悟的是：电视新闻采访这门学科永远需要我们用新的眼光、新的姿态、新的视角加以学习、总结、归纳、提升，这个过程就是成熟、进步的过程。希望本书能够指导学生理解、消化、掌握这门学科的理论体系。最后，感谢谭笑在教材撰写中承担了有关调查采访部分的写作。

赵淑萍

目 录

第一章　电视采访的共性与个性

本章内容

1. 采访活动的共性特征
2. 电视采访的个性特征
3. 全媒体时代的新发展

所谓共性，是指事物共同具有的性质；

所谓个性，是指事物自身具有的特殊性质。

电视采访的共性，即新闻采访活动共同具有的性质，也就是共性规律。

电视采访的个性，即电视采访自身固有的特殊方面，也就是个性特点。

概念术语

以唯物主义的哲学观来考察，采访活动是主体认识客体的活动，因此，采访活动是一种广泛的社会活动，同时又是一种特殊的调查研究活动。

作为电视记者，必须要遵循采访的共性规律，在这个前提下，把握好电视采访的个性特点，不可忽略任何一个方面。

电视采访共性与个性的关系是相互依存、相互作用的关系，二者之间有着不可分割的内在联系。这种内在的联系是如何体现于电视记者的采访活动之中呢？

从整体上看，电视采访可分为共性和个性两个组成部分。

在共性方面，电视采访同文字采访一样遵循采访活动的基本规律并运用基本的方法，只不过最后对事实材料处理的手段有所不同。报纸记者将事实材料以文字符号形式展示给读者；广播记者将事实材料以声音符号形式诉诸听众的听觉；而电视记者则将事实材料转化为画面、声音、文字，以流动的画面和声音进行传播，诉诸观众的听觉和视觉感官。

在个性方面，电视采访同文字采访的最大区别是录音和镜头前采访。这种直接展现声音和画面的采访，发挥了电视媒介的独特优势，将记者的采访由单一的采集手段拓展为一种表现手法、一种结构方式、一种节目形态。

概念术语

记者的采访使命是记录今天的历史。

记者的特殊使命，决定了采访的范围无限广阔——以整个人类社会为舞台。

需要说明，电视记者采访，包括静态采访的准备工作和到事件现场的动态调查研究。

电视采访正是作为节目内容的采集手段——采访活动的共性体现；同时又作为电视节目内容的表现手法——采访活动的个性体现。这两者的相互结合，发挥着不可替代的作用。

第一节　采访活动的共性特征

作为记者，这种社会活动的广泛性和调查研究的特殊性是怎样体现于采访之中的呢？

总括起来，社会活动的广泛性主要体现于记者的采访使命、采访视野、采访认知之中；调查研究的特殊性主要体现于采访目的、采访时效、采访任务之中。

一、采访使命

由于记者行使着记录今天历史的使命，新闻采访活动才得以影响人类社会的进程；由于新闻传播发挥着推动历史前进的作用，记者的采访报道才成为历史研究以及当代社会发展研究的文本资料。

拿破仑曾说过一句名言：记者一支笔，能抵三千毛瑟枪。

采访使命也是对媒体和记者使命、履行职责的一种检验。2013年4月20日8时02分，四川省雅安市芦山县发生7.0级强烈地震。面对突如其来的灾难，CCTV迅速行动，前方的记者表现十分敏捷，报道状态主动、积极，后方编辑部处理、整合信息及时、到位。

面对突发自然灾害事件，媒体往往就像传感器一样发挥作用。首先，考验的是媒体对信息的感应速度。在一定程度上，感应的速度是对媒体在突发事件发生瞬间的决策态度、媒介意识、媒介行动的考验。

在汶川地震时，CCTV新闻频道在地震发生34分钟后打出"突发新闻"提示字幕，根据新华社信息播放了汶川发生大地震的消息，包括震中和震级。44分钟后15时12分，综合频道和新闻频道中断日常节目，进行全天候并机直播。汶川地震报道不但使CCTV积累了直播重大自然灾害报道的经验，更重要的是增强了对重大突发事件报道建立应急机制的意识和措施。

玉树地震发生后，CCTV新闻中心立即启动应急报道机制，于当日8时24分在综合频道、新闻频道《朝闻天下》节目中以字幕形式播发了玉树发生地震的消息。由于新闻频道在2009年改版中开通了大时段直播，最新消息的播发不用打断正常节目播出，因此在玉树地震24分钟后《朝闻天下》节目以"最新消息"作了口播。在地震发生后的40分钟——8时42分，又以电话连线方式更新报道地震情况和救援情况。在玉树地震报道中，CCTV有效地演练了应急机制的启动和运行。

芦山地震发生后，CCTV新闻频道迅速作出反应，电话连线四川台现场记者，及时传递了雅安发生地震以及现场的信息。4月20日10时，推出特别报道《四川雅安强地震》。到午夜时间，已经报道了灾情、伤员救助、新闻发布会、解救被埋压群众、各方支援的新情况，准确及时地报道了灾区的最新动态。

与汶川地震、玉树地震报道相比较，CCTV对芦山地震的感应更敏锐，不但采用了字幕、口播、电话连线的方式，而且灵活采用了地方台和武警的3G视频信号，发挥出提供电视画面的作用。这样的态度，一方面体现了在大数据时代资源整合的趋势，另一方面也体现了 CCTV 作为国家权威媒体注重于媒介之间合作共赢的态度。

突发性自然灾害报道的另一个显著特点是，事发地的媒体具有天然的地理接近性，可以尽早地进入现场进行报道。因此，CCTV 加大了同事发地媒体的合作，进行报道资源的整合，变被动为主动。这不但提升了对事态发展的反应速度，而且使内容更加充实。

在芦山地震的当天中午，CCTV 与成都电视台记者蒋林进行了第一次视频现场连线，传递有关芦山医院的伤员救治的情况，播发了灾区第一段完整的视频画面。

地震发生后，由于通信和交通的阻断，记者赶赴第一现场有一定的困难。这时，利用先期安装在不同地点的摄像头记录的地震画面，丰富直播节目的画面信息量。此外，利用救援车的移动车载拍摄系统，提供震后房屋建筑损害情况的直观画面。CCTV 播出的芦山地震灾区的最早的画面，就是四川雅安武警支队随车携带的 3G 画面拍摄系统传回的。

在多媒体时代，电视媒体可以灵活整合多渠道视频资源，寻求与其他媒体的联动，使新闻资源得到最大限度的开发。随着视频技术的不断发展，现代移动 3G 画面、摄像头监控画面、航拍和卫星“动中通”技术拍摄的画面等，已经成为电视媒体获取新闻素材的重要来源。在这次突发灾难事件的报道中，CCTV 利用多渠道获取视频资源和信息资源，灵活编排节目内容，重组报道结构，丰富了节目报道的样态和形式。

创新的概念包含开发利用新的资源。可以说。CCTV 新闻频道通过这次芦山地震直播对人力资源的配置和新闻资源的开掘上有所突破和创新。从一定意义上讲，对新闻资源的开发利用，最为核心的是对人力资源的重新审视和开发，对媒体本身来讲，也是发挥潜能的一种创新。

突发性重大新闻事件的现场直播能力，是一个媒体综合竞争力的重要体现。作为现代电视媒体，必须构建直播常态化的平台和机制。而作为拥有新闻频道的电视媒体，往往以频道为播出平台，灵活进行直播。

案例分析

“5・12”汶川大地震的采访报道

在2008年“5・12”汶川大地震的报道中，CCTV很好地发挥了新闻频道平台的作用，推出“抗震救灾、众志成城”特别节目，创造了连续32天每天24小时的直播记录。

2013年“4・20”芦山地震是在早晨8点02分发生，由于现场视频图像缺乏，CCTV新闻频道在1小时内做了4次电话连线，同时插播雅安的背景资料和信息。地震发生1小时后的9点至10点期间，又进行9次电话连线，将现场记者声音、图片、演播室主播报道灵活穿插，对芦山地震有关震情和救援情况进行权威媒体的解读。10点推出特别报道《四川雅安强地震》，连续播发现场最新动态信息，有效进行舆论的引导。

"4·20"芦山地震直播节目中的短片插播做到了及时更新，制作速度提升。《四川雅安强地震》播出的短片通过地图和受灾群众的图像作为特别节目的开场，具有强烈的感染力。片花的内容较好地利用了监控录像的素材，呈现了地震现场的细节，十分逼真感人。

从受众的角度来看，人们对突发性自然灾害最为关注的是现场的最新动态。一般来说，地方电视台记者具有地理位置和交通的便利条件，往往能够最先抵达现场。因而，怎样把地方台记者的报道内容有效引入CCTV的直播系统，需要进行慎重的选择。

成都电视台记者蒋林在对现场的选择、报道时机以及细节捕捉等方面做得十分到位。当CCTV的记者没有抵达现场时，CCTV新闻频道直播间与成都电视台现场记者对接，及时转播现场的情况。地震当日中午13时22分，成都电视台记者蒋林在芦山县人民医院与CCTV主播文静连线，报道芦山医院的救治情况。通过蒋林在现场数正在搭建的救灾帐篷，传递了芦山县人民医院治疗能力有限的信息；蒋林对公安民警及官兵光着脚列队点名的细节表述，说明当时情况紧急；通过对地震受伤者的采访和观察，展示了灾难给人们带来的恐慌。

在一定程度上，CCTV在借鉴汶川和玉树地震报道经验的基础上，对芦山地震的反应和报道有所创新和改进。在反应速度、拓展多元信息渠道、整合信息内容、发挥频道平台作用、与地方台现场记者沟通等方面积累了重要经验。

电视新闻直播是一种呈现方式，这种呈现方式可以最大化地发挥电视的优势。直播不但体现出电视媒体在新闻报道方面的实力，而且成为电视媒体相互竞争的一种手段，也是衡量其报道水平的重要标准。而报道水平不仅仅体现在反应迅速、报道及时上，还体现在对事件的冷静判断、报道基调的理智把握上。

奔赴"4·20"芦山地震现场的地方记者的报道十分积极主动。不过，一些记者在开始阶段的报道状态十分急促、紧张，在一定程度上渲染了紧张气氛。

事实上，"4·20"芦山地震破坏程度和造成的损失远远比不上汶川大地震，但是由于众多媒体的记者一拥而上，不同程度地渲染了紧张气氛，一时间全社会似乎被笼罩在一场发生大地震的氛围之中，因此，面对突发性自然灾害，媒体在迅速反应的同时还要保持冷静的态度。

与汶川大地震的报道比较，CCTV记者的现场报道十分冷静、理智，体现出较好的专业素质和水准。可以说，"4·20"芦山地震检验了现场记者的观察、采访、判断、表达、思考能力及专业精神。

在芦山地震一个星期之后，CCTV报道的重点从对灾区动态信息的传递转为对抗震救灾行动和效果的报道，报道的基调是：弘扬抗震精神。

突发性灾难事件的报道一般包括三个阶段：灾难爆发、灾难延续、灾后平复。每个阶段的报道重点都不相同，报道内容随着灾区的动向而不断延续。

在灾难的爆发阶段，CCTV 迅速制订应急方案，公开传递地震信息，满足受众的知情权，引导公众理性地看待和应对灾难。雅安芦山地震发生后的 24 分钟——8 点 26 分，CCTV 播出第一条消息，10 点推出《四川雅安强地震》特别节目，共连线报道 13 次，播发消息 20 余条。我们看到，《四川雅安强地震》特别节目在灾难爆发阶段报道内容主要由三部分构成：汇集多方面信源及时跟进最新的动态；专家解读疏导民众的恐慌心理；及时通报灾情信息和人员伤亡状况。

在灾难的延续阶段，CCTV 根据灾情的实际情况，报道方案由全天候直播转为重点关注。进一步公开报道相关信息和政府采取的措施，配合政府决策，缓和社会紧张气氛，积极引导舆论。

地震发生 4 天后，CCTV 各个新闻节目恢复正常播出，在每档新闻节目的开始进行专题报道“关注芦山地震”。此外，在《新闻联播》重要时段的节目中推出“救援进行时”专题报道，报道了灾区震后生活恢复情况及体现抗震救灾精神的典型人物。报道的体裁有特写、专题、评论等。

在灾后的平复阶段，恰逢五一国际劳动节来临，CCTV 通过《五一特别节目》中的“劳动STYLE”等形式引导人们从灾难走出，恢复正常的生活秩序。4月29日《新闻直播间》报道了“芦山预计今晚全县恢复自来水供应”的新闻，这是一条灾后平复阶段最重要的好消息——快速解决了饮水问题，带给人们希望和信心，全社会的紧张情绪也平缓了很多。

CCTV 此次对芦山地震的报道较好地把握了报道时机和报道基调，及时对谣言和不实信息进行调查并及时公布真相。

在地震当天有网友发帖称“在重庆新买的楼盘由于地震中严重倾斜，倚靠在另一幢楼房上”，CCTV 记者对此进行了调查，在《东方时空·真相调查》节目中用调查的事实告知公众，这是一个虚假的网络信息。此外，网上传言汶川地震后重建的房屋受损没有抗震能力，CCTV 记者也对此进行了调查核实，确认是网络的谣传。

针对网络谣言制造的恐慌现象，CCTV 在《焦点访谈》《新闻联播》节目中公开辟谣，避免引起更大的恐慌。

可以说，此次芦山地震报道在及时回应谣言的传播方面，CCTV 较好地把握了报道时机和基调，发挥了国家权威媒体的功能和作用。

面对突发性的灾难事件，CCTV 新闻决策者和记者们表现出的强烈的直播意识，是一种发挥强势媒体作用的意识。

可以说，CCTV 对四川雅安芦山地震事件的报道，取得了最大化的传播效果，在强烈的直播意识与发挥强势媒体作用的互动方面积累了新经验。

在一定意义上讲，这次直播报道创造性地发挥了CCTV作为强势媒体的作用，而这种作用的发挥是由于强烈的直播意识与不懈的坚持促动的。通过直播形式报道突发性的灾难事件，不仅仅是在直播业务实践上的尝试，更主要的是充分发挥CCTV作为强势媒体的作用的一种体现。

在应对突发自然灾害的报道中，以CCTV为代表的主流电视媒体在理念和实践上都有重大改进和创新，在很多方面有新的突破，但是仍然有较大的提升空间。经历三次大地震报道，CCTV在灾难报道中积累的应对措施、信息发布、报道策划、议程设置、节目制作、直播运行机制等经验值得进行理论的归纳。据盘古舆情分析报告，相对于网络媒体，传统媒体不仅拥有采访权，而且拥有丰富的采访经验和专门的记者团队，可以亲临现场开展新闻报道，公信力相对较高，因此，在重大突发事件中，由传统媒体发布的官方微博更容易被网友所关注，被社会所信任。

记录历史，对记者采访提出了一个基本性的前提要求：

> 记者必须站在时代的高度，以整个人类社会为舞台，才能完成这种特殊的使命。这个前提，决定了记者的采访视野应该是无限广阔的。

二、采访视野

记者的采访视野是瞭望整个人类社会。

> 世界著名报人约瑟夫·普利策认为，倘若一个国家是一条航行在大海上的船，记者就是站在船头的瞭望者。他要在一望无际的海面上观察一切，审视海上的不测风云和浅滩暗礁，及时发出警告。

在人类社会的发展史上，许多自然科学家可以在一间斗室创造出人间奇迹，马克尼、贝尔、爱迪生等发明家如痴如狂、闭门不出潜心钻研实验，发明了电报、电话、电灯。然而，记者绝不可能通过关起门来专心致志研究某一特定领域的社会或物质现象从而透视整个社会。

《60分钟》是美国CBS的名牌电视新闻节目，该节目以其报道题材广泛、面向整个社会，报道内容深刻、具有力度，报道手法引人入胜、调查深入等特点成为电视新闻深度报道的代表性节目。

> 美国一些历史学家和社会学家认为，《60分钟》节目被看作是“美国社会的一面镜子”。要了解美国当今社会的状态及人们的思想情绪，较好的途径之一是看《60分钟》。《60分钟》节目成功有许多因素，其中较为重要的因素是记者的调查采访深入、范围宽、视野广。

中央电视台《新闻调查》《焦点访谈》节目推出以来，很快引起受众普遍关注，其中重要原因之一是节目具有深度和广度，触及时弊，审视了社会生活的诸多重要方面。

值得提及的是，正是由于《新闻调查》《焦点访谈》节目的记者采访活动深入广泛，才奠定了节目内容质量的基础。

从某种意义上讲，电视新闻报道作用于人类社会，首先是以记者瞭望整个人类社会为前提的。记者的采访视野必须面向整个人类社会，才能够发掘和再现具有时代特征的客观物质世界。

概念术语

记者的采访认知是主体认识客体。

认知是指人的头脑对客观世界的反映，并通过这种反映得出一定的看法。

采访是记者认识客观事物的活动，是以唯物主义的认识论为理论依据的。

需要明确的是，采访不是借助客观表达主观意向的活动。

三、采访认知

采访是记者认识客观事物的活动，并不是说记者的采访是盲目的、消极的、无意识的。恰恰相反，采访是有意识的、有目的的认识活动，因而也是积极的。

问题的关键在于：怎样认识和反映客观事物？

在某种程度上讲，采访活动始终有一个思想方法问题，记者应该把握好认识与反映客观事物的主从关系。

要点提示

依照唯物主义认识论，记者采访的认识路线应该是：先有事实，后有新闻；先有采访，后有报道。

记者要在头脑中树立正确的唯物主义认识论的观念：客观事物是第一性的，采访认知是第二性的。

案例分析

《南极与人类》系列片

1991年全国电视社教节目一等奖作品《南极与人类》用生动的画面语言，向观众展示了南极神秘壮观的极地世界。浙江电视台记者历尽千辛万苦，拍摄了6集系列片。在节目中，他们不但拍摄了南极那天造地设的自然景观，而且站在全球的高度，从自然科学和社会科学两个方面揭示了南极对人类社会的影响。节目中特别强调：南极属于全人类，是一块没有国界的圣地；为了人类和平是南极条约的宗旨，全世界的人们都应该为明天、为和平保护这块极为神圣的净土。

可以说，这部6集系列片的报道水平取决于记者、编导的认识水准。在第二集《白色》中，揭示出发人深思的对南极的再认识。

解说节选：

“许多人看来，这毫无生机的白色世界是被遗忘在天涯海角的太古荒野，它远离文明世界，与人类社会绝缘。

“实际情况并非如此。全部科学的成就充分证明，正是这遥远的白色世界，无时无刻不在影响着整个地球系统的运转。从某种意义上讲，这白色世界和绿色世界一样，制约着人类的生存环境，控制着人类的未来。

“因此，在工业污染日益严重，人们呼吁要保护绿色世界的今天，极地科学家急迫地提出，要重视白色世界的存在。

“今天许多科学家投身风雪严寒的动力，已不再仅仅是对神秘的白色世界的好奇，更多的是对于人类未来的责任感。”①

《南极与人类》虽然是一部科教系列片，但是由于创作者从自然科学与社会科学的角度去挖掘、去发现，使节目具有了深刻的内涵。节目中解剖了人类社会在进行工业文明的同时对环境的破坏所造成的恶果，以此来强调保护南极的重要性；同时，深层次、多角度地分析解释南极对人类生存的影响，从而体现出南极的价值。

这部系列片，记者在许多个层面上对南极进行了深入的了解、认识。极地采访是艰辛的，然而，对客观事物的认识也是复杂的思维活动。

我们主张，记者采访首先要在正确的认识路线指导下，花大力气，开动脑筋，全面客观、深刻细致地认识客观事物。

概念术语

记者的采访目的是：传播信息，交流信息，沟通社会。

记者采访的目的决定了记者职业的突出特征——社会活动家。

四、采访目的

作为社会活动家，记者采访方式具有特殊性，其主要表现是：

记者采访常常以同人打交道、与人交往的方式进行，但它的性质不是纯私人的活动，而是一种社会活动。

① 《1991年优秀电视社教稿选》，中国广播出版社1993年版，第150页。

记者代表的是所属的传播媒介，采访对象也不仅仅是代表个人，而是作为某一方面的社会现象的代表而被采访的。

记者采访的着眼点是采访对象的社会联系以及具有一定社会意义的情况，双方接触不是为个人，而是为社会。

采访的最终结果，必然超出个人的圈子，在社会上产生广泛影响。

举例来讲，歌唱演员毛阿敏偷税漏税的问题，曾几次被媒体报道。虽然记者采访披露的是毛阿敏个人的问题，但她是作为这类社会现象的一个代表而被采访的。采访的结果，必然在社会上产生影响。可见记者采访是在传播信息，这种目的和作用是相互关联的。

延伸阅读

创造性的采访，不但能够传达信息，而且能够进行信息交流。①

新闻的产生是基于社会对信息沟通的需要。记者采访的目的同这种需要是分不开的。随着社会的发展，公众对信息的需求不断发生变化，人们不但需要获得信息，而且还需要信息交流，这对记者的采访提出了新的标准。

信息交流虽然有多种渠道，但通过记者采访所交流的信息具有更广泛的社会意义，因而更具有吸引力，更能引起受众的普遍关注。

案例分析

沃尔特斯采访尼克松

美国著名的名人专访记者巴巴拉·沃尔特斯非常善于在采访中进行信息的交流。这种交流并非是仅指记者同采访对象之间的交流，而是让信息流动到公众方面，并带着公众关心的问题提问。

一次，沃尔特斯采访总统尼克松。尼克松对她说，希望在他夫人生日之时多谈谈他的这位配偶。沃尔特斯首先同意总统的要求，但当他们谈了一会儿后，她对尼克松说："总统先生，我们已经谈了您的家庭，现在我们来谈谈困扰着美国这个大家庭的问题吧。"

① 〔美〕肯·梅茨勒：《创造性的采访》，李丽颖译，中国人民大学出版社 2010 年版，第 94 页。

接着她就提出了越南战争和吸毒等问题，尼克松都作了回答。

事后，沃尔特斯对同事说，我不能够让 40 分钟的电视采访时间都来谈论他的夫人，我应该谈一些观众想谈论的问题。事实上，观众想谈论或人们普遍关注的问题，就是人们需要交流的内容。

简而言之，记者采访的目的及其功用主要是传播、交流、沟通。无论以什么样的形式来报道、反映客观事物，最终的目的是相同的。

五、采访时效

记者的采访时效是分秒必争。

记者的采访作为一种社会活动，突出的特点之一就是讲求时间效率，有时甚至要与事件的发生同步进行。

截稿时间、播出时间对记者采访具有一定强制性的要求。时效性可以锻炼记者采访的速度。

有时候，采访处在一种刻不容缓的状态，记者心理上会产生较大的压力，镇定的态度、纯熟的技巧往往可以减轻这种压力。

要点提示

时效性集中体现了记者采访的难点：

在有限时间内挖掘到新的、真实的、有价值的信息和事实。

案例分析

肯尼迪遇刺报道

1963 年 11 月 22 日，美国达拉斯时间 12 点 30 分。肯尼迪总统的车队的最后一辆车——第六辆上的合众社记者梅里曼·史密斯听到一声枪响，职业敏感使他立即抓住车上的无线电话向合众国际社达拉斯分社报告了这一消息——“总统车队遭到枪击”。同在第六辆采访车上的美联社记者听到枪声也迅速反应过来，他要抢过史密斯的电话，结果两个人抱在一起滚作一团。最后史密斯拼命抱住电话不放，连续报道了他认为是他生命中最重要的一条新闻。

事后，随总统采访的新闻车安装上了两部电话。枪响4分钟后，史密斯报告的消息就在合众国际社电传打字机上啪嗒啪嗒响起来，迅速向电台、电视台、报纸发布新闻：

"合众国际社达拉斯11月22日电：肯尼迪总统的车队今天在达拉斯商业区遭到三枪袭击。"

12点36分，唐·加德纳在纽约ABC电台播出了这条消息，时间离枪响只过了6分钟。

肯尼迪总统被送到白克兰德医院。史密斯紧跟着到医院，他看到倒在血泊中的总统身体软弱无力，立即跑到医院的一个公用电话间，向达拉斯分社发出第二条消息。这条简讯在12点39分在合众国际社电传打字机上打出并传向四面八方：

"肯尼迪总统伤势严重，或许很严重，或许遭到暗杀子弹的致命伤害。"

1分钟后，CBS的沃尔特·克朗凯特突然出现在系列片《当世界改变时》节目中，打断正常播出，根据这两个简讯报告说："在得克萨斯州达拉斯市有三枪射向肯尼迪总统的车队。第一次报道说，'总统伤势严重'。"几分钟后，广播、电视的听众和观众陷入一片恐慌和震惊。

1点35分，人们听到总统已经离开了人世。这时人们都把目光转向了电视，了解事态的发展。

以后的4天，电视连续报道了这一事件及事件引起的反应和变化。肯尼迪遗体的运送、副总统约翰逊的声明、有关凶手的情况、各国政府首脑的抵达、葬礼的准备和进行。三大电视网联合报道了肯尼迪葬礼，动用了50部摄像机，通过卫星传向世界。

时效性使记者采访蒙上了激烈竞争的色彩，从美国总统约翰·肯尼迪遇刺事件的报道中略见一斑。在电视连续报道这一事件时，一些观众在3天中只睡了6个小时，其他时间都守在电视机旁。

这一年度的普利策新闻奖授予了肯尼迪遇刺的报道，充分反映了新闻传媒的时效性，也反映了记者采访活动分秒必争的共性要求。

"抢新闻"这三个字形象刻画了记者采访的状态，特别是对于采访动态性新闻的记者来说，时刻要想到截稿的时间，这不能不说是一种挑战。

六、采访任务

（一）采访公开报道的新闻

采访公开报道的新闻是记者日常工作最基本的任务。

公开报道的新闻一般包括这样一些内容：

社会生活中具有新闻价值的动态、事件、问题、面貌、成就、经验、人物、思潮、趋势等。

记者履行新闻报道的职责，在日常采访活动中就要迅速地了解到真实的、典型的、有新闻价值的事实。故此，对记者提出这样一些要求：

其一，必须以敏锐的目光捕捉到标志社会发展趋向的事物；

其二，必须善于从纷繁复杂的事物中，发现新生事物的萌芽；

其三，必须胸有全局，对国家、政府的方针大计有透彻的领会；

其四，对国家当前的中心工作、实际情况有深层次的认识；

其五，必须对世界风云密切注视，对国际形势有透彻、精辟的分析；

其六，必须考虑受众的因素、民众的利益，对社会弊端给以披露。

在记者日常的采访报道中，有下述几个关键点需要把握。

1. 注重事实

哲学家依靠概念、判断和推理说服人，文学家靠形象说服人，统计数学家用数据说服人，新闻记者靠什么说服人呢？依靠事实。因而，记者采访一定要能够捕捉到构成新闻事实的材料。

2. 讲求速度

记者采访的特点之一就是讲求速度。新闻之所以是新闻就在于是新鲜的事实，而新鲜的事实必须以最快的速度传播出来才能成为新闻。

因而，在某种程度上，速度成为新闻竞争的焦点。这就是记者采访为什么要“抢”新闻的原因。

3. 判断准确

概括起来，记者采访就是要迅速地捕捉到真实的、有新闻价值的事实。有位美国新闻学家认为，新闻报道无非是两个字：真，快。这两个字道出了新闻采访的难点——既要快，又要准确。因而，记者判断事实的准确程度关系到记者的新闻生涯和声誉。任何一个记者，担心出错主要是担心在事实判断上的失误。

（二）采写内参

记者出去采访一般都是根据一定新闻线索，有目的地为公开报道而采访。但在采访的过程中，记者还有一个职责：采写对国家、政府工作有参考价值的不适合公开报道的内参。

要点提示

采访主要有三项具体任务：

采写公开报道的新闻；

采写不公开报道的内参；

建立信息网络。

要点提示

构成新闻事实的材料有这样十个方面：

事件、时间、地点、人物、例证、观点、数字、引语、原因、结果。

概念术语

所谓内参就是内部情况参考材料。

记者采写的内参可以直接递交有关领导部门，也可以刊登在新闻机构自编的情况汇编上，情况汇编递交上级主管部门。

1．内参的作用

一篇内参的作用，不一定比一篇公开报道的作用小。内参对解决实际问题往往起很大的促进作用，对实际工作起很大的推动作用。许多情况通过内参形式反映到领导机关，对领导者了解民情和社会动态，对决策机关制定政策都有一定参考价值。

2．内参的内容

具体来讲，有以下几个方面：

（1）国家和政府的方针、政策在贯彻执行中出现的情况和问题，特别是实际工作中的困难、偏向、错误和缺点。

（2）各阶层人士的要求、意见。

（3）群众生活中的困难、工作中的障碍。

（4）某个时期的社会思潮。

（5）社会上的不良倾向、不正之风。

（6）某个突发事件、自然灾害的详情。

（7）不够成熟、带试验性的经验、做法。

（8）国际上有参考价值的情况。

（三）建立信息网络

建立信息网络的作用一是扩大新闻线索，二是沟通和受众的联系。

具体讲，建立信息网络包括这样几项工作：同采访对象保持联系；同新闻联络员或新闻发言人理顺关系；同受众搭建桥梁。

同采访对象保持联系可以提供后续报道的线索。许多新闻是发生在某个时间的数年后，是记者重新又进行采访的人所提供的。例如《为了周总理的嘱托》这篇报道就是事情发生数年后在新的历史背景下采写的。

同新闻联络员或新闻发言人理顺关系是保持新闻线索来源的重要渠道。一般说，记者采访总是同新闻联络员或新闻发言人打交道比较多，新闻联络员或新闻发言人就是负责某个部门、单位新闻报道的具体人。

同受众搭建桥梁是了解情况和增加信任感的重要一环。具体讲，在工作中应重视受理受众来信。例如：美国《60 分钟》节目 1/3 线索来自观众来信。节目主持人都要选择来信亲自回信，不能回信的由专人负责答复观众。

记者的信息网络建设得越好，采访越容易打开局面。自觉有意识地同人建立联系、广交天下，往往是世界上优秀记者身上共同的突出特点。例如李普曼、范长江等著名记者在谈及记者生涯时，都将同人打交道、交朋友视为记者工作的重要一环。

从上述三方面具体职责看，记者每到一地采访，既要结合上下，又要联系左右，才能达到沟通社会、传播新闻的目的。

每个记者都会为自己所作的新闻报道传播范围广泛，引起社会注意而兴奋；每个记者都会为自己写的内参解决了问题，推动了实际工作而欣慰；每个记者都会为自己的社会联系广泛、朋友众多而感到快乐和高兴。记者工作之所以吸引人，有“诱惑力”，正是因为记者行使的职责是令人兴奋的。

概念术语

电视采访的基本含义：

电视采访是记者认识客观事物，采集、挖掘、发现新闻事实与信息的调查研究活动；采访的方式也是电视报道的表现手法之一，还是许多电视节目表现形态的突出特征，构成特定的节目样式。

第二节　电视采访的个性特征

论及电视采访的个性特征，不能脱离电视媒体自身的特质。电视能够在诸种传播媒体中后来居上，在于它展现了一个活生生的“声像世界”，而电视采访的个性特点正是围绕这个“声像世界”的展现而形成的。因此，电视采访的个性特点是由电视媒体的特点而决定的。

把握电视采访特点，在思想观念上不能僵化。下述几个重要的前提，需要特别强调。

其一，现代电视采访的个性是有条件地、相对地存在着的，因而，不能将电视采访的个性特点绝对化或者固定化。

其二，电视采访的个性特点也是在变化过程中形成的，因而，电视采访的个性特点在发展过程中仍然存在着不断演变的可能性。进步的同时或许会甩掉落后的东西，一成不变的事物是不存在的。

其三，电视采访的个性特点不是孤立地存在，而是在相互比较下存在的，因而，电视采访反映出它自身的特殊性，它不可能离开采访活动的共性而独立存在。

其四，电视采访的作用是巨大的，而且潜在的功能还有待开发利用，但是，过分地夸大或绝对化地强调其个性特点，会使思想认识走入误区。

因而，正确地、客观地、全面地认识电视采访的个性，在一定条件下能动地运用电视采访的优势，关注并开发电视采访的潜在功能，才能够在观念上、认识上、行动上更好地理解和把握电视采访的个性。

要点提示

电视采访的个性特点主要表现在：

采集手段、采访形式、思维方式、表现元素、形象画面报道、采摄分工、集体协作等几个主要方面。

一、现代的采集手段

现代电子化的采集手段，是电视记者采访的必备“工具”，

概念术语

手段是为达到某种目的而采取的具体方法。

电视记者运用现代电子化的采集手段，将活动图像素材“记录”“再现”。

离开它们，就无法“生产”，这是电视记者采访同其他媒体记者采访首要的区别之一。

传统文字记者采访手段非常简便，一支笔、一个笔记本就可以走出去采访。即使是现代文字记者使用电脑、录音机采访也比较轻便。广播记者携带一个小型录音机就可以作录音报道，有一台短波发射机亦可以进行同步现场口头报道。第二次世界大战期间，广播正是以快捷、及时的优势，进入了“黄金时代”。美国 CBS 著名记者爱德华·默罗也正是以《现在请听》《这里是伦敦》现场广播报道赢得了“美国民族英雄”的称号。当时，他所配备的设备仅仅是短波发射机和话筒。对于电视采访来说，首要的前提条件就是要配备一整套系统的采集传送设备。

案例分析

天安门阅兵仪式直播

1984 年 10 月 1 日，中央电视台现场直播首都庆祝中华人民共和国成立 35 周年阅兵仪式和群众游行实况。一共动用了 22 台摄像机、200 多人，当时是新中国成立以来最大的一次转播活动，并通过卫星向国外发送。

国庆 50 周年的电视直播更是超大型的：4 个系统，36 个机位，二级切换。

国庆 50 周年庆祝活动集中在天安门和长安街，但是分布的范围很广，天安门城楼、广场中央、广场两侧都有活动。此外，很多的活动都是在行进之中，这些活动的程序是以分秒来计算的。特别是天上、地下的动态活动同时进行，难度更大，地面的活动在行进之中还有很多图案的变化，这一切都给直播带来挑战。

中央电视台分了 A、B、C、D 4 个区域系统，每个区域 9 个机位，1 个微波车。除了这 4 个区域外，还部署了 5 个单边高点的机位，这样形成了 4 个系统、5 个单边的布局。画面通过现场的微波车直接回传，总导演台上是 18 个画面切换。这些机位和系统的部署需要开动很多脑筋，通过多方协调。

作为电视记者，必须掌握现代化电子采集技术手段，并熟知与之相配套的各个技术环节，否则就不能适应电视采访的特性规定和要求。

一般来说，常规的采访离不开摄像机、话筒、灯光等基本的技术手段；大型的采访活动则要动用转播车、卫星以及成套的人马，包括摄像、灯光、录音、切换、视频技术等人员。所有这一切技术设备和人员都是为传送电视活动图像而设置的。而电视记者则要通过运用这些技术手段，将自己对客观事物的采集以画面的方式报道出去。

从更深层的意义上讲，采集手段的进步也是现代传播的突出特征。可以说电视采访展现了现代采访的新潮流。

电视在瞬间向亿万人传播具有永恒历史意义的图像时，也为人类留下了一大传播奇迹，使亿万人惊讶、震动、思索。那些具有全球意义的电视画面，表明人类用自己创造的奇迹，为后人留下了珍贵无比的活动的历史画卷。

现代采集手段，不但是电视记者采访的特点，而且代表着现代传播的发展走向。对此，可以从人类登月的电视报道过程略见一斑。

世界电视史上最壮观的场面是人类登月的实况转播。在人类着手登月之前，电视就已做好各项准备工作，向月球发起挑战。

美国“阿波罗”号宇宙飞船空中试验始于1968年年底；同时宇宙飞船上安装了电视播控室和发射机。

1969年7月20日，“阿波罗”号首次载人飞行绕地球163次，观众从电视上看到了这一奇观。人们看到了月球的景色，看到人在月球上行走时似乎没有重量。一组画面给人们留下了极为深刻的印象：宇航员缓缓漂浮在他们的小演播室中，对着摄像机说：“抓住这些家属送的卡片和信件。”这是真实的画面。

案例分析

人类登月

1969年7月，人类历史掀开了新的一页。一艘叫“鹰”的宇宙飞船将要把两个人带到月球——“安宁之海”上。宇宙飞船飞行一周前，报纸登了如下文字：

当阿姆斯特朗从“鹰”号宇宙飞船舱口连接月球表面的九级云梯走下来时，电视史上最伟大的节目拉开序幕。阿姆斯特朗从云梯上端走到第三级时，宇航员会用左手拨出一个？形手柄，打开一个贮藏机舱，里面一台黑白电视摄像机就会把镜头对准这一切。

阿姆斯特朗的双脚小心翼翼地从云梯上往下移动。不一会儿，地球上的人就看到在月球上行走的人。

电视实况转播使无数人的心脏与事件同步跳动。阿姆斯特朗终于成功地登上了月球。他站在月球上说：“对一个人来说，这是一小步；但对人类来说，这是一大飞跃。”

此后观众看到第二个宇航员埃德温·奥尔德林加入了阿姆斯特朗的行列。他们俩架起了第二台摄像机。观众在地球上看到两个人在月球上跳跃行走，很像一对大袋鼠，收集着石块儿。他们把用尼龙和硬质塑料做成的美国国旗放在月球上，以使它在失重时永远飘扬。

之后，电视屏幕的另一面出现了尼克松站在白宫椭圆形办公室的镜头。总统深情地说："这是有史以来最富有意义的一次通话。"

在总统办公室里，摄像机拍下了尼克松在地球上和在月球上的宇航员通话的双画面镜头。

尼克松接着庄重地说："由于你们所完成的业绩，太空已经变成人类世界的一部分。并且，由于你们从'安宁之海'和我们通话，这就激励我们要加倍努力把和平与安宁带给地球。"

阿姆斯特朗回答道："谢谢你，总统先生。我深感荣幸，来到这里不仅代表美国，而且代表所有国家热爱和平的人们……"

阿姆斯特朗和奥尔德林在月球上停留了 2 小时 21 分钟后，返回机舱。向地球飞回时，电视网开始报道来自美国及世界其他国家的反应和评论。

这次宇宙飞船发射吸引了 50 万人到发射现场观看发射景象。这些人中有新闻记者、外交官、各国名人。这是一次奇特的大集会：有的乘坐客机，有的乘坐私人飞机或直升机，有的坐火车，有的驾驶高级轿车，还有的骑着自行车或步行，他们从美国、从世界各地赶来观看人类史上的这一伟大的奇迹。

自此之后，无论探险家们走到哪里，都有电视摄像机伴随着他们，向全人类展示他们的活动。

概念术语

屏幕上用特定现场背景作衬托的采访是电视采访的独有形式，也是同其他传播媒介采访形式的最大区别之一。

由于特定现场背景作衬托，电视采访不但能够传达信息，而且能够传达印象。

电视采访要能够捕捉"感觉"，并能在特定的现场环境氛围中引出信息。

观众通过屏幕可以看见并感觉到某人在回答问题时的神情，这些神情有时比言语还能说明问题。

观众也可以从采访的地点环境的展现过程中，获得许多从属信息。

二、独有的采访形式

电视采访必须给人以不紧张、事先没有摆布的真实感。有时候，明明是真实的东西，由于掺杂了摆布的因素，会给观众一种造假的感觉，因而，电视采访引入屏幕，应格外留意屏幕效果。

电视采访以人的活动为主体，记者必须能够在大庭广众的现场环境中同人打交道，同时要以快速采访提问交谈的技巧在几分钟内得到通常要花几小时才能得到的东西。有时候，大庭广众下的快速采访并不简单，既要传达有用的信息，又要传达某种印象。

电视采访不允许使用深奥难懂的语言作口头叙述或采访问答，那样就会排斥广大观众。不使用深奥难懂的语言，并非意味着电视采访是浅显的、初级的，而是要求简洁、通俗、易于理解。

电视采访要设法创造一种和谐的气氛，同时要注意采访的态度、语气、举止乃至服饰，因为观众在检验着记者的一举一动，从记者在屏幕前频繁露面的过程中逐渐了解记者的主张、思想、能力、风格、个性。

1996年3月27日，中央电视台《焦点访谈》节目主持人水均益采访了联合国秘书长加利。这次专访从几个方面体现出电视采访的特点。

正式采访前，节目拟定以对话方式来进行采访，并用中国老百姓的问题提问。出乎意料的是，在街头的采访中，许多人对联合国以及加利本人似乎都不了解，提不出什么问题。有些人反问道："加利是谁啊？""他是干什么的？""联合国？联合国没什么作用吧？"

可见街头快速采访并不简单，捕捉到有价值的信息需要花费很多的心思。

水均益和同事三人从天安门转到北京展览馆附近，在外交学院门前遇到了一队小学生。水均益问一个小女孩："假如你见到联合国秘书长，你想不想问他什么问题？"小女孩想了想说："我想问他：联合国有多大，您的官有多大？"另外一个小男孩在一旁插过来说："叔叔，我想问他，现在好多国家都在打仗，能不能让他们别打了？"

孩子们这些天真的问题给了水均益很大启发。对于大多数中国观众来讲，联合国以及国际事务似乎是太遥远，人们对这些事既不太了解，也不甚关心。正因为这样，对加利的采访就更应该由浅入深，让观众易于理解。

延伸阅读

"最好的采访是那种忘记了布景、摄像机和所有一切，完全沉浸于谈话及所有敏感的问题之中。"

"如果采访忽略了观众，那么这种采访就是失败的采访。"①

案例分析

水均益采访加利

水均益和加利一见面，就用阿拉伯语问候他，并作自我介绍，他曾经在开罗当过驻站记者，并采访过加利。加利听后，脸

① 〔美〕肯·梅茨勒：《创造性的采访》，李丽颖译，中国人民大学出版社2010年版，第102页。

上的表情由惊讶变成了亲切。

在正式采访时，水均益用小女孩的话作为切入点，他对加利说："秘书长先生，请允许我告诉您，今天在这里采访您的除了我本人以外，还有许许多多关心联合国，关心您个人的中国人，因为我也带来了一些我问观众的问题。现在我想先从一位北京的小学生给您的问题开始我们今天的采访。这个小女孩请我问问您，联合国有多大？您的官有多大？"

加利听后满脸笑容，他首先表示，在回答这个问题前，他要向这个小姑娘说一句话。加利用中文说："我们都是朋友。"在场的人全都笑了。

笑声过后，加利说："联合国就像是一个大家庭。就像这位小姑娘的家有父亲母亲、兄弟姐妹一样，联合国这个大家庭一共有185个成员。联合国就是这185个成员的家。联合国秘书长的权力并不是很大，他不过是这个大家庭的仆人。他就像一个大管家，负责保护这个家，每天早晨开门、打扫卫生……而且他要努力让这个家的每一个成员彼此和睦相处，如同亲兄弟一般。因为这个家里经常会出现一些争论，秘书长的作用就好像是个调解人，他的角色是解决争论，平息争吵……"

加利慢慢地叙说着，他身后的背景是黄色的墙壁，身边放着一杯热茶，茶杯里冒出的热气在脸旁慢慢散发着。这样的气氛就好比在温暖的房间里愉快地谈天说地一样。

水均益作为采访记者，产生了这样的感受："在我看来，此时的画面就像是冬日里壁炉旁的一幅图画，一位祖父在向自己的孙女讲述一个童话故事。他是那样地耐心，那样地循循善诱，那样地投入。加利真正进入了一个我们为他设定的角色。"

"此时此刻，我无法想象坐在我面前的这个人就是当今联合国最高行政长官，是一位全球知名的'国际法专家'。他虽然享誉全球，满腹经纶，但是他却如此慈爱，如此平等地对待一位中国首都的小学生。"①

水均益对加利的采访取得了较好的收视效果。加利十分坦率地谈到了联合国的改革、目前的处境、未来的前景、中国在联合国中的作用等重要问题。水均益也不失时机地借观众的问题问了如何制止某些大国利用联合国干涉其他国家内政、联合国在台湾问题上的态度等问题，最后还问了加利的家庭生活和今后的打算。采访自始至终沉浸在谈话和交流之中，无论是轻松的话题还是敏感的话题，都给人以不做作、不紧张、不生硬的印象。

由此可以看到，电视采访不仅传达信息，而且还能够传达某种印象和某种感觉。创造和谐的气氛，有利于采访的顺畅进行。

由于电视所具有的独特的采访报道形式，它将人的活动直接带入了电视屏幕，因此人的活动成为电视报道的主体。举例来说，人物在电视新闻报道中的讲话、神态、举止同记者的对话在新闻里的作用是很大的。当电视报道重大事件、新闻人物时，观众期待的是有

① 水均益：《前沿故事》，南海出版公司1998年版，第184页。

关人士的发言、反应，期待着看，也期待着听。

作为电视记者，在采访活动中还要始终树立这样一个观念：

人的活动是电视报道的主体。因为人是电视新闻中最活跃、最生动、最有力的表现因素。

可以说，电视带动了记者采访方式多样化发展，同时也使受众更加直观地认识记者，判断记者的采访能力、报道水准。在这个意义上说，电视记者接受着受众最直接的监督、检验。

要点提示

在某种程度上讲，创造和谐的气氛，并能够捕捉特定感觉，从中引出信息，对于采访对象和记者本人都是十分有益的。

三、形象的画面报道

形象的活动画面是电视新闻传播的基础，电视记者主要通过画面来报道事实，而不是单靠文字叙述描写新闻事态。这是电视传播的特点，也是电视采访的特点。

在文字新闻中，事件的现场、细节、人物的表情往往要作详细的描写，而在电视新闻中则要运用画面、特写镜头来表现，文字只起从属作用。形象画面报道要求记者在采访时必须有能力迅速捕捉到有价值的、有特色的画面，而记者若要捕捉到有价值、有特色的画面就必须在头脑中强化屏幕意识。

有的初学者往往以为采访拍摄回来的画面素材剪辑后播出的图像新闻都是形象画面的报道。其实那些没有价值、没有特色的画面仅仅具有直观画面属性，而不具有形象性。我们常常从电视上看到的机器轰鸣、马达飞转、麦浪滚滚、蓝天碧野、鼓掌欢迎等“万能”画面，无论配上什么样的解说都可以使用，不论哪个年月的事情都能搭配，这样的新闻看上去有画面，其实没有形象感。可见，电视记者要在采访中树立屏幕意识才能发挥形象画面报道的优势。

具体来讲，电视记者在采访过程中要能当机立断地抢拍到具有形象特征的画面，力争达到在新闻中运用形象画面来说话的最佳效果。

前苏联中央电视台新闻部总编辑在区分广播新闻和电视新闻的异同时认为，新闻总归是新闻，它们之间有许多共同之处，但是它们的区别也不少。如果说，在广播新闻里是用广播语言来描述所发生的一切的话，那么，在电视上要使观众能在同一时刻既看到事件，又看到事件的参加者。因此，电视记者应当尽可能少

概念术语

屏幕意识——是电视记者对电视特色的感觉、认知、思维体现过程的总和。

这种思维过程应该时刻体现在记者的采访过程之中。

要求记者全面理解形象画面报道的特点，真正调动视觉语言的力量。

用文字语言，以免重复电视屏幕上正在播映的事物，分散观众的注意力。

电视记者应该牢牢树立这样的观念：电视新闻强调形象，利用形象的手段传递信息，让图像叙述事实。

案例分析

香港各界群众热情欢迎解放军进驻香港

导语：今天早晨，天空下起了大雨。进驻香港部队的数百辆军车依然阵容整齐地通过各个口岸。

记者出镜：各位观众，你们现在看到的是香港各界群众冒雨欢迎解放军进驻香港的热烈场面。今天清晨六点二十五分，记者随部队在新界看到，驻军沿途经过的公路两旁挤满了欢迎的人群。近万名香港市民拥上街头，挥动着国旗和区旗，向驻港部队表达真挚的感情。

采访同期声（香港市民）：我们是香港华侨华人总会的文艺队伍。我们今天早上三点钟就起来了，很兴奋，一定要接到我们最可爱的亲人解放军。这是我们香港有史以来最伟大的事情之一，所以大家都很兴奋。

解说：有着光荣爱国传统的新界群众，向驻港部队赠送了一块刻有“威武文明之师”的牌匾，表达了他们对人民解放军的企盼和赞誉。

这是中央台记者从香港发回的报道。

这条新闻非常简洁，形象生动，现场感强，记者在现场采访捕捉到了细节。

四、特定的思维方式

电视采访，要求记者运用连续画面的形象思维来构思报道。这一特定的思维方式即是蒙太奇的思维方式。

蒙太奇从狭义到广义的延伸，表明它自身的发展由开始单纯作为局部的镜头组接的艺术技巧，扩充为叙述方法、创作方法。

对电视新闻报道来说，蒙太奇开始于记者采访构思之中，体现于记者的拍摄方案或节目台本上，最后完成于编辑台上。

蒙太奇，贯穿于电视记者采访的全过程，是电视记者不同于其他媒体记者在思维方式上的独特要求。电视记者在采访选择拍摄画面时，必须对整个片子的画面作通盘考虑。

首先，在采访和确定主题的过程中，电视记者便开始了蒙太奇思维。在这一阶段，电视记者一方面要同文字、广播记者一样广泛了解各方面情况，研究材料，挖掘事实；另一方面，在主题思想逐渐明确的同时，头脑中对画面的构思也开始了。记者要构想用什么样的画面来表达主题、说明主题，怎样开头、过渡、结尾。经过反复的蒙太奇思维，电视片的结构、画面的构想等就会逐步清晰起来，为下一步拍摄画面做好充分准备。

其次，记者在正式拍摄画面过程中也要进行蒙太奇思维。每当拍摄一个画面，记者头脑中就要思考这个画面说明了什么？拍多长？用在什么地方？怎样构图效果更好？如果遇到突然变化，或者原来的构想不够贴切，那么记者必须进行新的蒙太奇思维：想一想已经拍了什么画面，正在拍的画面和想要拍的画面之间能否有机联系起来。

最后，记者在拍摄画面的同时还必须考虑后期编辑剪接上的处理。要注意画面与画面之间的承上启下，时间顺序和活动空间的展现是否顺理成章。

蒙太奇思维贯穿于记者选材、采访、拍摄、编辑、制作的全过程。具体地讲，就是在采访报道过程中连续不断地在脑海中“过画面”，这个“过画面”的过程就是蒙太奇思维的过程。

概念术语

蒙太奇，法语MONTAGE的音译，它原意是建筑业上的装配、构成的术语，即将个别材料根据总体计划组合装配。后来，法国电影艺术家将蒙太奇一词引入电影创作中的画面组接环节之中，蒙太奇就成了画面组接的代名词。

狭义蒙太奇是指画面组接艺术的章法技巧；广义蒙太奇是电影构成形式和构成方法的总体完整的创造性思维。

五、综合的表现因素

电视声像结合、视听兼备，是最具综合表现特色的传播媒介。电视新闻记者在采访过程中必须学会调度各种综合表现因素，以增强报道的感染力。

概括起来，综合表现因素即是画面、声音、文字相结合。

具体分解开来，综合表现因素包含着多种成分。画面可以包含现场环境、背景画面、人物活动以及图表、静止图像等；声音包含同期声、解说、音乐、现场自然声以及记者的画外提问，屏幕前的采访等；文字除文字广播新闻外，包含节目片头标志字幕，新闻内容提示标题，记者、主持人、采访对象身份交代字幕，时

相关背景

随着电影艺术的发展，前苏联电影艺术家又将蒙太奇实践上升到理论高度——蒙太奇理论——电影艺术独有的、区别于其他艺术的表现方法。电视问世以后，蒙太奇自然而然成了电视的表现手段。

随着电影艺术的不断提高，蒙太奇理论不断得到进一步实践、扩充、丰富。现在，对蒙太奇这一概念的含义既有广义的理解运用又有狭义的理解运用。

间、数字的说明以及重点强调的引语、评述、翻译文字等。

通过具体分解，可以看到每一种表现因素都包含着多元的呈现方式，这就要求记者在采访过程中周密考虑调动综合表现因素，发挥电视优势。

六、特殊的工作方式

传统上，记者工作被看作是独立性较强的工作，因而特别强调具有独立采访能力的重要性。作为电视记者，同时要强调集体协作精神和独立工作能力。

协同工作与采摄分工是电视记者采访区别于其他媒介采访的突出特点的又一体现。

（一）协同工作

电视采访是以集体协作方式进行的，记者所报道的新闻绝非个人的杰作。相比之下，文字记者单枪匹马能够搞出重头报道，广播记者也可以独自一人口授或采制重大新闻。电视报道除了简单的新闻记者一个人可以应付以外，绝大多数报道都是集体协作的成果。

一般情况下，日常新闻电视采访组成采访小组共同工作。采访小组人员少则 2 人，多则 3 至 5 人，包括记者、摄像、灯光等人员。

特殊情况下，重头新闻电视采访组成报道班子共同工作。报道班子包括领队、主持人、记者、编辑、摄像、灯光、录音师等有关人员。如果是现场直播，牵涉人员则更多。在我国，领导人重大出访活动、外国首脑的重大交往活动、党和政府的重大会议、国家的重大纪念日活动，以及复杂重大新闻事件的采访，都是组成报道班子进行报道。

国外一些电视机构，报道班子由制片人、编导、主持人、记者、编辑、摄像、灯光等人员组成。

案例分析

《变化中的中国》特别报道

1987 年 9 月，美国全国广播公司（NBC）为了制作播出大型专题节目《变化中的中国》，从 9 月 25 日到 10 月 2 日为期一星期的现场报道、同步播出就派出 140 多人，约占 NBC 新闻部总人数的 1/3。此外，还提前三个月派遣了前期拍摄采访人员。

集体协同工作方式对电视记者提出了特别的要求：

其一，要坚守好自己的位置。在集体采访过程中，记者是采访报道的主要角色，负有采访构思、口头报道职责，日常采访中还有调度一班人马的职责。

其二，记者还要熟知其他人的位置。正如美联社总编辑基思·富勒所比喻的那样，记者好比职业球队队员那样，不仅仅必须站到自己该站的位置上，还应知道其他每一个队员应站的位置。记者也好比一个职业歌剧女高音一样，必须了解自己的声音和其他歌手的声音。他必须学会像读字一样迅速读音乐，必须做到把所有的音符、音调把握连同作曲家的意图一起习惯性地反映出来。

其三，电视记者工作更为突出地体现着一盘棋精神。集体协同工作方式还要求记者要有协作精神，有全局观念。相比之下，集体协同工作比独立工作要容易产生意见分歧，因此，电视记者必须学会站在全局方位上考虑各种意见，协同一致才能融洽地合作。

（二）采摄分工

在 ENG（电子新闻系统）问世之前，电视记者长期肩负着采访、拍摄集于一身的工作。ENG 的普及运用，解决了拍摄中的声画同步录制问题，电视记者走上屏幕进行现场采访，现场报道成为电视新闻报道的有效形式。因此，采访与拍摄逐步开始分离，由“采摄合一”过渡到“采摄分家”。

社会分工的专门化标志着社会发展进步，电视记者工种的采摄分工无疑也是新的发展进步。发展进步的过程往往是兴利除弊的选择，“采摄合一”之所以被“采摄分家”所取代，正是电视记者工作推陈布新的选择。

“采摄合一”对电视记者采访主要容易出现顾此失彼的弊端。表现之一是记者在现场往往为了拍摄画面、抢镜头而忽略了对采访的各个环节的考虑；表现之二是记者在采访之中往往不能全力深入挖掘事实，报道水准不高，容易流于表面一般化；表现之三是不利于出“成套新闻”，记者难以进入画面，也难以进行画外讲述；表现之四是记者采访时往往无法合理支配时间，精力、注意力分散，容易造成程度不同的疏漏。

由于“采摄合一”易出现上述弊端，“采摄分家”便成为新的发展趋势。“采摄分家”使记者有时间、有精力全神贯注于挖掘事实，同时记者进入屏幕，以出画面形式参与报道，不但盘活了报道，而且使观众对电视新闻的信任感增强。对于摄录人员来说，也可以专注于拍摄录音，精益求精讲求速度和质量。

“采摄分家”是采访、拍摄分工的必然趋势，但是，这并不等于说一个电视记者没有必要掌握拍摄技巧。事实上，做电视报道如果不能理解画面，不懂拍摄技巧是不称职的，也无法调度、组织采访。

我们主张，电视记者应该具备多方面的本领，起码对电视采访的基本拍摄方法、技巧要能够运用自如。也就是说，“采摄分家”作为具体工作分工是行之有效的，但并不排斥记者一专多能。

七、复杂的工作环节

电视记者的采访报道不仅在采集手段、思维方式、工作分工等方面具有个性特点，而且在工作环节上较之报纸、广播、杂志更为复杂。

一条新闻从发现线索到实地采拍，再到编辑合成至最后播出，记者对每个环节都必须熟悉。在有些电视节目中，记者往往参与每一个环节的工作。

通过对电视新闻特征及电视采访特点的分析，我们可以得出这样一个结论：电视记者必须既能运用传统新闻采访报道规律，又能掌握电视新闻采访、报道的个性特点。

电视将记者带入了一个讲求技术采制手段、采访报道技巧、画面表现艺术的综合、复杂、多变的新闻报道境地。这一特质又使电视记者工作环节形成了独特方式。

电视采访看起来简单，实际非常复杂；电视报道常常非常简短，而制成成品都要经过许多环节；电视记者工作富有创造性，因而永无止境。

电视记者除了完成文字记者所做的一切采访工作外，诸如准备、提问、观察、写作等环节，还要亲自动手参与后期制作——编辑画面、混录、合成等。如果亲自主持节目，那么还要参与制订报道方针，构思节目内容和形式，并且亲自上屏幕报道播出。

作为一个电视记者，对前期、后期两个阶段的各个工作环节都要熟悉，才能基本胜任工作。

在熟悉自己工作环节的同时，电视记者还要对编辑部门整个新闻报道流程有清楚的了解，这样才能通晓自己的工作在报道中的作用以及怎样进行采访报道。

八、“投入”与“产出”的流程

电视新闻报道的流程，即是电视新闻采访、制作的“投入”和“产出”过程。这其中也体现出电视采访的特殊性。

（一）电视新闻流程的基本环节

在不同的电视台，电视新闻的“投入”和“产出”过程是相同的，所不同的是编辑部运作机制和对新闻的审查把关协调环节。

一般来说，电视新闻的“投入”“产出”大体经过这样几个基本环节（见图 1–1）：

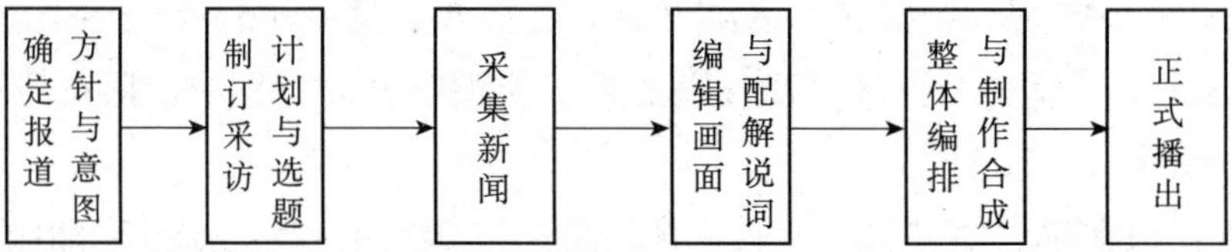

图1–1　电视新闻的基本环节

上述六个步骤是电视新闻“投入”“产出”的流水线，是电视新闻流程的基本环节。

电视新闻节目形式多样，不同节目形式新闻流程的基本环节虽然相同，但具体工作环节却不尽相同；各个国家电视机构体制不同，新闻部门运转机制亦不尽相同；新闻部门内部工作分工不同，具体工作配合也不尽相同。因而，了解电视新闻的“生产”过程，从微观上把握电视新闻的流程，就必须对不同节目形式、不同新闻部门运转机制、不同内部工作分工进行全面具体的了解，才能够从整体上掌握电视新闻的流程。

（二）电视新闻编审部门的运作机制

1. 分析不同国家电视机构的新闻部门的不同运转机制

在欧美国家，新闻部门运转机制大体上分三个层次：上层是由电视网或电视台的副总经理分管新闻事务；然后是新闻部经理、副经理统管各个新闻节目；最后是各个节目组成的编辑部主管各自主办的节目。一般来说，新闻部门负责所有新闻性节目。

在我国，中央和省级电视台的新闻部运转机制大体上分五个层次。以中央电视台为例：上层是广播电视部（现为国家新闻出版广电总局）副部长分管新闻事务，同时部长对电视新闻特别有影响力的节目也参与直接审查；然后是电视台副台长主管新闻；副台长下面是新闻中心主任、副主任等统管新闻各个编辑部；新闻中心下面是国内、国际新闻编辑部；最后是各个节目编辑组负责具体的节目。我国电视新闻部门运转机制是五个层次，此外，中央主管宣传领导和中宣部对电视新闻还有宏观上的指导。

2. 分析新闻节目编辑部具体工作分工

美国等西方国家一般以一档新闻节目组成编辑部，人员设置以节目为主轴。例如《CBS 晚间新闻》《NBC 晚间新闻》《ABC 晚间新闻》都是自成一体的编辑部，编辑部主任均是节目主持人。在人员设置与工作分工上，与我国不同。他们所有的节目人员就是为这档节目工作的，其分工是节目制片人、总编导、主持人、记者、编辑、撰稿人、摄像、资料员以及助理人员等。

我国新闻节目内部人员组合有两种情况：一种是以节目为主轴，中央台的《东方时空》《新闻 30 分》《经济半小时》的主持人、记者、编辑基本固定。另一种是固定时间的每日新闻节目，《新闻联播》《晚间新闻》《早间新闻》这些节目设置分为采访部、编辑部、播音部、录制部，每个部门又分成不同的组，如时政组、日常采访组、联播组，晚间、午间、早间新闻编辑组。工作分工基本上分为记者、编辑、主持人、制片人、部门主任等几个职务。

3. 分析不同形式的新闻节目对电视新闻的具体处理方式

总体上看，电视新闻节目形式主要分为两大类型：

一是固定时间播出的每日新闻，美国分为早、午、晚、夜间新闻，我国也已开办早、午、晚、夜间四个时间段的新闻节目。这类新闻节目的内容主要是动态性的新闻事件，故此又叫新闻联播型节目。联播型节目新闻具体处理方式各个国家基本相同，都要从多种渠道获取新闻来源。一般情况下，分为前期、后期两大块工作，或叫“投入”和“产出”。前期的“投入”即是记者采访，派往国内、国外记者从不同地点采集新闻或在不同场合做现场报道。后期“产出”即是选择、编排、制作、播出。

二是时事新闻节目、杂志型新闻节目、专题性新闻节目。这类节目通常每星期播出一次，节目内容相对具有一定深度，采访节奏比联播型节目要舒缓一些。节目工作人员在“投入”“产出”过程中，具体分工较细，但新闻来源主要是自己定选题，而不像联播型节目要从多渠道获取新闻。制片人、编导、主持人、记者、编辑等人员一般都参与前期和后期工作。

以上从宏观和微观角度分析了电视新闻流程的基本环节和具体工作协调环节。

作为电视记者，其采访活动必须同节目编辑部以及电视台整体节目传播紧密配合，因而，电视记者在加强自身业务修养的同时，还应熟悉并关心编辑部整体工作运行。

要点提示

从宏观上看，全媒体时代的媒介特征主要表现在八个方面：

1. 新媒体出现并呈现非常活跃的状态；
2. 传统媒体转型并采取积极应对的行动；
3. 新媒体与传统媒体二者相互影响与助推，并产生强效作用；
4. 不同媒体依然具有独立属性并形成新的系统；
5. 所有媒体都在谋求不断发展并构成新的格局；
6. 新的传播形态仍在演化并促成媒介影响力且加速扩散；
7. 大众以新方式与态度介入媒体并形成复杂的受众群体；
8. 全媒体时代已经来临并将促进媒介环境的巨大变化。

第三节　全媒体时代的新发展

随着互联网技术的应用，新媒体呈现出强势的发展劲头，并且推动了传统媒体的变革。传统媒体与新媒体之间互相影响和推动，媒介之间的聚合与互动成为媒介生态环境新系统的突出特征。

对于电视采访来说，不仅面临着利用新媒体扩展报道的机遇，还面临着新旧媒体的竞争和转型带来的一系列变化。

一、媒介新系统的变革

今天，全媒体过渡时期的新变化已经产生了相当影响并发挥出强效功用。例如，传统媒体与新媒体的互动；网络视频平台的拓展；台网联动的传播渠道；手机视频的新动态等等。无论是新媒体还是传统媒体的传播都在经历着新变革、新发展的历史性阶段，毫无疑问，媒介外部生态与内部格局将成为新的系统。

新媒体在社会生活中的作用越来越显著。在芦山地震信息传播、舆论形成的过程中，以微博、微信为代表的新型传播方式与传统媒体一起成为信息传播的通道。

芦山地震发生后第一时间，一些灾区用户率先在微博、微信等平台发布地震信息；随后，《人民日报》、头条新闻等拥有海量粉丝的认证微博相继发布了相关消息；接着，不少微博名人、认证机构开始通过微博平台，进行地震相关知识的解释和引导。据盘古舆情分析，截至 2013 年 4 月 21 日，新浪微博话题榜的前五位全部被芦山地震占据。

此外，微信也成为地震信息快速传播的新渠道。不少公众账号都在第一时间发布了地震相关信息，一些用户也通过微信向亲友发出信息。微信启动了一对一的微信客户服务，帮助灾区的个人及公益机构。同时为灾区救援团队开辟微信群等联系通道，为公益组织公众账号扩容至 2,000 人。

芦山地震验证了 CCTV 微博传递新闻的速度。它发出的第一条地震消息要比凤凰卫视微博早两个多小时，凸显了 CCTV 在新媒体传播领域的提速。可以说，CCTV 微博在地震中扮演了重要角色，发挥出积极作用和多种功能。

（一）信息发布功能

2013 年 4 月 20 日 8 点 03 分，国家地震台网官方微博“中国地震台网速报”发布自动测定消息：“2013 年 4 月 20 日 8 时 02 分在四川省雅安市雨城区附近（北纬 30.1 度，东经 103.0 度）发生 5.9 级左右地震，最终结果以正式速报为准。”这是芦山地震后发出的第一条微博。8 时 14 分，雅安市芦山县地震被修正为 7.0 级，震源深度为 13 千米。CCTV 微博根据国家地震台网的消息进行转发，地震发生后的 7 分钟——8 点 09 分，CCTV 的官方微博“央视新闻”发出地震的消息，在 8 点 17 分进行了更新，转发数为 4,352 次，评论数为 1,561 条。随后，在 8 点 30 分、8 点 42 分和 9 点 02 分平均每 10 分钟更新一条信息，转发数和评论数也在不断增加。

（二）求助功能

地震后，语音通话业务急剧增加，灾区与外界的电话通道堵塞，而微博、微信等新联络工具有效弥补了语音业务的拥塞。微博和微信为雅安灾区人民与外界群众搭建起了一座密切联系的生命之桥，有效地争取了生命救援时间。CCTV 主播长啸在当日上午 10 点特别节目《四川雅安强地震》中呼吁，灾区的群众可以通过微博、微信等新媒体进行求助和发送灾区的现场状况。地震发生两天之内，无数灾区人民运用微博发布地震受灾情况以及求救信息。微博利用一传十、十传百的特点，将这些信息无限传播，为援救工作争取了时间。

（三）寻人功能

芦山地震后，灾区一些失去联系的人让身在外地的亲友心急如焚，微博等新媒体马上编织了立体的寻人网络。CCTV 微博也通过话题积极进行沟通传播，构建了立体网络寻人平台。

（四）分享功能

地震发生后，一些经历过汶川地震的网友在网上分享自救经验，专家也纷纷普及应急救援知识，起到了十分重要的作用。CCTV 利用网络平台，及时发挥了普及应急救援知识的功能。

（五）公益功能

这次地震，新兴的社交媒体也成为救灾的“催化剂”，更多的民间公益组织通过微博、微信集结起来，快速加入救援行列，利用覆盖全国的网络向灾区伸出援手。CCTV 新闻官方微博也通过 # 雅安正能量 # 等话题，汇聚细微民间力量，号召全社会关注并伸出救援之手。

二、多渠道信源与平台

新媒体出现之前，传统媒体之间对接较少，而新媒体以其可以实现多媒体传播的特征及其在互动性、时效性方面不可比拟的优势，不仅成为不同媒体之间相互嫁接的纽带，还促成了传统媒体传播方式的一系列改变。

不同的媒体具有不同的特征、优势和目标受众群体。各个媒体对于共同平台提供的信息，依据各自的特点和需要转换成相应的信息传播形式。

例如，处理信息平台上一则新闻的信息，报纸可以写成消息和评论，广播可以做成广播节目，电视可以做成新闻视频，微博等新媒体可以实现与不同受众的实时讨论。

在新媒体成为重要的信息来源和传播渠道之后，传统媒体也必须在新媒体中寻找新闻点和热议话题，针对受众所关心的问题进行报道，跟进网络热门事件、突发事件，评析热门话题，所以现今在报纸、电视中经常可以看到以网络、微博为新闻来源的报道或者节目中插播的微博评论。

而门户网站中的新闻稿件有部分来源于传统媒体，如最大的新浪网新闻频道，新闻来源于新华社、《京华时报》以及各地方

延伸阅读

在线消息源

作为全球网络的集大成者，互联网成为公共档案、个人信息和其他信息的重要渠道，成为记者越来越重要的工具。一项名为《虚拟空间的传媒》（Media in Cyberspace）的年度调查表明，记者调查研究的途径在 20 世纪 90 年代后 4 年的变革程度远远超过之前 40 年的变革程度。这种变化主要应归因于互联网的使用。

研究显示，目前新闻机构中有 93% 的记者将互联网作为自己调查和报道的工具。下面是记者利用互联网的几种形式：

1．通过电子邮件联系消息源。通过电子邮件比通过电话更容易找到消息源。

2．通过电子邮件采访消息源。尽管我们提倡面对面的采访，但是当电子邮件出现后，消息源不愿接受其他采访方式或抽不出时间的时候，通过电子邮件采访也是一种途径。

3．查找消息源的电子邮件地址、电话、办公地址或家庭住址。

晚报、文化报，小部分标注了“独家”。

除了互为新闻来源，传统媒体也会通过在新媒体中投放节目广告等方式进行节目营销和品牌宣传，或是通过节目内容在新媒体中的广泛传播引起话题和争论，赢得网民对传统媒体的关注。这些互动不仅体现在新媒体与传统媒体之间，在不同的传统媒体之间也出现了信息发布与传播之间的合作共赢。

以 2014 年 3 月 1 日发生的“昆明火车站暴力恐怖事件”期间的媒体传播为例，可以更为明显地体现不同媒体之间的聚合与互动。

寻找路线指南

从在线讨论群发现消息源。

从被称为 Usnnet 公共讨论群里发现消息源。

寻找专家

寻找消息源或报道主题的背景资料

寻找公共档案

寻找关于任何一主题的信息

怎样判断这数以百万页的信息哪些是准确的呢？你很难判断。你需要核查消息源和信息的可信度。①

案例分析

昆明火车站暴力恐怖事件

2014 年 3 月 1 日 21 时 20 分，十余名统一着装的暴徒在昆明火车站砍杀无辜群众，造成 29 人死亡，100 多人受伤。现场陆续有人用手机拍下照片上传到了微博。《春城晚报》的微博第一时间于当日 21 时 46 分转发了市民的一条求证微博，22 点之后，新浪图片、头条事件等微博发布了相关消息，并一直跟进事件的发展，发布伤者救助情况等信息。次日报纸、电视等开始报道此事件。

首先，微博等新媒体以移动、便携、实时发布的优势成为第一时间信息的来源。在突发事件中，现场有手机的人均可通过移动网络对外发布消息，成为自媒体。新媒体打破了原有的记者到现场、采访、制作、播出的流程，新闻生产和发布周期缩短，传统媒体的官方微博账号成为传播信息、发布新闻的重要平台，很多信息都是在官方微博中首发，然后报纸、电视等媒体跟进。此外，官方微博也成为事件直播的平台之一。

其次，传统媒体通过微博实现与用户的互动，了解群众的真实想法，及时沟通，并组织群众实行必要的救助措施。同时，利用社交媒体监测系统及时了解用户动态以及媒体动态，进行舆情

要点提示

全媒体时代的一个突出特征即是不同媒介间的相互嫁接，对此的理解一般包括媒介内容上的嫁接、传播技术上的嫁接、终端的嫁接和产业嫁接。

而媒介嫁接的最基本方式为不同媒介之间的聚合与互动。

① 〔美〕卡罗尔·里奇：《新闻写作与报道训练教程》（第三版），钟新主译，中国人民大学出版社 2004 年版，第 107 页。

监测和传播分析。基于网络新技术的大数据分析、数据可视化被应用于新闻报道和救援。在事件发生后，昆明献血服务的官方微博发布了义务献血救治伤员的消息，通过其他媒体官方微博的转发扩散，消息得到广泛传播，献血的人数不断增加。一些媒体官方微博发布了防恐和自救宣传手册，并发布了为伤员家属等需要帮助的人提供免费心理咨询服务的消息。新华网微博发布了通过大数据反恐的微博，提到阿里巴巴首席技术官王坚表示所有人包括恐怖分子都不能避开互联网，通过互联网数据分析进行反恐已成国际趋势。

再次，总结以往突发事件应对经验，人民网舆情监测室提出“黄金四小时”法则。传统观点认为事件发生后的 24 小时是主导舆论和处理事件的关键时间，但是由于即时通信工具、社交网络和微博的广泛应用并渗透到突发事件的传播和处理过程中，新闻周期被缩短，舆论引导必须提高时效性。在 QQ、微博、BBS 中，信息的接受者可以同时成为传播者，生成舆论的时间被大大缩短，政府和传统主流媒体必须积极利用这些“黄金四小时媒体”，在第一时间发布信息、表明态度、澄清谣言、引导舆论。

事件发生的当天，主流媒体的官方微博都纷纷发布消息让用户了解事件的真相。次日凌晨中央领导赴昆明处理恐怖事件，媒体官方微博直播进展，并于事件发生后 6 个小时发布了国家主席习近平的指示。事件发生后，网上流传着诸如昆明公交车站也受攻击、伤员救治需缴纳押金等谣言，主流媒体纷纷辟谣，防止谣言传播激化社会矛盾，安抚社会情绪，平复恐慌，维护正常的社会秩序。

最后，形成了新媒体供应信息，传统媒体整合信息的局面。用户在新媒体上发布的实时消息需要官方媒体的确认才会成为大众普遍相信的事实。官方媒体对于突发新闻事件进展过程的跟进同时可以树立媒体的品牌形象，增强社会认可度和关注度。《春城晚报》以发布及时、更新快和贴近性强等优势获得了良好声誉。事件发生后的第二天，凤凰卫视在新闻中做了几个特别报道。央视新闻官方微博也一直在跟进昆明事件，但由于央视新闻频道较大篇幅报道乌克兰局势，部分网民在贴吧和微博中表达了对央视的不满。由此可见，虽然很多人依靠新媒体获得信息，但仍对传统媒体有所依赖。新媒体是信息传播的出发点，传统媒体则是信息传播的落脚点。

三、助推分享的新思维

Web2.0（第二代互联网）使得用户分享和信息聚合成为可能并广泛应用，用户可以不受时间和地域的限制获取信息和分享观点，Web2.0 提供了一个开放的、交互的、去中心化的平台。

Web3.0 使真正意义上的数据时代到来，开放的技术、开放的身份和无处不联网的状态提供了可供分析的各种数据。在新闻界，舆情分析转向新闻可视化，新闻的工作模式更加开放，传统媒体与新媒体之间的壁垒被不断打破。

可以预见，新媒体的发展方兴未艾，许多新的功能、新的方式还将不断推出。传统媒体则要进行新的转型，面临着“全媒体过渡期”的巨大挑战。

在一定程度上讲，新媒体似乎不用特别用力，就能够同传统媒体产生互动，比如，CCTV 策划的《你幸福吗》《家风是什么》等特别节目，也正是由于在网络媒体上引起热议后产生了更加广泛的社会反响。在 2014 年两会的报道中，CCTV 利用新媒体的信源和数据进行报道显得更加充分，甚至成为新的节目形态和报道方式。

从目前的演变和结果分析，可以得出的观点是：助推与分享是全媒体时代的新思维。其理由主要是：不同媒体各自具有不同的优势和劣势，互相不能取代，发展的趋势是相互助推，反复分享。

要点提示

事实上，现在电视媒体特别节目的策划，已经到了从宏观到微观都必须考虑利用新媒体助推的阶段。而新媒体也时刻关注电视的动态，希望借助电视的产品在自己的平台上发力来获得更大的收益。

（一）信源与可信度的互补

新媒体在信息发布和舆论引导方面有着无可比拟的优势，但因为人人都可成为传播者的特点，信息的发布与扩散缺少把关人，过滤功能较差，信息的质量良莠不齐。在权威性和可信度方面，人们仍然依赖于传统媒体。社交媒体成为新闻来源之一，但用户发布的内容则需主流媒体的核实和确认才会被普遍认可。网络传闻、微博谣言事件几乎是数不胜数，如金庸先生辞世假新闻、辽宁水灾谣言、三峡水电站被私有化谣言等。这些虚假信息的传播从另一面巩固了传统媒体的权威地位，人们即使习惯从网络上浏览新闻，但是证实可信度还是选择和转发主流媒体的官方微博。

（二）“上传”与“下达”的互补

在我国，新媒体虽然可以更加充分地“上传”民意，也可以起到迅速的“下达”作用，但是在围绕各级政府中心工作、搭建起党与人民沟通的桥梁方面却弱于传统媒体。目前，舆情分析和信息处理的主力仍为传统媒体，而新媒体则作为传统媒体进行舆论引导的途径之一。传统媒体的官方微博拥有大量粉丝，所发布的新闻被大批量转发和评论，在网络新闻传播中起着举足轻重的作用。此外，网络适合于碎片化的传播，很多人都不习惯在网上浏览长的资讯类视频，所以在视频新闻的传播上，电视媒体因为用户使用习惯而占有优势，并可以增加新闻的深度。

（三）实效与产出的互补

传统媒体的新闻制作要经过严格的选题策划、采访、写作或节目制作、出版或播出等多个环节，即使在事件发生后立即派出记者去采访，也难以企及新媒体的传播速度。通过移动互联网和信息分享平台，新闻现场的目击者可以用手机拍摄，通过手机客户端将现场事件的描述上传至互联网。新媒体可以在第一时间搜集网络中对于现场事件的描述，通过电话等方式核实信息，然后发布新闻消息，这个过程可以缩短至几十分钟甚至几分钟。传统媒体在新闻的实时传播更新方面也难敌新媒体。在如汶川地震、温州动车事故、芦山地震等较大的突发性事件中，CCTV 只在汶川地震时中断了正常节目进行 24 小时直播，而在网络上，对于突发事件的动态传播可以一直持续。

（四）大数据传播的互补

大数据时代的兴起为新闻的传播提供了新的契机，新闻事件与大量信息的结合为新闻报道视角提供了多种可能。传统媒体利用大数据，并在数据中提炼出相应的观点进行传播，这是传统媒体利用新媒体技术掌握新闻传播主动权的重要途径之一。在对数据的处理过程中，可以发现新的视角、信息和结论，扩展新闻报道选题，丰富新闻内容，拓宽受众视野。数据新闻还丰富了新闻的可视化表现形式，将枯燥繁琐的数据整理制作成简单易懂的图像，增强需要数据支持的新闻报道的生动性和形象性，做到深入浅出，这是电视媒体增强新闻的可读性和感染力的重要方式。

（五）参与与联动的互补

在新媒体中，用户可以自由进行复制、粘贴，信息的传播自由度和速度大幅增加。由于每个人在接受信息的同时都可能转化成为信息的传播者，信息的传播模式是辐射状的，每个信息发出者都是一个小型的传播中心，尤其是在微博中，通过用户的转发，信息可以实现病毒式的传播。新媒体具有互动性特点，用户可以自由参与某个话题的讨论，这也给传统媒体的节目营销提供了便利。央视新闻官方微博在 2014 年“三八妇女节”报道中发起了“她的最美时刻”话题讨论，微博用户可以发布母亲、恋人、女性朋友等的照片参与这个话题的讨论，并有机会在 3 月 8 日当天的《新闻联播》中看到自己发布的照片。这在微博中引起了广泛的参与，同时也增加了用户对于《新闻联播》的关注度。

四、利与弊的辩证认知

当下，无论在业界还是在学界，大家对“全媒体化既是机遇又是挑战”这样的观点一致认同。然而，这样的演变进程将带来什么样的结果呢？未来我们怎样认识全媒体时代背景下的不同媒体的属性、特征和优势呢？以我们今天的认知是否能够获得对未来清楚的认识呢？

当新媒体与传统媒体互相聚合的同时，也带来了新的问题和弊端，对于许多新问题和弊端需要辩证的考量。

传统媒体在网络中发布的文字内容可以被随意截取和再加工，视频图像也可以被自由下载和剪辑，这种现象非常值得研究。一些网友把主流媒体的视频截取，只将部分片段发布到微博中，部分片段的内容被片面化放大，通过大量用户的评论和转发后，原有的意图被曲解，这对传统媒体的内容传播和品牌形象都会造成一定的负面影响。

例如东莞扫黄事件，CCTV《焦点访谈》节目的视频中部分镜头比较详细，节目中还包含了对权力滥用、监督空白和政府不作为等其他内容。在网络流传甚广的片段中，仅仅是记者暗访色情业实况时的镜头，引起了一些网友的质疑，部分用户在评论中对记者进行人身攻击。

新媒体不可避免的用户随意整合和再加工的信息传播方式，对传统媒体敲响了警钟，对内容取舍、表达方式、形象维护都提出了新的考量，也对记者的报道提出了新的要求。全媒体时代信息的获取和发布已经不再是记者的专利，新闻事件现场的目击者可以通过移动媒体拍摄和上传信息。记者不仅要具有信息采集的能力，还应有信息识别的能力，从鱼龙混杂的信息中提炼出真实的和有传播价值的信息；做好新闻事件的现场报道；突发事件评论跟进；克服舆论引导时效性与准确性之间的矛盾；在最短的时间内判断形势。数据分析时代对于记者的技术掌握能力提出了更高的要求，不仅要熟练掌握采、写、摄、录、评，还应具有数据分析处理能力。

客观地分析，尽管传统媒体在全媒体化过程中进行了诸多尝试，但是就目前来看，传统媒体的全媒体化主要体现在传播技术提高、官方网站和微博的建设与维护、手机电脑等客户端的开发

要点提示

新媒体的时效性和开放性增大了传统媒体引导舆论的难度。

新媒体缩短了新闻生产周期，在新闻事件发生的短时间内迅速聚集大量的信息和言论，迫使传统媒体必须及时跟进，迅速调查和公开事实真相，在信息发布和舆论引导方面占领先机，否则就会处于被动的地位。

新媒体的信息把关和过滤功能较差，容易散布谣言，并且新媒体的传播具有“滚雪球”的效应，也增加了引导舆论的难度。主流媒体必须在第一时间澄清谣言，避免虚假信息给社会带来负面影响。

几个方面。在产品的制作方面依然沿用习惯的思维方式，对于新媒体传播特点和用户的接受习惯研究不足，新媒体产品的创新能力不足。官方网站和客户端把报纸和电视终端播出的内容照搬过来，仅仅是换了一个新的播出平台，但却未考虑过新媒体平台的传播特点和用户群的特点。

全媒体时代是一个受众细分的时代，用户指向性特征更为明确，传统媒体在新媒体产品形态的开发方面必须转变传统思维，加强市场和用户研究，创新节目形态。因为不同媒介的传播方式、平台和特征不同，而且传统的思维模式并未被完全打破，所以传统媒体对新媒体的利用仅仅是初步的，需要以创新的思维开拓新领域。

本章重点归纳

1. 电视采访共性与个性的关系是相互联系、相互作用的。

在共性方面，电视采访同文字记者的采访一样要遵循采访活动的基本规律和新闻报道的基本原则；在个性方面，电视采访同文字记者又有许多区别，主要体现在对事实材料处理的手段、方式、表现元素、报道形式等方面，特别是记者的出镜采访直接展现在节目中，将采访由单一的采集手段拓展为一种表现手法、一种结构方式，从而成为一种节目形态。

2. 以唯物主义的哲学观来考察，采访活动是主体认识客体的活动。

采访是一种广泛的社会活动，是一种特殊的调查研究活动。其目的是采集事实、传播新闻，所以要讲求时效、体现现场感、用事实来说话。这就要求记者以最快的速度采集到有新闻价值的、典型的、真实的、具体的事实材料，并以客观手法将材料处理好，准确地传达出去。

3. 记者的采访使命是记录今天的历史。

记者的这一使命，决定了采访的范围无限广阔——以整个人类社会为舞台。记者的采访视野是瞭望整个人类社会，因而，记者要站在时代的高度，让新闻报道发挥出推动历史前进的作用。记者的采访是把握和反映客观事物的认识活动。这种认识活动不是借助客观表达主观意向的活动，而是以唯物主义的认识论为理论依据，以辩证的思维方式来认识客观世界，真实地反映客观世界。客观事物是第一性的，采访认识是第二性的。

4. 记者采访的目的是传播信息、交流信息、沟通社会。

记者的采访时效是分秒必争的，有时采访报道同事件的发生、发展同步进行。记者的采访任务是：采访公开报道的新闻；采写不能公开报道的内参；建立信息网络。记者采访是新闻传播的基础，因而是第一道工序。可以说，不会采访就不能当记者。

5. 电视采访的个性特点是由电视媒介自身的特点而决定的。

归纳起来，电视采访的个性特点主要表现在现代的采集手段、独有的采访形式、特定的思维方式、综合的表现元素、形象的画面报道、不同的工作分工等几个主要方面。

6．特定的现场背景作衬托的采访是电视采访的独有形式。

以特定的现场背景作衬托是电视采访同其他媒体的最大区别。由于有特定现场背景作衬托，电视采访不但能够传达信息，而且能够传达印象。为此，电视记者要能够在现场捕捉“感觉”，并能在特定的现场环境氛围中引出信息。同时，这种采访必须给人以不紧张、事先没有摆布的真实感。另外，电视记者的现场出镜采访还要注意自己的态度、语气、举止乃至服饰，观众可以从记者的采访过程中了解其思想、能力、风格、个性。

7．形象的活动画面是电视新闻传播的基础。

电视记者主要是靠采拍画面来报道事实的，因而，这要求记者在采访过程中，有能力捕捉到有价值的、有特色的、表现主题的画面，这就需要记者强化屏幕意识。所谓屏幕意识，就是记者对电视特色的感觉、认知、思维体现过程的总和。

8．电视采访要求记者运用连续画面的形象思维来构思报道。

这一特定的形象思维即是蒙太奇的思维方式。对电视报道来说，蒙太奇开始于记者的采访构思之中，体现于记者的采拍方案或节目的脚本上，最后完成于编辑台上。蒙太奇思维贯穿于记者选材、采访、拍摄、编辑、制作的全过程。

9．电视记者在采访过程中必须考虑调动综合表现元素，增强报道的感染力。

综合表现元素即是画面、声音、文字相结合。分解开来，画面可以包含现场环境、背景画面、人物活动、图表、图片等；声音包含现场自然背景声、采访提问及回答、解说、音乐音响、人物活动的声音等；文字包含节目片头字幕、标题、内容提示、人物身份交代、时间和数字说明、重点强调的引语、评述观点、翻译文字等。

10．协同工作和采摄分工是电视记者的工作方式。

（1）电视采访是以协作方式进行的，记者所报道的新闻绝非是个人的作品，特别是一些重头报道，更需要多个环节的协调才能够完成。

（2）电视记者采访拍摄的分工又是明确的，由“采摄合一”过渡到“采摄分工”。ENG的运用，解决了拍摄中声画同步录制的技术问题，记者的镜前采访、现场报道从而成为可能。采访和拍摄得以分离，其目的是发挥电视的优势。

11．随着互联网技术的应用，新媒体呈现出强势的发展势头，并且推动了传统媒体的变革。

传统媒体与新媒体之间互相影响和推动，媒介之间的聚合与互动成为媒介生态环境新系统的突出特征。对于电视采访来说，不仅面临着利用新媒体拓展报道的机遇，还面临着新旧媒体的竞争和转型带来的一系列变化。

思考题

1. 电视采访共性与个性是一种什么关系?
2. 新闻采访共性体现在哪些方面?
3. 电视采访个性体现在哪些方面?
4. 电视独有的报道形式对记者采访有哪些特殊要求?
5. 电视的综合表现元素对记者采访有什么要求?
6. 电视记者的思维方式与文字记者有什么不同?
7. 形象画面的报道对记者采访有什么要求?
8. 全媒体时代对电视采访报道带来哪些新变化?

第二章　采访策划

本章内容

1．选择报道题材

2．获取新闻线索

3．新闻价值的取向

4．确认具体选题

策划是围绕确定什么选题以及如何采访报道所进行的多维性思维活动。

延伸阅读

采访和许多艺术形式一样，是一种同时发生、多层次的活动。①

一般来说，采访策划主要是针对具体的报道而言。记者首先从选择题材、确定采访意图入手；然后获取新闻线索、追踪社会信息；接下来判断选题的新闻价值取向；最后确认选题的主题、角度、报道形式。

为了使采访工作进行顺利，罗伯特·蒂勒尔主张记者必须首先搞清楚自己应发挥什么样的作用，他的作用能够正当地发挥到什么程度。

那么，记者应发挥什么作用呢？用一句话概括起来，就是怎样才能客观、公正、准确、真实地向公众报道事实。

记者如何向公众报道事实，首先要取决于记者怎样采访，怎样将事实挖掘出来。而怎样采访，往往要根据事先的周密策划来进行。

概念术语

题材：即是采访报道的题目或对象。

第一节 选择报道题材

选择题材是采访报道的前提、开端。选择什么样的题材进行采访报道，取决于三个方面：编辑部的报道思想；记者掌握的新闻线索；记者凭借新闻敏感所作的判断。

一、明确报道思想

记者采访是一种人类有意识的活动，是在一定思想支配下进行的，因此，选择采访报道题材首先要明确报道思想。

记者的采访活动受到时代大背景、媒介环境、社会趋向的影响。换句话说，记者选择的报道题材同时代的变迁、现实社会生活的变化密切相关。

举例来说，2006 年春季，美国的“次贷危机”逐步显现，2007 年 8 月开始席卷美国、欧盟和日本等世界主要金融市场，最终导致全球金融风暴爆发。

这场席卷全球的金融风暴已经成为世界热点问题，几乎所有

① 〔英〕罗伯特·蒂勒尔：《电视新闻的采制方法》，中国广播电视出版社 1989 年版，第 148 页。

国家的媒体都进行着持续的报道。

针对全球金融风暴，各国媒体的新闻编辑部都要根据特定时期的变化来确定报道方向、出台报道方针、形成报道思想。

因此，作为采访记者，必须要领会编辑部的报道思想。

概念术语

报道思想是新闻编辑部在一定时期内或阶段内，为达到预期的新闻传播目的而制订的新闻报道的设想、意图。一般来说，报道思想包含一个时期的总体设想和具体的报道提示。

（一）报道思想的含义

2008 北京奥运会召开前 3 个月，中央电视台新闻频道向驻外记者提出了总体报道设想和具体报道提示。下面是经过提炼的要点：

1．CCTV 新闻频道“我们的奥运”部分报道设想、提示

编辑部报道提示：从 5 月中上旬起推出各国运动员积极备战北京奥运会以及各国祝福北京奥运会的系列报道，主题是“我们的奥运”。各驻外记者站协助采访全球知名运动员、政要、体育人士和华人华侨。

2．系列节目实施时间计划

4 月中旬到 4 月底或 5 月初，确定采访对象名单。

4 月底起到 5 月中上旬，采访拍摄。

5 月中上旬至奥运会开幕，节目播出。

3．采访对象选择

选择参加北京奥运会并在有代表性的运动项目上有能力获得奖牌的运动员。被采访的运动员应该有知名度、好成绩；选择政要、体育界人士、华人华侨，请他们祝福北京奥运会，反对将奥运政治化。每个国家采访人数大致确定运动员 3 名，知名人士 2～3 名。

4．采访拍摄要求

运动员训练场面、个人成绩、比赛资料、与记者交流、对北京奥运会成绩的期待；知名人士对北京奥运会的祝福，语言应精炼、有个人特色；拍摄画面素材尽量丰富，记者出镜采访最好反打镜头。

根据报道设想和提示，CCTV 驻布鲁塞尔站采访拍摄的重要人物有：

专访北京奥运会协调委员会主席维尔布鲁根；

专访荷兰王储；

专访比利时奥运领队小罗格；

曾在悉尼和雅典奥运会上连续两次获得马术盛装舞步个人金

牌、被誉为“世纪骑手”的荷兰马术运动员安吉·范格隆斯文备战现场；

世界排名第一的荷兰女子曲棍球队的现场训练；

71 岁的荷兰柔道金牌教练德科泰率领选手冲刺训练。

（二）报道思想的形成

概念术语

报道思想的形成的主要依据是：媒体的新闻传播方向和一定时期的新闻热点、重点。

新闻编辑部门制订总体报道设想首先要符合媒体上层制订的带有方向性的新闻传播目的、意图。

在这个前提下，根据特定时期的新闻热点、重点进行总体部署，各个节目部门提出的具体报道提示则是根据总体部署确定形成的。

当媒介面对一些重大新闻事件的时候，往往会根据事态的发展变化不断地进行部署，形成前期报道思想、后续报道思想。有时候，报道思想还要根据实际情况进行修正。

一般来说，在一些特定的历史时期和阶段，新闻媒体经过策划，推出具有时代特征和意义的特别报道。

案例分析

《20 世纪 100 人》

在 21 世纪即将到来之际，美国 CBS 新闻部联手《时代周刊》推出大型电视系列报道《20 世纪 100 人》。每期节目的长度 15 分钟，报道 3 ～ 4 位人物。

100 个人物的确定不但经过政治、经济、历史、社会、新闻界专家的讨论，而且还需观众来信推荐。

那么，最后选定 100 个人物的标准是什么呢？ CBS 与《时代周刊》确定的报道思想是：100 个人物的所作所为，改变、影响了 20 世纪人类生活的重要方面。

在《20 世纪 100 人》电视系列节目中，介绍的人物涵盖了政治、经济、社会、文化、科学、娱乐等各个领域。有英国首相撒切尔夫人、互联网巨头比尔·盖茨、福特汽车创始人、波音公司创始人、西尔顿连锁酒店创始人、麦当劳创始人、美国郊外住宅之父、流行音乐代表人物猫王等。

（三）报道思想是选题的依据

报道思想是选择题材的依据和出发点。报道思想指明采访的方向、范围、内容、重点，是记者判断事物是否具有新闻价值、能否发稿的依据，也是报道角度选择和主题立意构思的参照。

明确报道思想有利于记者从整体来考虑问题。CCTV 记者在采访拍摄荷兰女子曲棍球队现场训练时，看到训练程序非常严格，主教练十分严厉。训练前、训练期间教练、球员都不能同记者交谈。为了体现“我们的奥运”报道思想，报道运动员对奥运会冲击奖牌的期待，记者在雨中站了两个多小时，等待训练结束。通过耐心地向主教练解释，最后采访了教练和运动员。这次采访报道，很好地体现了“我们的奥运”的报道意图和设想。

案例分析

世界排名第一的荷兰女子曲棍球队冲击奥运奖牌

导语：随着北京奥运会的日益临近，世界排名第一的荷兰女子曲棍球队的训练进入了每周训练 7 到 9 次的最后冲刺阶段。7 月 13 日，本台记者在荷兰海牙拍摄了这支球队在雨中进行强化训练的场面。

记者出镜：“在这次北京奥运会上，荷兰女子曲棍球队是最具实力的获得奖牌的球队之一。”

解说：荷兰的女子曲棍球队在雅典奥运会上获得银牌，是 2006 年世锦赛冠军，在 2007 年世界女子曲棍球冠军杯赛中获得冠军。

作为世界排名第一的球队，荷兰队令对手生畏。她们的主教练莱默斯还获得了 2007 年年度最佳教练的称号。

记者在训练现场看到，队员们在两个小时的训练中几乎没有休息，天空始终下着小雨，主教练拉莫斯非常严厉，一直在现场冒雨指导着球队的训练。训练结束后，他接受了记者的采访。

采访同期 1：荷兰女子曲棍球队总教练莱默斯

"荷兰现在的天气不太好，和北京的气候不大一样，不过我们的训练进行得很顺利。每天训练 4 个小时：上午 2 小时，下午 2 小时。

"为了强化训练，我们有时和男队比赛，有时和其他国家的球队进行比赛。我们在欧洲，经常与德国队和英国队进行比赛。我们现在每周训练 7 到 9 次。"

解说：这次北京奥运会，荷兰女队与目前世界排名第五的中国队、悉尼奥运会冠军澳大利亚队和亚洲劲旅韩国队同分在 A 组，面临着强劲挑战，但是，主教练和运动员们对冲击奥运奖牌充满信心，并作好了赛前的各项准备。

采访同期 2：荷兰女子曲棍球队主教练莱默斯

"我们已经准备好了，虽然我们很难模拟北京的天气，但是我们去年到北京实地考察了现场，队员们感受过北京的天气。这次我们还将在比赛前 12 天到达北京，作实验性的训练。

"这次比赛将会非常激烈，因为 12 支球队水平都很高，我们和中国、韩国、澳大利亚分在一个小组里，这几个小组的实力都很强，所以我们的出线将会面临很大挑战。我们对获得奖牌充满信心，但对我们来说，更重要的是首先打好第一场比赛，我们的第一个比赛对手将是韩国队。我们现在训练首先考虑的是小组赛出线，然后才能再考虑半决赛和决赛。"

采访同期 3：荷兰女子曲棍球队员

"我们小组的中国队和韩国队实力都很强，但是我们会尽力打好比赛。先进入半决赛，最后再进入决赛。我们当然希望赢得奖牌。"

解说：曲棍球是较早进入奥运会的项目之一。从 1928 年阿姆斯特丹举行的第九届奥运会起，曲棍球成为常设比赛项目已有 80 年的历史。

需要指出，记者在采访活动中不能将报道思想变成框框，无论什么题材都生拉硬扯，注意不要为了体现报道思想随意找个例子套上观点，强扭报道角度。

要点提示

确定采访意图一般从两个主要方面进行思考：

一是主导的传播意向；

二是具体的报道目的。

二、确定采访意图

主导传播意向是根据节目编辑部在一定时期内的总体报道思

想而确立的；具体采访目的是根据报道提示而确定的。

从 2005 年开始，落实科学发展观成为我国新闻媒体的重头报道。中央电视台推出了一系列报道，《新闻联播》节目播出了“东部新跨越”“中部崛起”“东北振兴”“西部大开发”等专栏。

围绕这些栏目，担负各个栏目报道任务的记者要根据党和政府的方针、政策、中心工作、全局和实际情况，经过通盘考虑，确定主导传播意向和具体采访意图。

（一）主导的传播意向

采访策划首先要根据编辑部的总体报道思想明确主导的传播意向。

从传播学的角度看，电视节目具有综合效应的优势，因而，采访报道的每一项具体任务都是为达到主导传播意向而确定的。

新中国成立 40 周年之际，中央电视台《新闻联播》节目推出《弹指一挥间》专栏；中国改革开放 20 年之际，《经济半小时》节目推出《20 年 20 人》专栏；改革开放 30 年之际，《新闻联播》节目推出《改革在你身边》专栏。这些特别专栏节目都以系列报道的方式构成，在一段时间内连续播出，产生了较好的传播效果。

近年，《新闻联播》节目先后推出《永远的丰碑》《时代先锋》《经典中国》《创新中国》《走基层》等专栏。每个栏目的策划的出发点都是落实党和国家的中心工作，从国家全局和实际情况考虑而确定主导传播意向。记者只有很好地领会栏目的主导传播意向，才能在采访中不迷失方向。

可以说，报道思想是选题的理论依据，是采访策划的出发点。记者进行采访策划，只有在明确了主导传播意向的前提下才能确定选题。

（二）具体的采访目的

明确具体的采访目的就是搞清楚此次采访发挥什么样的作用，这种作用能达到什么样的传播目的。

具体讲，就是要搞清楚所要进行的采访属于哪一种类型，是透露信息还是揭示个性，是碰触思想观点还是披露事件原委，是肯定、赞扬还是否定、批评……

采访报道目的是依照具体的报道提示而确定的；具体报道提示是根据总体报道思想而形成的。“采访目的越明确，采访越容易取得成功。”① 一般来说，搞清楚具体采访的目的，有助于明确采访的方向、重点。

《弹指一挥间》专栏的开篇报道“共和国的核工业”从选题确立到采访报道都是在十分清楚采访目的的情形下进行的。《弹指一挥间》的主导传播意向就是报道新中国成立 40 年来各条战线取得的成就，增强民族自信心。核工业这条战线所进行的艰苦卓绝的奋斗，

① 〔美〕肯·梅茨勒：《创造性的采访》，李丽颖译，中国人民大学出版社 2010 年版，第 16 页。

值得大书一笔。

在某种程度上，中国国际地位的提高同核工业取得的伟大成就是分不开的。核工业报道主线以原子弹、氢弹、核潜艇，秦山核电站、广东大亚湾核电站，核技术在各个领域的应用这几个方面为报道主要内容，突出了重点。

报道中的第一个画面截取 1964 年 10 月 16 日原子弹爆炸成功，9 秒钟内只有原子弹爆炸的长镜头展现，从而用具有极大震撼力的事实把观众带入特定情境之中，使人回忆、沉思、激动。原子弹爆炸成功划时代的意义是：它雄辩地证明被称为“东亚病夫”的中国人民不仅屹立于世界东方，而且显示出强大的潜在力量。这样的安排，目的非常清楚，极大地提高了报道的分量和档次，故此在众多的选题中排列于首位。

从下述的报道例证中（表 2-1），我们可以进一步理解记者明确采访目的的作用。

表2-1　“共和国的核工业”报道部分画面与解说词

画　面	解　说
原子弹大爆炸	1964年10月16日，在我国西北戈壁滩上，一声巨响，划破长空，震撼了整个世界：中国人民自行研制的第一颗原子弹爆炸成功！
人群欢呼	亿万炎黄子孙依靠自己的力量打破了帝国主义的核垄断和核讹诈，揭开了中国国防现代化建设的新篇章。
氢弹大爆炸	1967年6月17日，我国又成功地爆炸了第一颗氢弹。“两弹”成功地爆炸，时间仅相隔两年零八个月。
核潜艇下水	这一速度，明显地超过了美国和苏联的同期水平。 1971年9月，我国自行研制的第一艘核潜艇胜利下水。
高技术设备特技	“两弹一艇”的研制成功，标志着一个现代化的核工业体系在中华人民共和国形成；中国在世界核工业领域中占有了举足轻重的地位。从此，世界对中国刮目相看了。
秦山核电站	十一届三中全会以来，我国的核工业从为国防建设服务，转移到为国民经济服务。 我国自行设计、建造的装机30万千瓦的秦山核电站，正在全面安装，预计在1990年年底建成发电。
大亚湾核电站	1987年中外合资兴建的180万千瓦的广东大亚湾核电站，目前已进入土建高潮，第一台机组有望在1992年并网发电。 这两个核电站的即将建成，宣布我国很快就要结束无核电的历史。
核仪器设备	核工业技术在工业、农业、医疗、卫生等领域的应用也有广阔的前景。
同位素产品	我国生产的放射性同位素已有800多个品种，正在冶金、水利、石油、化工、生物等各个方面大显身手。
核辐射技术，食品、农作物	核辐射加工技术，主要用于无菌食品保鲜、材料改性、培养优良品种，尤其是在农业方面的应用，我国已经走在世界前列。
中国核工业的摇篮——中国原子能科学研究院航拍全景	共和国的核工业从1955年的白手起家到现在，克服了重重困难。 今天，全国30万核工业战线的职工正在为共和国做出新的成就。

采访目的对于判断截取有价值的报道内容以及确立报道角度有着重要参照作用。有经验的记者在策划采访的过程中，如果对采访目的还不是十分清楚，是不会盲目进行正式采访的。

第二节 获取新闻线索

当今世界，人类社会已经进入了信息社会。电视采访报道本身就是传播信息，可以说每时每刻都在进行处理信息的工作。具体到采访策划中的信息集合，主要是获取采访线索和追踪社会信息。

美国未来学家斯奈比特认为："在这个新社会秩序里，有史以来第一次，我们大多数人要处理信息……"

——〔美〕约翰·斯奈比特：《大趋势》，中国社会科学出版社 1984 年版，第 11 页。

记者明确了主导传播意向和具体采访目的，接下来就要考虑集合信息。集合信息一方面是为了获得采访线索，一方面是为了从整体上把握具体选题的社会意义。

概念术语

什么是新闻线索呢？新闻线索就是新近发生和发现的或即将发生的新闻事实的简明信息和信号。

线索不等于新闻事实和报道。它的特点是比较简略、笼统，没有细节、过程，最多告诉记者一个途径、一个片断或一个由头。

线索是选题的具体指向，线索的作用主要是告诉记者去哪里采访，帮助记者确定报道对象。

一、获取新闻线索

由于新闻线索比较简略，甚至一鳞半爪，因此新闻线索可能在采访中被肯定，也可能在采访中被否定。

记者从什么渠道获得线索呢？概括起来主要有六个方面的来源。

（一）国家和政府的文件、决议、指示和领导人的讲话

这个来源可以使记者了解当前政治、经济形势总的情况、政策动向和新任务、最近一个时期内将要进行的事情。例如：邓小平同志 1992 年南方讲话，就是我国进一步深化改革的方向性指导方针，讲话本身成为世界性新闻。站在一定历史高度，放眼世界的记者，一定会对这个讲话进行深入的研究。

（二）各种会议、简报、情况反映

记者平时参加各种行业的会议和学术会议，翻阅各种简报、情况反映，要特别留意从中发现新闻线索。1979年全国好新闻《救活鸳鸯换回外汇》就是记者在全国财贸大会上获取到的线索。

（三）报纸、通讯社、广播、杂志的报道

电视采访报道的选题并非都是硬性的突发事件，许多采访线索是从报纸、通讯社、广播、杂志、网络的报道中发现的。

（四）新闻发布会、记者招待会

新闻发布会、记者招待会是获得新闻线索的有利时机。有些新闻发布会、记者招待会本身就是重要新闻，有经验的记者不但能够完成采访任务，而且善于从中发现其他可进一步挖掘的线索。

（五）记者的日常观察

记者在日常生活中要善于观察，发现采访线索。一个优秀的记者应该具有优秀作家般的观察能力。作家观察生活是为创作积累素材，记者观察生活是以新闻视角透视生活、反映生活。

（六）记者的信息网络

记者在日常采访活动中同各界人士建立起广泛的联系，同通讯员保持着经常的往来，同电视观众有着直接的传达关系。美国《60分钟》节目每天收到观众来信200多封，其中1/3选题是观众提供的。总编导唐·休伊特认为，《60分钟》得到了观众最伟大的投票。

要点提示

采访活动不是孤立的，是人类社会信息流动过程中的重要组成部分。

记者的采访不但要获取直接的新闻线索，而且要汇集广泛的社会信息。这样，记者的采访活动才不会脱离现实，脱离时代的大背景。

记者追踪社会信息，有助于在头脑中建立一个对现实社会的形象模式。现实形象有些是看得到的，有些是听得见的，有些是可以触碰到的，有些是能够预感到的。这些形象集中到一起，形成记者对周围世界的认识，从而使自己的采访置于具体的时间、地点、环境之中，置于个别与周围事物的关系之中。

二、追踪社会信息

策划一次采访，确定某个选题，必须有意识地将要传达的内容同周围的社会信息的变化联系起来，才能把握时代的脉搏。

案例分析

“会海大透视”

1991年12月22日，中央电视台《观察思考》节目播出的“会海大透视”专题报道，较好地追踪了各种相关的社会信息，找到了会议成灾的根本原因。其中特别值得我们思考的是，中国会议成灾的表面现象似乎是会议太多，实际上同国际上其他国家相比较并非如此。美国每天召开的会议比中国多8倍，如果按人口平均计算，比中国多50倍。中国会议成灾的真正原因并不在数量上，而是在质量上、效益上、会风上。

“会海大透视”通过各种典型的会风不正的事例和各种无效益、质量低的例证，有理有据地剖析中国会议成灾的症结，并用讲效益、讲质量、讲会风的事实具体指出解决这一问题的途径和措施。

看了这个节目，能够使观众茅塞顿开，排除以往认识上的误解。如果节目创作人员在策划过程中，不将采访的题材放到现实社会和国际对比的背景下，就很可能流于表面现象的肤浅认识。

在信息流动日益朝着缩短流程的发展趋势下，采访策划更要强化信息意识，只有时刻追踪社会信息，才能制作出反映社会现实、推动历史前进的作品。

第三节　新闻价值的取向

对于电视采访策划来说，新闻、娱乐、教育、服务节目中的采访都离不开提供信息、沟通社会、服务观众、指导生活的原则。因而，新闻价值观念依然可以作为记者判断事物、确定选题的参照和依据。

概念术语

新闻价值是选择和衡量新闻事实的客观标准。

新闻价值观念产生于西方19世纪30年代的大众化报纸时期。

当时报纸成为广为流传的读物，读者兴趣成为判断、选择新闻的“试金石”。

围绕读者兴趣，逐渐形成了衡量事实的价值尺度。

要点提示

需要指出的是，记者判断事实在新闻价值要素取向上的考虑并不是没有主次的，有些新闻可能取向其中某几个要素，在这几个要素中必然有一个是主要的取向。

一、观念与尺度

（一）新闻价值要素的构成

兴趣——新闻能否引起受众普遍的兴趣，判断事实时要考虑面对的受众。

影响——新闻能否产生什么社会影响，记者判断事实时要考虑其影响程度。

接近——新闻能否产生影响、引起兴趣同受众接近程度有直接关系，判断事实时要考虑接近性因素。

及时——新闻必须要及时，否则成为旧闻，判断事实时要考虑时间因素。

显要——新闻人物的显要程度往往能引起普遍关注，判断事实时要考虑人物知名度。

异常——不寻常的事、重要创举都具有异常性，判断事实是否具有“空前”“绝后”“唯一”的因素。

冲突——战争、罪犯、政治争端、竞赛等都包含程度不同、意义不同的冲突，判断事实时要考虑社会冲突这一因素。

上述七个要素作为传统的新闻价值标准，反映出记者判断事实所依据的尺度。

案例分析

这条新闻是1997年中国新闻奖一等奖作品，浙江电视台记者许东良采访报道，报道的新闻价值取向主要是影响、接近两个要素。

百万群众大转移

（现场同期声切入）

气象人员：“如果这样来看，就是在温岭附近，（登陆）时间大约在9点半左右。”

今天下午四点，省气象台专家最终确认，今年 11 号强台风，今晚 9 点前后在我省沿海登陆。此时，台风中心正以每小时 25 到 30 公里的速度向我省海岸扑来。窗外狂风呼啸，大雨滂沱，省防汛指挥部内气氛凝重。

省委书记李泽民、代省长柴松岳等党政军主要领导正在召开紧急对策会议。省委书记坐不住了。

（同期声，省委书记现场讲话片断）

李泽民：凡是台风经过的地方，我看要下死命令，该转移的转移，该撤退的撤退。

副省长刘锡荣当即操起电话，给几个市县一一下达了紧急撤退命令。一场和平时期最大规模的大动员、大转移十万火急地在沿海各地迅速展开。

部队官兵上去了，党政干部上去了，电话、传真、广播、电视等一切手段开始高速运转……

时间在分秒流逝，台风在步步紧逼。下午 6 点，离台风登陆只有 3 个小时了，焦急不安的省委书记打电话给省电视台：新闻播出是否可以打破常规，时间不等人呐！

天渐渐黑了，风更大，雨更急。

台州报告：部队的两艘冲锋舟和三艘橡皮艇已成功靠上了蛇盘岛；温州报告：正在南海钻井平台作业的 96 名中外技术人员，安全撤回了龙湾基地。

放心不下的柴松岳匆匆赶到了钱塘江一线海塘，他要亲自看一看群众是否已经真正转移。听说海塘内的部分养殖户死守、不愿撤离时，他下了死命令：对那些真正不肯走的，要采取强制措施，架也要把他们架走。

晚上 9 点 30 分，11 号台风在台州登陆，其强度之大为我省历史所罕见，虽然只有短短的 5 个多小时，全省却突击转移了近百万群众，人员伤亡减少到了最低限度。

要点提示

传统上，新闻价值的要素主要是：兴趣、影响、接近、及时、显要、异常、冲突等。

随着大众化传播方式的多样发展，出现了“生活方式”报道形式，新闻价值要素又得以浓缩和补充。

（二）新闻价值要素的变化

今天，传播媒介花许多时间和篇幅报道同人的生活紧密相关的内容，这些内容往往只具有接近性一个要素。为适应新的变化，现代新闻学将传统新闻价值标准浓缩、扩充，概括成更加简要的几个要素。

> 美国1984年出版的《广播电视新闻报道写作与制作》一书，将电视新闻的价值要素归纳为四个：影响（Impact）、兴趣（Interest）、信息（Information）、可视性（Visual）。

可以发现这四个要素是围绕着现代电视传播的功用而形成的。前面我们提到，提供信息、沟通社会、服务观众、指导生活是电视各档节目策划的出发点。影响、兴趣、信息、可视性这四个要素同四个具体功用的发挥是紧密相关的。

1. 影响

新闻对受众产生的普遍影响，不单纯指政治影响，对受众生活产生的影响往往更能产生效果。记者在判断事实时需要考虑：对哪些受众产生影响？是否会立即产生影响？直接影响有多大？间接影响有多大？

2. 趣味

新闻对受众而言是否具有一定趣味。趣味并不是指俗不可耐、毫无意义的趣味，新闻趣味正日益向高级趣味发展，因而，记者判断事实时需要考虑向受众传播什么情趣的内容——既能让人们产生兴趣又能让人们有所回味。

3. 信息

新闻对受众能否提供有用的信息。信息包括各种信息，特别是同人们生活贴近的信息更能产生普遍关注的效果。记者判断事实时需要考虑新的信息不仅仅是受众想知道的而且是受众应该知道的。

上述三个要素在一条新闻中可能全都具备，也可能只具备其中一个、两个。一般来说，具备“信息＋影响”或“信息＋趣味”这两类的新闻比较多。

4. 可视性

对于电视新闻来说，还有一个可视性要素。不言而喻，可视就是让观众看到新闻图像。由于电视新闻具备可视性要素，有些广播、报纸采用的新闻，电视不能报道；有些广播、报纸略提几句的报道，电视可能报道30秒或更长。例如，一场火灾报道，也许广播、报纸只需报简要消息，而电视则要展现火灾现场，必要时可能做连续报道。

新闻价值标准从传统到现代的变化反映了新闻价值观念上的发展。影响、兴趣、接近、可视性可以为电视记者判断事实提供具体的依据和参照。

从世界范围看，今天的电视传播用很多时间报道同人的生活有关的内容，告诉观众怎样消费、怎样保健、怎样工作、怎样娱乐、怎样对待人生、怎样认识人类社会……西方传播界将这种报道称为“生活方式”报道，我国电视界称之为“贴近观众”“贴近生活”“贴近社会”。

在一定程度上，中央电视台近年推出的“走基层”报道体现了“三贴近”的原则，也是改变文风的具体体现。

案例分析

“走基层”报道的维度与视域

“走基层”的报道态势在全国已经形成了一种独特的传播现象。

这一现象的突出特点是：全国性的全媒体参与，呈现出异常活跃的媒介氛围；“走基层”报道的热度与多种视角，引发了受众对报道内容的普遍关注；“走基层”聚集的媒介力量促成了社会行为，形成了全国性的意识。

从CCTV播出的“走基层·我这十年”的一些报道来看，其报道视角得到新的开启。例如，湖南农民王化永离开土地办工厂，又关掉工厂种植超级稻试验田，创造大面积亩产的世界最高纪录。王化永的家乡——隆回县羊古坳乡是袁隆平超级稻的试验基地。传统的秧苗插法都是正东正西，王化永的试验田却是斜插的。他发现每年的夏至以后，太阳升起落下时并不在正东和正西，而是有个10度到8度的偏角。在水稻生长的后半期，利用好这一点阳光就能把产量再提高。他用传统的晒田法来解决水稻倒伏的问题，使100多亩试验田抗住了暴雨，经过测产平均亩产达到926.6公斤，创造了超级稻大面积亩产超过900公斤的世界最高纪录。隆回县有上千名农民跟着王化永学技术，他还成立了农民专业合作社，从种子、化肥、田间管理到收割收购进行技术指导。王化永的故事体现了科学发展观对中国现代农民的感召力，改变了人的生活方式和观念，折射出具有中国特色的时代特征。

“走基层·我这十年”在《新闻联播》《朝闻天下》节目中连续4天报道了退休老军人吉林延边军分区原副司令金文元的故事。这位具有35年军龄的司令员退休后回到老家安图县的贫困村——大成村，8年来坚守在荒山植树造林，栽下了15万棵红松和近5万棵落叶松。他把200多公顷的山林都编了号，按照部队的方式命名为405高地、508高地、无名高地等。金文元说栽树就是给子孙留个好的环境，他的愿望是在有生之年再栽10万棵树。金文元不仅让家乡的荒山变绿，还带领家乡的百姓种上了中草药和经济作物。他考察经营项目，组织人们成立合作社，进行规模化经营，寻找到了脱贫致富的“金钥匙”。

金文元的故事折射出革命老军人甘于奉献、意志坚韧、胸怀大志、不忘父老乡亲的感人品质，引发了社会各界的关注。沈阳军区开通“山沟司令金文元”微博专题，专题视频在全军政工网点击量当天突破3万次，留言量超过6,000条。吉林省军区以金文元的报道为由头，开展喜迎十八大主题活动，官兵们认为，金文元的故事耐人寻味，树立了一个可感知的好榜样。一些军队离退休老干部致电CCTV，表示要像金文元一样发挥余热，用行动关注下一代、关注基层百姓。许多部队官兵表示，金文元作为军队高级干部，不忘党的培养、不忘家乡、情系群众，真切地鼓舞着广大官兵。人民网、新华网等多家网站转载了金文元的故事。百度搜索指数显示，“金文元”的关键字日均搜索量达千余次。很多网民说报道给人一种久违的感动。

要点提示

事实上，新闻价值要素的构成历来都是新闻学最难以下定义的，因而记者判断事物是不可能完全依照某一个标准尺度的。

一般来说，记者判断事物，确定选题往往取向于某一个突出的要素，兼顾考虑其他要素，而不是将所有要素等量齐观。

那么，记者凭借什么能力来判断事物，进而确定价值取向呢？这就是敏锐而正确的新闻判断力。

在一定程度上讲，电视在传播信息和新闻方面的发展变化，打破了传统的新闻价值观念。

今天的采访报道已经不能完全用传统的价值尺度来衡量。例如：许多报道中往往不包含冲突，也很少猎奇；人物并不显要；一些新闻没有明确的时间；许多报道只有接近性，接近往往使人们发生兴趣，进而产生影响。

种种变化表明，电视采访策划既要看到外部世界的发展，又要看到电视传播的发展。这样，才能以新的价值观念判断事物。

概念术语

所谓新闻敏感，即是记者的职业素养。

具体讲，是记者对社会现象的洞察能力，对客观事物发展变化的反应能力，对新闻线索的辨别能力，以及对新闻事实的分析能力。

归结到一点，就是要具备准确的新闻判断力，它是记者职业素养的集中体现。

二、判断与选择

> 中外电视界有经验的资深记者都有共识：一个记者要想让别人承认自己真正胜任工作，就必须向别人证实自己确有新闻才干和新闻敏感。

准确的新闻判断力特指记者判断什么事物值得采访报道的能力。通常，可以参照下述八个要点进行判断。

1. 判断某个事物能否引起受众的普遍关注。
2. 判断同一事件的各种事实构成中哪个最重要，哪个次之。

3. 判断某些看来不太显著的社会信息和新闻线索能否引发重要新闻。

4. 判断某个已经报道的新闻背后是否还隐藏着更深层的内容。

5. 在地方新闻中或其他消息中发现适合全国性报道的内容。

6. 在全国性新闻中发现适合地方进一步扩展报道的内容。

7. 在一般性新闻中迅速发现特写、专题报道的角度。

8. 察觉、预见到一些将会构成重大新闻的迹象。

新闻判断力作为记者的职业素养，应该是在实践中不断培养和提高的，从中外优秀记者经验来看，其主要的途径有下述三条：

（一）积累、研究

积累、研究的对象是：形势、情况和知识。

我国新闻界前辈邵飘萍、范长江等著名记者认为，一个有潜力的记者应该对政府，对记者所在地区的实权人物，对支持所在地区的经济工商界人士，对学校及地方名人的各个方面的情况都比较熟悉；对人、政府、艺术、政治、教育、科学、社会和经济问题的有关知识的掌握要有一定深度和广度。唯有如此，才能为发展新闻判断力奠定坚实的基础。

延伸阅读

发展新闻判断力的最好的方法之一，是把那些老资格的新闻工作者的直觉同你的直觉相对比。

发展新闻判断力的另一个基本通例——也是为了站稳脚跟——是从错误中吸取教训。①

案例分析

1989年全国优秀电视新闻一等奖作品《我国耕地人口承载力已经处于临界状态》，就是记者长期积累、偶然得之的结果。记者平时对国土、耕地、人口与中华民族的生存关系这一问题比较关注。

1989年3月，国家有关部门宣布：4月14日，我国人口将突破11亿。听到这个消息，记者感到报道的时机和新闻由头都具备了。于是，以人物专访的形式采访了国家土地局局长，揭示我国人口增长过快与耕地日益减少的矛盾，并提出了综合治理解决矛盾的办法。

① 〔美〕特德·怀特等：《广播电视新闻报道写作与制作》，温国华、于恒申译，中国广播电视出版社1987年版，第24页。

（二）学习、比较

学习、比较的对象是：成功的经验，失败的教训。

敏感与判断的天敌是疏忽，不懈地学习和精细地比较，是通往成功的途径之一。

1972 年，美国总统尼克松访华前举行了一次记者招待会，他在会上第一次使用“中华人民共和国”这个名称，而没有用“北京政府”这个过去的说法。在场的记者都没有注意到这个名称上的变化，成为新闻史上记者疏忽大意的一个“奇闻”。

概念术语

记者新闻敏感集中表现为一种顿悟性思维活动。

顿悟，即是创造性思维活动中极为敏锐的直觉、灵感。

2009 年 3 月 31 日，阿富汗问题国际会议在荷兰海牙开幕。时任联合国秘书长潘基文和时任阿富汗总统卡尔扎伊等 73 个国家的代表、10 个国际组织的代表以及 6 个观察员组织的代表出席会议。40 多个国家的 600 多位记者对会议进行采访报道。

时任美国国务卿希拉里在上午 11 点会议召开前宣布，美国将为阿富汗大选捐资 4,000 万美元。欧盟负责对外关系政策的委员瓦尔德纳宣布，欧盟将为这次选举捐资 6,000 万欧元。

这一举动，完全超出了一般国际会议的程序，表明美国、欧盟在阿富汗大选问题上的态度。这是一个强烈的信号，世界各大媒体迅速对这一举动作出反应。

此次会议另一个特别关注点是：伊朗代表接受美国邀请，出席此次会议，实现了美国、伊朗两国之间 30 年来的第一次接触。许多国家的媒体都以此为头号新闻进行报道。

阿富汗问题一直是国际安全中瞩目的问题。在海牙举行的此次会议，是第十次阿富汗问题的国际会议，也是历届阿富汗问题国际会议中规模最大的一次会议，很多媒体都以头条报道。

但是，这次会议却没有引起国内媒体的重视。

（三）思考、预见

思考、预见的对象是：纷繁复杂、不断变化的客观世界。

西方新闻界之所以称新闻敏感为“新闻鼻”，就是形象地说记者要有职业嗅觉。这种嗅觉近乎于人对外界的直觉感受，只要一碰触就产生某种特定感觉。

案例分析

林彪出逃

1971年9月13日，林彪仓皇出逃摔死在蒙古温都尔汗之后，首先是法新社驻北京记者在15日向世界报道了这一事件。

这位记者从哪得知这一消息的呢？没有任何人向他透露。他是根据平时对中国形势、情况的研究、积累，再通过他对北京当时一些“反常现象”的思考，从而判断挑起危机的当事人是林彪。

这位记者用几年时间搜集林彪的有关材料进行研究，在1969年中共九大召开时，他就已经猜测林彪并不是像当时人们以为的那样忠于毛主席。1971年8月，毛主席接见某国领导人，林彪当时在场，但是，《人民日报》却一反常规，在头版上方发表了一张毛主席会见外宾的照片。在同一版下方，发表了林彪单独会见外宾的照片。这一情况引起了他的注意，同时他联想到当时报刊上发表许多“批修整风”的报道，他预测中国共产党党内要出大事。

“9·13”事件发生后，他感受到北京紧张、神秘的气氛，经过反复思考，他向外界报道中国共产党内出现了危机，而危机的挑起人是林彪。

要点提示

美国有限广播公司董事长斯坦利·哈伯德在其《电视与广播时代》一书中，提出这样的观点：一个人不可能在新闻学院学到新闻敏感。新闻学院可以使学生做好准备，将来在一家电台或电视台的新闻编辑部工作；教授学生掌握基本的新闻报道业务技巧，但掌握技巧绝不意味着已具备新闻敏感或新闻判断力了。哈伯德的论点说明新闻敏感并不是先天具有的，也说明新闻敏感不是靠别人教授能够学到的东西。那么，新闻敏感从何而来呢？结论是：依靠自己在新闻实践中培养、提高。

以上例证说明新闻敏感的培养、提高是记者通过不断积累、研究、学习、比较、思考、预见才形成的。这12个字理解起来十分容易，但真正实践起来却并非易事。

> 坚持不懈地、全神贯注地对带有新的信息的新的事实进行搜索和追踪，并对冒出这种事实的“生长点”和“临产状态”进行规律性的探索，以求预测新闻事实的发生。
>
> ——艾丰：《新闻采访方法论》，人民日报出版社1982年版，第139页。

新闻敏感来自新闻实践，并不是说一个记者有足够年头的实

概念术语

新闻报道的主题是记者在反映客观事物时，通过具体报道的内容所表达的中心观点、中心思想。

主题思想是指报道内容具有的核心价值；

主题意义是指报道具有的普遍社会意义。

践自然就具有较高敏感了。实践确实可以使人获得经验，但是对于一个记者来说，必须有意识地在实践中培养、提高新闻敏感，才有可能获得更大成功。

虽然在学校课堂上是无法学到新闻敏感的，但我们在理论上应该有明确的认识，这样才能在日后的实践中有意识地去进行自我培养、提高。

第四节　确认具体选题

> **要点提示**
>
> 主题不是记者在报道中提出的主要问题，而是记者对问题持有的观点和评价。

记者在采访策划过程中，经过对报道思想、采访意图、新闻线索、社会信息、价值取向等进行通盘考虑之后，就可以确认具体选题。

选题确定下来，记者的多维性思维活动并没有告一段落，还要考虑主题、角度、形式。

采访报道同步化已成为电视传播的发展趋势，因此，记者确认具体选题时不能不对主题、角度、形式加以综合思考。

通常，在采访策划过程中，对主题、角度、形式的思考仅仅是初步的，是否切合实际还有待在采访深入的过程中加以验证。

一、对主题的思考

新闻学中的主题、主题思想、主题意义等概念是从文学创作的概念借鉴而来的。一般而言，文学创作的主题是指作品的中心思想；主题思想是指作品内容的思想内涵；主题意义是指作品赋予的人生哲理、时代意义。

> **要点提示**
>
> 内容是报道对象、报道范围、主要事实；
>
> 主题是通过这些内容表达的某种思想、主张。

需要指出的是，并不是所有的新闻报道都有主题。单纯的信息类、咨询类的新闻往往没有中心观点、中心思想，也不具有思想意义。一些标题新闻、简明新闻主要是传达信息。

但是，记者对电视专题、系列报道、连续报道、调查报道、深度访谈、评论、长消息等新闻的采访，基本上都要提炼主题。

（一）主题与问题

1988 年全国好新闻评奖，其中 35 个获奖的电视作品有 1/3 是揭示社会问题的。例如，《振兴开封座谈会开成催眠会》《乱开发票成为干扰物价改革的一大公害》《迎接检查菜场三天迟开业》《四平农科所科研成果越多单位越穷》等，这些新闻中所提出的问题并不是报道主题，主题是记者对问题的看法。

2005年，中央电视台报道了许多煤矿的安全生产问题，引起中央有关部门的重视。新闻频道推出系列报道《“清理”官员办煤矿》，以采取积极举措的正面报道揭示出煤矿生产链条存在不公平、不公正的社会问题。

记者的看法、评价既可以画龙点睛地明确表露，也可以让观众根据事实自己得出结论。例如，《振兴开封座谈会开成催眠会》就是明确点出：“像这样无意义、无效率的会议，还能让它继续下去吗？”《玛纳斯县在抗洪期间组织跳舞引起公愤》则是让观众自己下结论：“参加舞会的除了部分水利职工外，还有在这里组织抗洪的上级有关负责同志。事后，还有同志为他们四处奔走，希望本台不要播出这条消息。”

概念术语

标题是报道的眉目。贴切、简洁、新颖的标题能够给观众以深刻印象，达到较理想的收视效果。

（二）主题与内容

例如，中央电视台新闻频道2005年推出《社会公德》系列报道，节目中不但采访拍摄了社会公共生活中的不文明、不道德行为，而且示范了符合社会公德的举止行为。通过不文明、不道德行为与文明道德行为的对比，引导公众增强社会公德意识。

广东电视台播出的评论《潜在的危机——关于童工现象的思考》就是通过新出现的童工现象说明：“在我国经济发展的同时，存在着沦为低知识民族的危机。”

要点提示

主题形成大体经过三个阶段：

采访前期对主题雏形的考虑；

采访进程中对主题雏形的验证；

采访后期对主题的深化。

（三）主题与标题

主题与标题的关系是相互作用的，其表现形式是：

其一，标题直接揭示主题。举例来说，CCTV《时代先锋》专栏节目以《一位严谨科学家的求实精神》为题，报道了两院资深院士侯祥麟，标题中的“求实精神”四个字直接揭示了主题。

其二，标题暗示主题。《“财神爷”捡破烂》《儿童节不见儿童片》《一年造坟五万座侵占良田近千亩》等获奖新闻的标题虽然没有直接点明主题，但观众从题目上能够对报道包含的主题思想有所意会和理解。

要点提示

提炼主题一要从全部事实材料出发；

二要把握事物个性，挖掘事物本质，抓住事物特点。

表现主题忌贪大求全，而应以小见大、鲜明、集中。

其三，在标题中提出问题，引导观众关注主题。1987 年优秀电视新闻《空运到京货物积压严重》《福建省文物仓库 5 万件珍品危在旦夕》《广州 30 万退休工人没有专门活动场所》等标题都比较引人耳目，引起观众的格外关注，在社会上反响较大。

记者在思考主题时，不但要搞清楚主题同问题、内容及标题的关系，而且要在理论上对主题形成的基本过程和主题的提炼与表现有透彻的认识，进而才能指导实践。

（四）主题形成的基本过程

要点提示

电视新闻报道质量的高低、价值的大小，其决定因素就在于主题是否正确，是否深刻。

正确深刻的主题应该是对全部事实材料思想意义的概括；

记者只有把握事物意义所在，才能提炼出鲜明的主题思想并集中予以表现。

中外新闻界均认为：报道主题形成的最好时机是在采访之中。

新华社资深记者李峰认为，提炼主题取决于三个因素：一是对大局的了解；二是对报道对象的调查研究；三是报道的目的性。这三个因素就是依照唯物主义认识论，从实际出发，从事实出发。

> 从认识事物的角度说，全局和采访的事实之间的关系是个等量和被等量的关系。没有全局观点，对所采访的事实，就分不清轻重，弄不清它是不是具有普遍意义及其意义大小。
>
> ——李峰：《谈谈提炼主题的几个问题》，载《新闻采写经验谈》，新华出版社 1983 年版，第 199 页。

（五）主题的提炼与表现

概念术语

“角度”一词借鉴到采访报道之中，含义特指记者发掘事实和表现事实的角度。换言之，即记者发掘事实和表现事实的着眼点和侧重点。

记者在提炼主题、表现主题的时候，一定要切记：新闻报道不同于文学作品，新闻报道主题具有客观性。

前面列举的优秀新闻在主题的提炼与表现上都抓住了事物的突出特点，准确、生动地加以表现。

前面提到美国 CBS《48 小时》节目，节目切入点都是从一个人、一件事的内外在联系中深入挖掘，将报道主题上升到普遍的社会意义上来。比如，对火灾、吸毒、艾滋病、离婚、环境污染所造成的社会危害的剖析；对美容、健身、急救、器官移植等社会事件和现象的透视……每一个报道选题都是站在社会和人类现实与历史发展的高度上进行反映和再现。每次节目虽然侧重于报道一个问题，时间只有几十分钟，但提供的信息之多，涉及的人物事件之广泛，令观众心灵受到震撼。可见，深刻的报道主题具有普遍意义。

需要指出，记者对主题进行思考时要注意避免脱离实际，主题先行。在新闻报道中，主题先行和报道夸大是“常见病”，这两种通病往往是相互影响的。为什么这两种毛病时有发生呢？除了记者有意拔高或扭曲角度的因素外，主要的原因是记者的认识方法违背了唯物主义的认识论。

从根本上讲，采访报道要避免主题先行，就必须端正认识方法，从宏观和微观两个角度认识客观事物，表现客观事物。主题存在于客观事物之中，却又看不见，摸不着。它必须从事实中提炼，却又不能拔高。

二、对角度的选择

“角度”一词，源于摄影。从不同的位置拍摄人像和景物，以展现不同的特征和意境。

由于电视采访报道特有的融合与同步性，决定了发掘事实与表现事实的角度相互交织、同步流动。因此，记者确认选题必然要考虑角度的选择。

（一）角度与客观事实

选择角度，首先取决于客观事实本身具有的特点。

以北京奥运会报道为例，不同国家媒体的报道往往都会对本国的有关内容进行侧重报道，选取的报道角度也有所不同。中央电视台播出的《美国运动员学习中国文化礼仪》的报道选取独特视角，展示了奥运会文化交融的特色。

案例分析

美国运动员学习中国文化礼仪

导语：四年一次的奥运会不仅是各国运动员比赛竞技的场所，也是各种文化交融碰撞的舞台。在北京奥运会来临之际，美国奥委会特意为本国运动员举办了一次特别的培训课程，让他们了解中国文化礼仪，熟悉中国人文风情，从而令他们的北京之旅更加愉快。

现场同期声：“现在你们能说中文了，一起说——谢谢！”

“谢谢！”

"就是英文'Thank you'的意思。"

解说：这里是美国科罗拉多州美国奥委会总部，这里正在举办有关中国礼仪文化的培训，参加培训的不是普通的学生，而是准备参加北京奥运会的美国运动员。资深礼仪专家埃斯塔尔正向他们讲解中美文化的差异。

埃斯塔尔说，这样的培训非常重要，因为很多美国人不了解外国文化，经常以本国文化为中心；而中国文化又是如此深远，更值得年轻人去好好学习。

美国奥委会的一名官员说，从以往的奥运会来看，美国运动员在参加比赛的同时，对各主办国的人文风情也非常感兴趣，美国奥委会由此感觉很有必要在每届奥运会举办前为本国运动员提供相关信息。同时也希望经过培训，运动员们在出征异国赛场之时不失礼仪，成为美国的良好形象大使。

运动员们认为，形象与成绩同样重要。他们表示，多了解中国文化和风俗礼仪，将有助于他们熟悉环境，在赛场上发挥出好成绩。

美国运动员：这个培训非常有帮助。我们刚从中国参加测试赛回来，觉得学学这些礼仪很有帮助。

记者出镜：短短一个半小时的讲座已经让这些美国运动员有了很大的收获，同时也让他们更加期待在北京奥运会期间真正走进中国文化，亲身体验中国文化的魅力。

（二）角度与报道形式

选择角度，与报道形式密切相关。

现场报道、人物专访、纪录片、特写、动态新闻等不同报道形式对角度有不同的视角要求。

美国 CBS 的《48 小时》节目是以社会问题纪录片形式进行的深度报道。《48 小时》节目中关于艾滋病的报道，采用纪实手法从不同侧面对一个人、一件事进行记录，层层分析。节目以一个女病人因看牙医被医生传染艾滋病向法院起诉的事例为由头，然后展开揭示艾滋病带来的一系列社会问题——艾滋病人的痛苦，病毒的传染渠道，病人同周围人的关系，带有病毒的医生的职业道德与生存手段的矛盾，病人公开病情与个人隐私权的法律纠纷，医疗界面临的困境，社会应该承担的责任及面临的难题。这个节目截选了各个不同侧面的典型事例，从中可以看到社会问题纪录片独特的视角。

同样是有关艾滋病的报道，1989 年优秀电视新闻特别奖作品《我国首次从大陆性病患者中发现艾滋病病毒感染者》是以专访形式进行的报道，角度选择同纪录片就有所区别。记者得知信息后，了解到患者已经出国，便当即采访了全国艾滋病防治组组长，从人物选择角度上就具有了权威性。消息的后面还专门介绍了艾滋病的流行情况和相关知识，从全球角度来认识艾滋病的危害。

上海南浦大桥是一座具有历史意义的建筑，上海电视台邬志豪等记者从百姓的视角出发，选择上海市民在大桥上走动的画面作为典型的背景画面，以现场采访、报道的形式表达了老百姓对大桥的期待心情，获得了中国新闻奖一等奖。

案例分析

南浦大桥成为上海人民心目中的丰碑

上海市民做了100多年的大桥梦，今天终于实现了。他们纷纷涌向大桥，争睹这座跨越423米、名列世界第二的斜拉桥的英姿风采。

记者在大桥上看到一位盲人在同行人的陪同下，先用脚步丈量着大桥的宽度。接着他用手又细心地估量大桥钢索的直径。

记者：欢迎你们到南浦大桥参观。

市民1：谢谢！太高兴了！太高兴了！我眼睛也看不清楚。

记者：是吗？你虽然眼睛看不清楚，但是你用手摸、脚量，你就感受到了这个桥梁。

市民1：是啊！

市民2：原来是小舢板、小轮渡。现在啊，大桥，这大桥啊，我像站在云里、天上一样那么高，看到那房子、看到那新公路，心里非常高兴。（笑声）我非常高兴啊！今天，在大桥上，我拍了五张照片留念，我看到那些照片，我非常非常高兴。我要教育子女，遇到邻居我都要讲，把大桥的雄伟告诉他们，中国人民有志气！在共产党的领导下、社会主义……这个……我心里非常激动（笑声）……

（三）角度与电视特色的发挥

电视报道以现场背景作衬托，因此地点、环境、时间、人物的选择都可以构成不同角度；采访方式、拍摄方位、报道手法都不能脱离角度的选择。

今天，人类已经步入信息社会。随着信息社会的发展，大数据的概念应运而生。毫无疑问，大数据是信息社会的特征之一。

2014年春节，央视《新闻联播》节目率先依托数据概念进行报道，这种新的变化呈现出新的报道样态。

案例分析

大数据视角呈现新的报道样态

2014 年 1 月 25 日，央视首先在《晚间新闻》中推出了“数据说”春节报道。随后，《新闻联播》在 1 月 30 日（农历除夕）播出了《数据说春运》，时长为 2 分 54 秒。2 月 6 日播出了《数据说春节》，时长 3 分 08 秒。

主持人顾国宁以数据观察员的身份，用通俗易懂的方式，与大家一起聊春运新趋势、年货新动向、春节新玩法和新时尚，为大家揭开热闹背后的“门道”。

在这些“数据说”报道样态中，数据不但成为新闻的由头、话题的切入点，而且构成了新闻的内容。同时，数据说话的方式吸引了观众注意力。

2014 年 1 月 26 日，百度公司展现春节期间全国人口状况的“百度地图——春节人口迁徙大数据”（简称“百度迁徙”）正式上线。2 月 28 日，春运第一阶段结束。在《数据说春运》报道中，观众看到了两亿多部智能手机展示的动态迁徙图，令人震惊。过去，电视展现的只是人头拥挤的春运画面，而《数据说春运》利用百度地图 LBS（基于位置的服务）大数据，让观众看到每天各个时段的十大热门迁徙线路，排名前 10 位的人口迁入、迁出城市。

更重要的是，通过对数据和排名的挖掘，还能洞察出很多数据背后的故事。

在节目中，数据观察员顾国宁分析得出这样一个新鲜的结论，那就是越来越多的人从“过年回家看父母”变成“把父母接到大城市过年”。这样的现象成为春运新特征，这是依托大数据挖掘的新闻点。在数据中，“过年给丈母娘送礼物的最多”“网友对烟花爆竹关注度降低”这些信息也十分有意思。

此外，借助大数据分析百姓对习俗的重视程度：第一是拜年，第二是贴春联，第三是放鞭炮。这样的顺序让人们若有所思。大数据提供了一种新的视角，新的思维。

大数据是一种资源也是一种手段。利用大数据，可以察觉新动向、新信息、新视点。

CCTV《新闻联播》引入大数据概念并加以运用，对于报道依据、报道角度、报道形式、报道内容等都有所突破。

从媒介新特征来考量，聚合与互动，是媒介生态环境新系统的最为突出的特征。《新闻联播》节目“大数据”的报道形态，体现了聚合与互动这一媒介生态环境新系统的特征。

(四)角度选择的着眼点

艾丰对角度选择着眼点的阐述是十分到位的，无论是文字记者还是电视记者都须从这四个角度着眼，以便以最快的速度和最好的视角挖掘和表现事实。

> 接触事实的角度和观察事实的角度，是着重研究记者同事实如何发生外部联系以便于开采新闻价值的问题；解剖事实的角度和截选事实的角度，则是侧重于研究记者从何入手，揭示事实本身和事实之间的内在联系，以便于表现新闻价值的问题。
>
> ——艾丰：《新闻采访方法论》，人民日报出版社1982年版，第154页。

要点提示

我国知名记者艾丰将角度选择的着眼点归纳为四个方面：

接触事实的角度；

观察事实的角度；

解剖事实的角度；

截选事实的角度。

对于电视记者来说，还须综合考虑发掘和表现事实的角度，因为电视采访报道中的许多形式是同步进行的。

1986年优秀电视新闻《喜鹊沟家家户户添新秤》报道一个贫困山村经济生活的变化，用过去村里只有两杆秤和今天家家有新秤的事实来说明改革开放以来贫困山区农民生活水平的提高。虽然这个村的生活水平在全国仍属于较低的层次，但记者选择的角度新颖而且符合实际，报道具有说服力，反映了某一个生活侧面的变化。

概念术语

形式是指事物的状态、结构等。

新闻报道形式是指各种不同类型的报道形式。

选取最佳的角度好比开设一个理想的“窗口”，能够让观众把目光聚集到最有价值的地方。1988年优秀电视新闻《珠龙乡喜办“托牛所”》报道农村承包责任制实施以后学龄儿童弃学放牛，“托牛所”的开办使孩子重新回到课堂。这条新闻的“窗口”特别新鲜，既有新闻价值又具有可视性。

三、对形式的考虑

在记者的日常工作中，基本上是固定于某一个节目编辑部，承担分派的或专线的采访报道任务。电视节目的样式在一定程度上规定了报道方式，例如《新闻联播》节目以动态消息为主，《焦点访谈》节目以深度专题报道与评述为主。

要点提示

采访在报道中结构全篇的具体表现形式主要有两种：

一是展现全部采访过程；二是插入采访片断。

这样看来，记者对形式的考虑是不是可以不费脑筋了呢？其实不然，电视报道中还有许多可以采取多种形式表现的内容，有些题目有几种形式可供选择。

此外，即使是事先已经确定形式的选题，也还要考虑如何表现。《我国耕地人口承载已经处于临界状态》和《我国首次从大陆性病患者中发现艾滋病病毒感染者》这两条新闻都是在《新闻联播》中播出的动态新闻，但采取的形式是人物专访，如果换一个形式就不能够很好地体现权威性和可信性。由此可见，记者确认选题时对报道形式的考虑基本上已趋于成熟。

电视记者考虑报道形式，还有一个不容忽视的因素要考虑进去，就是采访的具体方式。有时，采访方式对于电视报道来说起着结构全篇的作用。

> 在这些“视觉”新闻节目中，新闻采访是主要形式之一，它是传递信息，使新闻更生动活泼的一种手法。
>
> ——库亨：《美国商业电视网中的新闻采访》，载《外国电视研究译文》，北京广播学院出版社 1991 年版，第 134 页。

人物专访、现场报道、谈话讨论、以采访活动为拍摄主线的电视纪录片等报道形式，展现的是采访的全部过程。这种采访形式可以从广播中、屏幕上十分清楚地了解其基本过程。

动态新闻、现场快速采访在屏幕上展现的是采访片断，受众往往难以了解其全部过程。为此，我们不妨分析一下电视报道中采访的基本特征。

1984 年，美国诺普公司对三大电视网《晚间新闻》中的采访专门进行了多方面的分析，所得到的分析结果提供了这个未开发领域中的新的数据。根据这些数据，我们可以发现动态新闻中采访的一般特征。

其一，采访以片断插入形式结构全篇报道。诺普公司对三大电视网三个星期周一至周四的《晚间新闻》播出的 612 条新闻进行了统计，其中 191 条新闻中至少有一次采访，191 条新闻中含有的总采访次数为 514 次，分为 657 个片断插入报道之中。

其二，报道中的大多数采访插入只有一个片断。ABC 的 117 次采访，86% 只有一个片断；CBS 的 214 次采访，72% 只有一个片断；NBC 的 183 次采访，79% 只有一个片断。

其三，采访的形式以快速、简短为主，采访时间从几秒钟到 1 分 30 秒左右不等。其中 21% 在 5 秒钟以下，有的采访只有一句话。采访的时间总长度平均占节目总时间的 15% 左右。

其四，采访人的角色主要由主持人和记者担当。主持人的采访时间持续相对长一些，并且出图像和声音。记者的采访有 5% 以上经过剪辑处理，只将采访对象推向屏幕，记者不出图像和声音。这是因为动态新闻的长度有限，剪辑后的采访片断往往只突出主要信息。

其五，采访的地点大多是在演播室以外。ABC 占 97%，CBS 占 96%，NBC 占 94%。剩下的 23 次采访，12 次采用以下 3 种形式的一种：在演播室内；从演播室连接到户外；从演播室连接到另一个演播室。此外还有 11 次采访由于插入极短的片断无法确定地点。

其六，采访的地点和背景环境大多是在街上、海滩、体育活动场馆等公共场所、办公室、家庭户外自然环境等。10% 左右的采访是在一般工作场所进行（指工厂、公司、医院等，不包括办公室）；30% 左右的采访是在整洁安静的办公室内进行；15% 左右的采访是在户外自然环境中进行；6% 左右的采访是在政府大厦走廊、门口、会议室外面进行；7% 左右的采访是在家庭中进行；24% 左右的采访是在公共场所进行；9% 左右的采访在街上、海滩、体育活动场所等背景环境中进行；2% 左右的采访是在演播室内进行；另有 10% 左右的采访地点无法确定环境。

从上述分析中，可以对电视报道中的采访特点略见一斑。事实上，采访的地点及环境的分析也体现了电视采访整体的特点。

近年来，我国电视记者在新闻报道中越来越重视将采访作为一种表现手法加以应用。在举世瞩目的 2008 北京奥运会报道期间，广大观众不仅仅对比赛的结果表示关切，而且对记者的场内外采访产生浓厚兴趣。特别是中国运动员拿到金牌之后，现场记者穿插进行的即席采访、场外专访以及国内记者对有关亲属、教练和观众的采访，成为本届奥运会立体报道的重要组成部分。

电视采访作为一种行之有效的报道手法发挥着不可替代的作用，记者在采访策划之时应该将采访的具体方式与报道形式一同考虑，不可忽略任何一个方面。

如果说技术手段是采访报道的“硬件”，那么策划则是采访报道的“软件”。在拥有了“硬件”的条件下，“软件”往往成为主宰采访报道的指挥系统。

本章重点归纳

1．策划，是围绕确定什么选题以及如何采访报道所进行的多维性思维活动。

就采访策划而言，主要围绕题材选择、信息集合、价值取向、确认选题来通盘考虑。

2．选择题材是采访的开端，题材即是采访报道的题目或对象。选择什么样的题材，主要取决于编辑部的报道思想、采访意图、新闻线索和记者的判断。

3．报道思想是编辑部在一定阶段内或时期内，为达到预期的新闻传播目的而制订的新闻报道的设想、意图。报道思想一般包括一个时期的总体设想和具体报道提示。

4．明确报道思想有利于记者从全局来考虑问题，报道思想往往是选题的依据和出发点。

5．新闻线索是选题的具体指向。线索就是新近发生和发现的或即将发生的新闻事实的简明信息和信号。线索的特点是比较简略、笼统，没有细节、过程，最多告诉记者一个片断或一个由头。线索不等于新闻事实，记者要在采访过程中加以核实。

6．新闻价值是选择和衡量新闻事实的客观标准。新闻价值可以为记者判断事物、确定选题提供参照。传统的新闻价值要素主要包括：兴趣、影响、接近性、及时性、显要程度、异常性、冲突等。现代的新闻报道发生了许多变化，在新闻价值观念上的变化是：影响、兴趣、信息和可视性。新闻价值要素构成历来是新闻学最难以下定义的。记者判断事物，确定选题往往取决于某一个突出要素，并兼顾考虑其他要素，而不是将所有要素等量齐观。

7．新闻判断力是指记者判断什么事物值得采访报道的能力。具体讲，主要体现对社会现象的洞察能力；对客观事物发展变化的反应能力；对新闻线索的辨别能力；对新闻事实的分析能力。

8．新闻报道的主题是记者反映客观事物时，通过具体内容所表达的中心观点、中心思想。主题不等于问题，而是记者对问题持有的观点和看法。主题也不等于内容，内容是报道对象、报道范围和主要事实。主题是通过这些内容表达的某种思想和主张。新闻主题不同于文学作品，其报道主题具有客观性。为此提炼主题一要从全部事实材料出发；二要把握事物个性，抓住事物的特点。表现主题要以小见大，鲜明集中，不要贪大求全。

9．报道角度是指记者发掘事实和表现事实的角度。换言之，即是发掘事实和表现事实的着眼点和侧重点。新闻采访报道对角度的考虑和选取，首先取决于客观事实本身具有的特点；其次取决于特定报道形式的要求；最后还要考虑电视特点的发挥。

思考题

1．为什么说采访策划是多维性思维活动？

2．选择题材主要考虑哪些因素？

3．什么是报道思想？

4．总体报道思想是根据什么制定的？

5．新闻线索的特点有哪些？起什么作用？

6．什么是新闻价值？主要有哪些要素？

7．记者的新闻判断力在采访中主要体现在哪些方面？

8．什么是新闻报道主题？主题同报道内容是一种什么关系？

9．怎样才能表现好报道主题？

10．什么是报道角度？选择角度主要从哪些方面进行考虑？

第三章　采访准备

本章内容

1．准备的入手点

2．确定采访的重点

3．研究背景

4．设计问题

5．拟定方案

采访的具体选题确定之后，首要的工作是准备和计划，这一步可以视为采访的战略部署。通常，采访战略部署的具体着眼点是：多项层面，确定重点，研究背景，设计问题，拟定方案。

第一节　准备的入手点

概念术语

周密准备是采访成功的前提保证；

准备的作用在于缩短主体认识客体的距离。

全面准备可以给予记者一种安全感。“采访前宁可准备过头，而不要准备不足。”[①]不做充分准备就去采访，好比没有领航的驾驶员开飞机一样，或许也有可能到达目的地，却要冒极大风险。

在理论上，中外新闻界对采访准备的重要性不存在任何异议，然而许多初出茅庐的记者甚至资历颇深的记者却都曾因程度不同的准备不足而造成采访的失误。

记者采访实践经验告诉我们：不同记者的采访风格可以是多样化的，但有一点是共同的，这就是采访前的周密准备。

采访准备没有捷径可走，但却有方法可循，即准备不是单项的，而是多项的。

一、理论准备

要点提示

采访活动是一种认识和反映客观物质世界的社会活动。

记者采访接触的客观对象处在发展变化之中，即使是一些老题目和熟知的领域也不是一成不变的。

面对千变万化的客观世界，记者不掌握与报道选题相关的理论，就无法客观、准确、高水准地反映及再现客观事物。

例如，全球金融危机成为焦点新闻。如果记者要报道美国次贷危机引发全球金融风暴的相关问题，那么首先要从理论上搞清楚什么是次贷危机、什么是金融危机。记者必须要从理论上廓清一些基本的概念，对其定义、模型、原因、发展、影响进行一定深度的理论分析。在掌握一定理论的前提下，记者才能对所要报道的具体题目有较为深层的理解和认识。

在某种程度上，记者的理论水平和报道水平的关系是成正比的。

美国著名的新闻节目主持人丹·拉瑟在担任白宫首席记者期间，曾经感到报道水平停滞不前。他向电视网最有学识的资深记者约翰·钱塞勒请教，约翰·钱塞勒给他的忠告是——去哈佛大学进行理论学习。可见，理论准备有助于记者从宏观上认识事物的本质，从而提高报道水准。

① 〔美〕约翰·布霍迪 等:《采访技巧》，新华出版社 1986 年版，第 50 页。

二、政策准备

如果做问题性分析报道，记者还应通过调查研究，发现政策性的问题。问题性分析报道具有一定难度，要求记者全面掌握客观事态，预测事件的发展态势，并且从政策层面发现问题，提出解决问题的途径。记者的报道或许会影响新的政策制定或者促动原有政策的修改。

记者平时要对国家的大政方针、政策不断地学习、领会，才能在采访活动中不迷失方向。具体到一次采访任务，还要对报道选题相关的各项政策有所把握。不了解政策，采访报道往往缺少针对性。轻则不痛不痒，重则闹笑话甚至出大错。

全国优秀电视新闻《浙江省盐业生产面临危机》不但具有深度，而且从政策层面提出解决问题的途径。1988 年，浙江电视台记者得知一些地区抢购食盐的信息后，用半个多月的时间了解全省盐业生产情况，分析盐民大批外流、盐田荒芜严重、生产工具落后、劳动力结构老化等原因。在了解大量情况的基础上，终于搞清了问题的关键所在，即原盐税价政策不合理挫伤了盐民的生产积极性，导致了一系列问题的连锁反应。记者将拍摄采访重点定在盐业生产连年下跌的岱山盐区，用对比手法深刻揭示出问题的症结。新闻播出后，引起的社会反响很大，省政府很快调整了原盐收购价格并采取了其他措施，全省盐业生产日趋萎缩的局面得到扭转。

> **要点提示**
>
> 政策准备有助于确定采访报道的基调。
>
> 不掌握同采访题目相关的政策，记者就难以确定采访报道的基调。
>
> 对政策的理解不能停留在字面上，还要搞清楚为什么会形成这样的政策。

三、情况准备

采访前，如果能对报道的人、事件、问题的相关情况和内在外在联系有较透彻的了解，头脑中将会形成十分清楚的立体线条，采访时就能知道从什么角度去接触事物、表现事物。

在某种程度上，情况准备对于人物采访和深度报道更具特殊意义。我们不妨分析两个流传于国际新闻界的例证，看看情况准备之于人物采访的作用。

> **要点提示**
>
> 情况准备有助于记者找准采访的切入口，确定采访的重点，尽快同采访对象搭起沟通的桥梁。
>
> 情况准备对于揭示重大社会问题与现象的深度报道来说，直接关系到采访的入手点和拍摄的切入点。

案例分析

成功与失败的提问

美国记者埃·杰·利布林采访赛马骑术师埃迪·阿卡罗时，提的第一个问题是："你左脚的马镫比右脚的马镫高多少？"阿卡罗对这个极其内行的问题反应极为热烈，兴致油然而生，不厌其烦地回答了记者提出的一系列问题。

1939年，举世闻名的电影《飘》放映之时，女主角费雯丽从英国飞抵美国以示祝贺。按惯例，费雯丽到达纽约机场后在记者室接受采访。一个初涉新闻界的记者问道："你在《飘》中扮演什么角色？"回答是："我无意同你这样无知的人交谈。"这个拙劣的提问被作为新闻在《纽约时报》上披露，从此这个例证成为告诫记者采访要做充分准备的反面"经典教材"。

上述两个典型的例子再清楚不过地显示出采访前情况准备充分或不充分的结果。事实上，利布林提的第一个问题并不是他采访的侧重点，他用这个问题开头，目的是引发采访对象的兴趣，以便为触及实质性问题打下交谈的基础。那位向费雯丽断然发问的记者，或许并不是一个"又傻又笨"的记者，他的失误在于情况准备上的疏漏。

延伸阅读

做好人物采访的情况准备，其目的"不是为了博得采访对象的好感，而是为了卓有成效地使他谈透所触及的问题。这对于准备采访某位专家的新手来说尤为重要，因为专家是不屑于同新手交谈的"①。

一些西方记者采访前对情况准备的重视程度和所下的工夫是值得借鉴的。法拉奇、克朗凯特、华莱士这些国际著名的采访专家，往往为报道一个重大事件、采访一个重要人物而不惜花费半年一载的时间搜集、研究大量情况。

四、知识准备

记者不可能成为精通各类问题的专家，但却应该对采访题目所涉及的有关知识、复杂概念事先进行学习，以求获得正确理解，否则，就难以同采访对象进行双向交流。

① 〔美〕约翰·布雷迪：《采访技巧》，新华出版社1986年版，第52页。

我国资深记者黄钢采写的报告文学《亚洲大陆的新崛起》是新闻作品的典范佳作。然而，黄钢第一次采访李四光时，由于事先对地质学知识的准备不足，致使采访难以深入。李四光不断地对地质学基本理论概念进行常识性解释，两个人交谈很不投机。李四光送给黄钢一本《地质常识》，建议记者先看看书，然后再采访。之后，两人的交谈达到了双向互动的效果。试想，如果不是黄钢这样一位老记者而是一个新手前去采访，李四光一定会对记者的能力产生怀疑，或许不再接受采访。

延伸阅读

采访对象如果认为记者对所谈的问题十分熟悉，不必一面谈一面对所涉及问题进行一番解释，那么他就可能爽快地、充分地谈。①

著名记者徐迟采写的报告文学《哥德巴赫猜想》在全国引起很大反响。数学家陈景润像许多科学家一样，既有个性又特别珍惜时间，是一位难以得到采访机会的人物。徐迟在采访前对数学基本常识、术语以及陈景润研究课题的复杂概念进行学习、消化、理解，正式采访时高效率地利用了难得的采访时间。由于徐迟在知识性问题上没有遇到难以理解的障碍，采访得以顺畅进行。

电视新闻报道是以分秒计算的，记者的口头采访经常需要同步拍摄。开机拍摄采访具有一定的规则。电视正式开机采访拍摄，不能像文字记者那样就某些专门术语进行询问。那样不但打断了采访对象的思路，也破坏了整个报道的结构。因此，采访前对专业性知识必须从概念上有一个基本的领会，才不致在屏幕前出漏洞。

五、心理准备

延伸阅读

采访是一个不能完全控制的过程，我们或许还可以掌握某些变化的因素，但有两个最关键的因素我们是无法掌握的，这就是采访者和被采访者。②

采访是建立在平等自愿基础上的社会活动，记者同采访对象接触的过程中，有一系列心理活动在起作用。

记者在采访活动中，遇到人为和自然的障碍是不足为奇的。记者在采访前要有一定心理准备，才能应付各种突然变化和克服各种困难。

通常，记者采访在心理上的准备至少要考虑这样三个因素：一是估计采访对象合作的程度；二是估计可能达到什么样的预想结果；三是估计可能会遇到哪些障碍。

---

① 〔美〕布赖恩·布鲁克斯 等:《新闻写作教程》，新华出版社1986年版，第72页。

② 同上书，第71页。

以硬性采访著称的美国资深记者华莱士对尼克松总统任内的白宫办公厅主任霍尔德曼的采访就是一个较典型的例证。霍尔德曼以管理白宫井井有条而得“铁首相”绰号，又以参与推卸“水门事件”罪责而得“柏林墙”绰号。

华莱士在采访前花了大量时间准备证据材料，旁征博引，并且进行了事先的预演。华莱士咄咄逼人的提问享誉美国电视界，他以为霍尔德曼这道“柏林墙”并不是攻无不克的。

凭借多年的采访经验，华莱士胸有成竹地开始正式采访。想不到霍尔德曼在屏幕前表现出一副温和的态度，无论华莱士提出多么尖锐的问题，他都以笑嘻嘻的方式避重就轻地巧妙应付，迫使华莱士处于被动难堪的境地。这次采访在美国电视界曾成为轰动一时的谈论话题，评论家们对华莱士的采访评头论足。

华莱士采访的失误，主要原因不是事先研究不透彻，也不是提问技巧不高明，而是对采访对象不予合作的程度估计不足，以致心理准备不充分。华莱士的教训告诫我们，无论是经验丰富的老记者还是初出茅庐的新手，在采访心理准备的环节上都不可掉以轻心。

1987 年 5 月，我国大兴安岭发生特大森林火灾，全国重要新闻机构都派出记者前往现场采访。由于火灾顷刻之间使当地政府和百姓的财产毁于一旦，从上至下形成了各种复杂的心理情绪，记者采访遇到了人为障碍。稿件无法通过邮电部门传出，有些记者拍照时受到围攻甚至拳脚“相待”，个别记者还被关了“禁闭”。在这种特殊的情况下，大多数记者没有打“退堂鼓”，而是想尽办法、克服困难、耐心解释、冒着生命危险进行采访。

可见，搞新闻采访特别要具备应付复杂局面的心理素质。如果记者忽视了心理准备，往往会对采访中出现的意外情况束手无策。

六、事务准备

电子采访设备是极为复杂而又难免出现故障的，如果临行前对采访的全套装备有一点疏漏，都有可能因小失大。

电视采访的事务准备主要包括以下几个方面：

1．检查摄像机，调试到位，确保画面清晰。

2．带上足够的磁带、记忆卡，检查是否运转正常，注意不要使用有划痕的磁带。

3．检查话筒功能是否正常，无线话筒、手持话筒是否确实起作用。

4．带好灯光设备，临行前最好试用一下。

5．准备备份的电池，确保电池足够使用。

6．检查手持话筒线、摄像机外接线，检查三脚架、小型三角支架。

7．与采访题目有关的通知、邀请函。

8．为采访对象事先提供的材料。

9．网上下载的相关资料。

10．记者的采访提纲。

11．对方的联络资料等。

12．通信联络设备和工具：记者出行要随身携带好手机、电脑、打印机。

13．其他必备物品：车票、机票、纸笔、生活用品等，做到万无一失。

> **概念术语**
>
> 重点即是寻找采访的主攻点。
>
> 具体讲，也就是确定采访的重点范围、重点对象、声音选择和主要画面。

第二节　确定采访的重点

一、重点范围

确定采访重点范围，可以事半功倍，反之则会事倍功半。许多刚刚学习采访的记者往往觉得什么都重要，导致采访时平均使力，做出的报道面面俱到。

> **要点提示**
>
> 需要指出的是，有些采访题目纯粹是探索性的，往往难以确定某一个侧重点。例如，人物个性采访，思想观点的揭示，大都要对广泛的题目进行交谈。在这种采访中，记者不能局限在某一思路中。然而，思路宽并不意味着漫无边际。记者可以根据探索性问题的逻辑顺序确定采访的范围，也可以根据思想观点的重要程度安排采访的主次顺序。

实际上，电视报道的时间容量非常有限，只能突出主要内容。日常的每日新闻节目中的动态性新闻一般只有1分钟左右，特写3～5分钟、专题5～30分钟，大型纪录片、系列专题片每集长度往往不超过1个小时。在这样有限的时间内突出什么内容，穿插什么形式的采访必须围绕某个中心点来选择。因此，采访前心中一定要明确采访的侧重点，才能找准突破口，切入正题。

怎样确定采访的重点范围呢？办法是，根据采访目的确定“主攻方向”。

有经验的记者采访前首先会对自己阐述一下采访的目的，目的越清楚，主攻方向越容易测定。如果采访前自己对采访目的都搞不清楚，自然就难以确定明确的目标。没有明确的目标，采访范围也就没有了确定的依据，其后果必然盲目被动。

在电视采访中，无论是现场快速采访，还是持续一定时间的人物专访，都切忌毫无目的。采访的目的和采访的重点范围之间的关系是相辅相成的。目的明确才能确定重点，确定重点才能集中目标。

> **概念术语**
>
> 电视采访在采访对象的选择上有三种方式：
>
> 一是定向选择；二是阶段选择；三是随机选择。

二、重点对象

定向选择一般在采访前就确定好重点人选，阶段选择往往随着采访的深入，按照新发现的人物线索进行特定选择。随机选择主要是在采访现场、在大庭广众下临时选择。定向选择注重典型性，阶段选择带有指向性，随机选择具有代表性。

采访时怎样确定重点采访对象？原则上，采访对象应该是与报道事实直接有关的当事人、事件的参与者和目击者，或虽不是当事人，但却是了解有关情况的知情者或能够发表见解的权威人士和代表人物。

在电视行业发达的国家，受众对电视节目的参与程度越来越高，每当发生重大新闻事件，各层次受众往往被请到电视台发表见解。由于越来越多的人参与到节目之中，美国等国家的电视机构专门设置了预约记者。

预约记者的任务是为节目约请适合上电台、电视台说话的客人，一天大约要预约 25 个左右的广播、电视客人。

海湾战争期间，美国有线电视网 CNN 的新闻一天 24 小时不间断进行报道，其中大部分时间都是对政府首脑、权威人士、专家、观察家及普通人的采访。这样，将事件和反应结合起来，报道不但立体化而且具有深度和人的情感因素。

案例分析

“我报道”（I report）

2008 年，在美国总统大选报道中，CNN 为了增强与观众的互动，设置了“我报道”（I report）小栏目，演播室主持人连线各地民众，请他们以新闻事件参与者或者目击者的身份报道新闻。“我报道”是总统大选报道中的一个轻松栏目，甚至带有娱乐性。如，弗吉尼亚的一位民众讲述自己第一次参与投票的激动心情，一位网络歌曲作者播放了两首当红的搞笑歌曲。

“我报道”在 CNN 日常新闻节目中涉及的题材十分广泛，促动了一种新的采访报道形式。这种冠名为“我报道”的采访，实际上是让民众以亲历现场、亲眼所见的方式报道新闻。

受众的参与是电视节目发展的必然趋势，这对采访重点对象的确立提出了特别要求。换句话说，记者采访前和采访过程中必须考虑请什么人上电视、上电视后在报道中起什么作用。

三、声音选择

电视记者在采访时，通常要对声音的选择进行考虑。

记者要对自然环境的背景声、工作场景的典型音响、人物采访的声音以及这些声音的运用形式等进行选择。在正式采访的前期，应该进行通盘考虑。

同时，还要根据报道的形式进行比较具体的声音设计和构思。在一些需要现场环境背景声的特写、现场报道、纪实报道中，要对现场环境中的音乐（歌曲）、音响、人声等进行选择，原则是符合新闻报道的内容需要。

在选择声音的同时，记者还要注意采访对象的音量大小、是否被背景声音干扰等。采访对象说的话是否能够说明问题、阐明观点，如果发现不得要领，需要当机立断，重新换一个方式提问。

案例分析

《你幸福吗》微调查随机采访声音的选择

CCTV在2013年中秋国庆期间连续9天播出的“喜迎十八大百姓心声”特别报道《你幸福吗》引起了公众特别的关注，产生了广泛的社会反响。

《你幸福吗》片中的一些意外的回答，被观众称为“神回复”，截屏被大量转发，还整理成系列，每天更新，并出了新浪网、土豆网多个版本。

“你幸福吗？我姓曾。”

“最想要的是什么？女朋友。最坏的事是接受你采访，队被人插了。”

“今天不幸福，女朋友刚分手。”

这是三个知名度比较高的“神回复”。

从专业角度分析，《你幸福吗》的报道类型是微型调查，调查方法是即席随机快速采访，表现形式是呈现采访过程的纪实段落。从形式上看，微型调查既可以作为一种报道方式，也可以作为一种报道的切入角度。

幸福是人们日常生活中经常使用的词语，在不同的情境和语境下表达内心的一种愉悦舒畅感受。那么，为什么《你幸福吗》在电视主流媒体上呈现后会引起社会的特别关注呢？关键是报道的视角和问题的切入点契合了时代的大背景，同时，随机采访的现场纪实段落具有真实感，同期采访的声音十分生动。

可以说，中国改革开放以来，特别党的十六大以来，人们的生活方式、生产活动都发生了深刻的变化。伴随着买房、买车、出国旅游等过去难以企及的事情成为现实，人们开始思考生活的质量、工作的方向、幸福的含义和代价。

正是在这个时代背景下，《你幸福吗》特别报道调动了 70 路记者，20 个地方台，随机采访了 3,550 人。

节目选择了 147 个不同采访对象的回答，在《朝闻天下》《新闻 30 分》等节目中播出，《新闻联播》以头条、提要的方式挂标播出 8 集，并配发编后、评论。

“你幸福吗？”一时间成为人们诙谐幽默的问候语，“你幸福吗？”在新浪微博微话题中排名第一，引发了全社会关于“幸福观”的热烈议论。在一定程度上，契合了人民对美好幸福生活的期盼。

要点提示

电视记者在确定重点时，还要对报道主要由哪些画面构成进行思考。

第一，未来的报道在画面表现上大体是什么样。

第二，估计能够拍到哪些画面。

第三，哪些东西必须拍摄到画面才足够有说服力。

第四，期望能够拍到什么样的形象画面。

第五，如拍不到动态感强的活动图像，采取什么办法构成特定的画面内容。

第六，以什么方式将采访对象引入屏幕，在画面上怎样出现。

第七，记者以什么方式出镜采访，以什么样的特定现场画面背景作衬托。

第八，哪些内容画面上不好表现，采取什么形式来体现，同画面又怎样配合。

四、主要画面

画面是电视新闻报道的基本表现元素，报道内容主要是通过画面体现的。在一定程度上讲，画面也是报道内容的重要组成部分。在正式采访拍摄前，记者一定要从以上几个方面对主要画面的构成进行考虑。

简而言之，就是要考虑报道由哪些主要画面来支撑。

实行采摄分工，记者或许不负责画面拍摄的具体操作，但是对主要画面的确定是必须要考虑的，这是由电视记者采访的特殊性和电视新闻特性所决定的。

经验告诉我们：记者在采访报道的准备过程中，未来报道的形象应该是以观念的方式存在于记者头脑之中。只有这样，记者才能在正式采访、拍摄、制作过程中胸有成竹。

作为电视记者，确定重点的着眼点不但要围绕报道选题来考虑，而且要从电视屏幕的特定表现形式来考虑，以求达到理想的传达效果。

第三节　研究背景

在日常采访活动中，研究背景易犯的一种通病是停留在一般性了解的水平上。究其原因，一是对研究背景的作用理解简单，误以为仅仅是熟悉一下采访的人和事，必要时在报道中用一点；二是对研究背景的基本环节把握不好，侧重于广泛浏览，忽略综合分析。

一、研究背景的目的与作用

20世纪80年代以前，我国民众对环境污染、能源危机还缺乏清醒认识，艾丰针对水的资源危机采写了一篇卓有见地的报道《水——让我们重新认识你》。他在研究背景的过程中，澄清了许多观念上的误解，找到了水源浪费、污染的原因。

人们对水的认识存在误解，一是错把大自然无限的循环当成水资源有无限的数量，以为水是取之不尽，用之不竭的，因而不珍惜水的利用。实际上，水的数量是有限的，特别是淡水资源。二是人们以水的价格来衡量水的价值，认为水非常便宜，节省不节省没什么要紧。工厂购置一套节水设备，花的费用比浪费的水的费用高出几倍，故此宁可浪费而不节水。三是没有任何东西可以代替水，没有水就没有生命。如果掉以轻心，水的浪费和污染将会造成无法补救的后果。

> 艾丰认为，通过研究背景资料，端正了对报道事物的认识，对以前头脑中的观念是一个大冲击。如果不进行背景研究，就不可能对社会上习以为常的现象和错误认识增强洞察力，做出的报道也不可能具有针对性、现实性、科学性。

西方新闻界的许多经验丰富的记者特别重视研究背景，将这一步视为采访的开端。

延伸阅读

报道的重点是什么？

这是要向你自己提出的第一个问题。你应该能够用一句话写出问题的答案，并且最好是在35个字以内。这就是你对焦点的陈述。把这句话置于报道的最上方，时刻提醒自己不要忘记焦点。如果你决定采取开门见山的手法，这句陈述将成为你报道的导语。如果你希望用一个更有创意的导语，这句陈述将成为你的焦点段落——也成为核心段落（nutgraph）。①

概念术语

研究背景资料是采访的入手点。

背景研究是在确定了选题，明确了采访意图之后进行的，具有针对性。

我国知名记者艾丰认为，研究背景是为采访而进行的采访。

---

① 〔美〕卡罗尔·里奇：《新闻写作与报道训练教程》第三版，钟新主译，中国人民大学出版社2004年版，第4页。

要点提示

研究背景的目的是：开掘报道的深度。

研究背景的作用是：武装头脑、提高认识、增强洞察力、发现线索、吸收使用。

美国CBS《晚间新闻》节目主持人沃尔特·克朗凯特在1952年报道美国两党代表大会之前，用一个春天和一个夏天的时间研究政界要人的背景。当报道取得开创性成功后，同行和观众都对电视网节目启用记者、采用主持人这种别开生面的报道方式赞赏称好，而他自己则认为成功得益于研究背景。

可以说，记者采访不研究背景，就根本驾驭不了所报道的内容。报道形式是不容忽略的，但从根本上还是记者的认识水平决定报道质量。

记者认识水平的提高，分析、辨别、判断事物的洞察力的增强，是无法凭空获得的，必须进行大量而透彻的背景研究。

上海国际电视节评委、美国公共广播公司匹兹堡电视台总裁托马斯·斯金纳先生1992年在中国传媒大学专门就纪录片创作进行了讲学。他说，美国同行创作大型纪录片一般用1年时间，其中2个月研究背景，2个月实地考察，2个月正式拍摄，6个月后期制作。从这个制作周期的时间安排上，我们可以看到研究背景资料的重要性。研究背景既是采访报道的开端，也是采访报道的入手点。

二、研究背景的基本环节

要点提示

背景研究的基本环节主要分为4个步骤：

广泛浏览，分门别类，综合分析，消化吸收。

（一）广泛浏览

广泛浏览是研究背景的第一步，这一环节是信息输入大脑的过程。

一般而言，广泛浏览主要是从已经成文的资料中获取采访题目涉及的历史与社会背景、现实状况、发展动向，以及相关人物的个性特点、职业生涯、人生观念等。

中央电视台《人民子弟兵》节目播出的4集系列片《祖国不会忘记》长度共80分钟，然而创作人员查看积累的录像资料的时间就长达8,000分钟。

1979年12月，世界拳王阿里到北京进行为期一天的短暂访问。体育记者傅溪鹏事先得知了这一信息，但是对阿里个人生活和职业经历却知之甚微。阿里在北京逗留仅一天，围绕他采访的记者很难有更多的接近机会，直接交谈更是困难。傅溪鹏深知单凭临场观察和提问是难以深入报道的，唯一的办法是事先广泛浏览背景材料，充实自己的头脑。然而，当时国内的报纸、杂志几乎从未涉及这位拳王的情况。他跑到几个大型图书馆，浏览东南亚和港澳的报纸、杂志，查到了有关阿里个人生活和拳击生涯的许多资料，这些资料对于他采访报道起到关键性作用——从不了解到比较了解，再到把握人物个性。

广泛浏览实质上就是占有大量资料的过程，占有大量资料是一个费时、费力，又要工夫又要有方法的工作。现在，许多国家的电视机构都建立了文字和影像资料库，查找资料手段逐步朝着电子化方向发展。由于电视节目吞吐量大，各档节目都离不开资料的利用，专职为某一档节目服务的资料员应运而生。此外，互联网的使用极大方便了记者查找文字资料。然而，资料存储和检索的现代化手段终究替代不了记者运用资料的思维活动。如果说广泛浏览这一环节是比较容易把握的，接下来的环节则要开动一番脑筋。

相关背景

《祖国不会忘记》表现的是我国国防科技事业30年的历史，因此，需要以这条战线30年来积累的珍贵图像、图片和文字资料构成全片画面的主要内容。由于长期保密的原因，有关资料来源缺乏，数量少，而且头绪繁杂。为了真实地再现这段历史，我们在创作过程中打了一个挖掘资料“金矿”的战役。①

（二）分门别类

美国著名的新闻节目女主持人巴巴拉·沃尔特斯是名人专访的行家，她高超的交际能力、轻松自然的神情举止、巧妙提出问题的技巧、应付各种事件与问题的老练作风，深得同行的首肯。在局外人看来，她在电视上采访很少看着提纲提问，误以为她是凭借多年经验和敏感的反应能力即席发挥。

其实，沃尔特斯采访前所进行的背景研究是极为透彻的。她为了采访影视明星卡罗尔·伯内特，从大量的背景资料中归纳提炼出38页的研究报告，并在研究的基础上设计出100个探索性的问题。

美国新闻教科书《广播电视新闻写作》将她这份报告和问题单作为典型范例，其中值得我们借鉴的是，沃尔特斯的研究报告和问题单都是按照事物的不同性质归类研究的。背景研究归为4类：童年、家庭；职业生涯；婚姻；个人习惯。问题设计归为8类：儿童时代；青年时代；职业生涯；母亲时代；个人变化；社会观念；婚姻；人生观。

分门别类不是进行流水账似的资料汇总，而是从繁杂的资料

要点提示

分门别类是对背景资料进行定性研究的过程，即依照事物不同属性进行规范化研究。

对背景资料分门别类进行研究，有助于记者理清头绪，排除疑点，有利于进一步挖掘事物的本质。

① 摄制组：《〈祖国不会忘记〉创作浅谈》，载《1988年优秀电视新闻稿选》，中国广播电视出版社1989年版，第53页。

要点提示

综合分析可以使记者获得判断事物的可靠依据，得出比较符合实际的结论。

中提取有价值的部分加以归类。

我国《空军报》记者陈乃文在 1981 年 9 月为采访黄植诚，第一次采访设计了 119 个问题，第二次采访设计了 130 多个问题。他将问题分类为重点了解、详细补充、一般询问、需要核对等几大类别。

（三）综合分析

《祖国不会忘记》这部纪录片在叙事方式上较多地采取了对比手法，每集里都有一个或几个“跳点”，然而，观众并没有产生牵强附会之感，而是产生许多联想和思考。这说明，创作人员对背景的综合分析非常透彻，因而总体构思既高瞻远瞩又符合事实。

这部历史文献纪录片如何客观地评价国防科技 30 年的历程，如何将宏观认识和微观透视有机地结合起来，均离不开对背景的综合分析。

“全片要有纵看几千年、横观万国事的气势，才能为我们的创作人员提供一种立体的、全方位的思考。”[①]

《祖国不会忘记》纪录片中资料分配的基本方案，各集画面的初步设计，乃至脚本的构想修改，都是在反复观摩的过程中实施的，也是在综合分析的过程中形成的。

要点提示

消化吸收是将死材料变成活材料的过程。

消化使用的材料同报道的主题贴切才有说服力。

（四）消化吸收

对比性报道、分析性报道、解释性报道、调查性报道往往由于背景材料运用得当，报道力度才得以呈现。消化吸收背景资料要注意同主题的关系，避免主题游离生搬硬套。

经验提供的办法是，首先认清报道事物的本质特征，然后分析背景资料的特定意义，最后选择能够说明、衬托、深化主题的特定背景资料对号入座。

1989 年，中央电视台创办的《弹指一挥间》栏目，共播出 182 条报道，几乎每篇报道都穿插运用历史背景材料，用今昔对比的手法表现新中国成立 40 年的变化。这个栏目受到各层次观众的欢迎，在很大程度上取决于贴切运用历史资料，使报道具有无可争辩的说服力和可信性。

---

① 摄制组：《〈祖国不会忘记〉创作浅谈》，载《1988 年优秀电视新闻稿选》，中国广播电视出版社 1989 年版，第 51 页。

曾任《中国建设》杂志社主编的艾泼斯坦早在20世纪50年代就对中国西藏问题进行研究。在社会科学院新闻研究所的一次演讲中，他谈到如何消化资料时，举了一个很有启发的例子。

在撰写西藏问题的文章时，他想到面对的读者对象是美国人、欧洲人。他准备写西藏过去的奴隶社会与欧洲过去的状况对比。

如何比较呢？他查找了百科全书、马克思的《资本论》。从中记下了有关农奴制和强迫劳役的描述。他还在一本关于10世纪的英文书中找到农夫和作者的对话，叙说农夫在没有人身自由的制度下辛苦劳动的情景。最后他又查找了13世纪一位罗马教皇的引语："农奴在干活，威胁使他惊吓，强迫劳役使他疲乏，鞭挞摧残他的身体，他的财物也被剥夺……"艾泼斯坦用这些材料告诉外国读者，西藏的过去正是你们已经抛弃的历史，为什么你们认为可怕的东西，到了西藏就变得如此美妙呢？你们还不如一个老教皇，因为他都不隐瞒奴隶社会的暴虐。这些事实材料比高声说教更有说服力。

艾泼斯坦认为，这个例证对如何消化使用材料是一个很有效的参照。

我们可以从中受到这样的启发：消化使用材料首先要弄清所报道事物的本来面目，再仔细咀嚼相关材料，最后选取说明问题的材料对号入座。

在我国新闻改革的过程中，特别提倡搞好电视的深度报道，而深度报道往往离不开历史知识、时代背景、科学知识等材料的运用。

要点提示

存储积累资料主要有两个环节：

一是平时注意积累资料，采访时就能得心应手地很快找到背景材料；

二是每次采访后得到的材料要分类存储，不要随手扔掉。

（五）存储积累

一个有职业理想的记者大都重视做好存储、积累资料的工作，重视报道时使用背景材料同平时注意存储、积累资料的关系。

在日本的新闻采访教科书中，特别强调，记者要像电子计算机那样具有存储信息的技能，善于搜集、积累研究资料。

眼过千遍不如手过一遍。记者要对平时和采访过程中得来的资料，随时整理、分类，做札记。

存储研究资料是记者的基本功之一。在这方面，西方的行业记者给予极高重视，每人都有报道范围的"资料库"。一旦相关新闻发生，背景材料马上就能调出。

需要注意的是，“资料库”不能变成死档案，也不是一故纸堆，而应是一个即时“老师”。无论什么时候你要问这个“老师”，“他”总是能回答你。记者完成一次采访，都应把所得到的材料归纳整理，存储起来，不要采访完毕就丢掉。

第四节　设计问题

记者确定了采访的重点范围，选择好采访对象，进行了背景研究，在这个基础上便可以着手设计问题。

设计问题主要是为正式提问作准备，同时也有利于记者理清头绪，排除疑问，抓住关键点。

一、通用原则

一般来说，有这样三条原则是通用的。

1. 记者头脑中必须清楚，应该从访问对象口中得到哪些要点，用以阐明所报道的题目。

2. 记者必须有把握能够将提出的问题准确地传达给被采访者，防止对方对问题迷惑不解。

3. 记者提出的问题应该使观众一听就懂。相对来说，这一点尤为重要，但最易忽略。

上述三条原则是中外记者长期实践经验的结晶。遵循第一条原则，在设计问题时就会明确目的，而不至于心中无数；遵循第二条原则，就会注意提出明确具体的问题，而不至于含糊不清；遵循第三条原则，就会注意使用简洁、通俗的词句，避免使用深奥、难懂、晦涩的词句。

记者采访根据不同题目、不同对象设计不同问题，这一点是不言而喻的。但是怎样设计，设计问题时遵循什么原则，这些都要动一番心思，才能最后画上句号。

要点提示

GOSS公式可以提醒记者设计下列一些具体问题：

目标——你们要实现的目标是什么？贵组织的目的是什么？

障碍——你们遇到过什么难题吗？目前的阻力是什么？

解决——你们是怎样对付这些难题的？你们有解决矛盾的计划没有？

开始——这一设想是什么时候开始的？是根据谁的意见？

二、辅助公式

经验不足的记者提问往往缺少逻辑联系，老练的记者在偶然情形下也难免一时语塞。针对这两种情况，美国内华达大学新闻学教授拉鲁·吉尔兰德推出了设计问题的辅助公式——GOSS 公式。这个公式对我们设计问题可以提供可行的方法。

GOSS 公式基于这样一种理论：

大凡制造新闻事件的个人和组织总是出于某种目的和目标（goal），并且总是面临或即将面临实现其目标的障碍（obstacle），新闻制造者已经找到或者正在寻找某种避开障碍的解决办法（solution），然后再返回目标，追问这一目标是在什么时候由什么人的意见而开始的（start）。

吉尔兰德 GOSS 公式用图 3-1 表示。

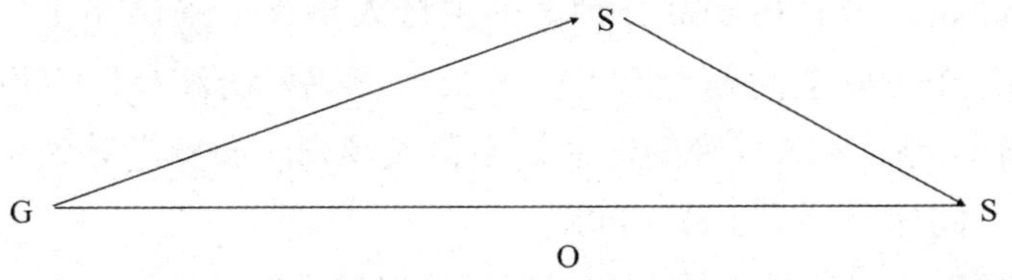

图3-1　GOSS公式图示

根据 GOSS 公式的提示，记者可以在事件性新闻采访中设计出比较具体的问题。这些问题不但具体，而且上下之间讲求逻辑；不但能把事情的来龙去脉搞清，而且能够抓住关键性实质内容。

根据GOSS公式设计的问题，比较具体、简洁、明确。比如，你的感想如何？有什么体会？你是怎么想的？请介绍一下情况等。这样的问题更有针对性。

美国一些新闻学院的学生借助GOSS公式做设计问题的试验，认为易行易记，尚能奏效。

需要指出，GOSS 公式只是设计问题的辅助公式，而不是万能公式。记者每次采访的题目、情形都是不尽相同的，不可能制订出适用于所有采访题目的公式。

吉尔兰德教授明确告诫读者，这一公式只是设计问题的辅助公式，对于日常动态新闻的采访比较有效，此外，当记者一时卡壳，它也可以助一臂之力。

要点提示

电视记者在采访前设计问题：

要考虑采访过程中提什么问题；还要考虑在话筒前怎样提问；必须进行总体的设计。

三、总体设计

（一）话筒后面的问题设计

电视记者并不是时时刻刻都拿着话筒采访，通常，话筒后面的采访问题设计占很大比重。记者采访的目的是搞清事实，可以根据采访时间、访问对象的实际来确定设计多少问题以及问题的方式。

一般来说，记者同采访对象直接交谈时，提问方式可以灵活选择，但设计问题时应以问题形式一一列举拟定出来。

话筒后问题设计可以围绕采访题目从多种角度来考虑。记者先将所有想到的问题一一列出来，较好的方法是多想多列。

西方许多著名记者在采访前特别重视设计问题，有些重头采访要设计出上百个问题。

例如美国 CBS《60 分钟》的主持人华莱士采访邓小平时事先设计了 100 个问题，巴巴拉·沃尔特斯采访江泽民也设计了 100 个问题，NBC《晚间新闻》主持人汤姆·布罗考采访中国重要人物同样设计了 100 个问题。

在正式采访拍摄前，电视记者最好先进行前期采访，设计话筒后面的问题多多益善。记者可以尽量将头脑中的疑问都列出来。在这个基础上，进一步整理、归纳、提炼。如果记者能够设计出具体的、针对性强的问题，说明记者的头绪基本理清，反之说明记者的思路还很混乱。

通常，除突发性事件，一般采访任务都有一定时间准备。如果设计几十个甚至上百个问题，不能是漫无边际、毫无关联的。较好的办法是：按照事物之间的逻辑关系，分门别类设计问题。

> **要点提示**
>
> 话筒前面的问题设计有两条准则要遵循：
>
> 一是准确、具体；二是简洁、口语化。
>
> 怎样才能达到准确、具体、简洁、口语化这几个基本要求呢？
>
> 主要在于能否抓住采访题目的关键之处。

（二）话筒前面的问题设计

问题采访常常触及比较棘手敏感的社会问题，或普遍存在的具有倾向性的社会现象，因而，揭示这些问题与现象的社会根源，寻找解决问题的办法与途径是这类采访题目的主导传播意向，故此，问题的设计是一种具有深度的观点揭示。

观点采访要求记者提出的问题具有逻辑性，一环扣一环。如果记者设计的问题在逻辑上毫无联系，得到的回答则将是零乱纷杂的。一般来说，观点采访前思路必须放宽，头绪必须理清。

现在，电视记者在镜头前手持话筒采访已经是一种常用的方式，许多新闻中都要插入采访同期声。

多数情况下，电视话筒前的采访都是简短的快速采访，记者提问时间极为有限，因此，时间长度是设计问题时必须要考虑的因素。

在一些报道中，采访分成若干片断在节目中插入，因此，要求记者设计问题时考虑电视采访的插入方式。

记者手持话筒提问，还要考虑电视节目播出的方式。如果是直播，记者的提问就无法进行后期剪辑，因此不能中间停顿，也不能没有镜头感。

《电视记者工作》一书作者罗伯特认为，设计三到五个合适的问题往往需要一天时间，这说明屏幕前问题设计要尽最大可能做到万无一失。

由于镜头前采访有严格的时间限制，记者的提问不能含糊不清，必须直截了当，有明确的指向。

许多缺少经验的初学者，往往误以为电视采访十分简单，拍几个画面，提两个问题就可以了。实际上，电视话筒前的采访可以称为是高、难、深的采访，达到一定水准十分不易。

> **要点提示**
>
> 先期采访计划包括：预约采访对象，测算采访时间，选择采访地点，索取有关资料，筹划正式采访拍摄。

第五节 拟定方案

采访方案被喻为比赛计划（game plan），意思是采访方案应该同比赛计划一样在时间、地点、项目等方面做到按部就班。

从电视采访的特定要求出发，采访方案的拟定是先形成初步的方案，在此基础上再经过考虑研究，最后形成正式方案。

一、前期采访计划

在电视采访中，除突发性事件以外，绝大多数的采访都需要拟定初步计划，并按着计划进行先期采访。

> **要点提示**
>
> 正式采拍方案包括：确定拍摄现场、报道形式、报道内容构成、记者采访方式，必要时还将进行预演。

最初的计划在先期采访中将不断得到完善、修正，最后形成正式采访拍摄方案。

比如，电视纪录片的创作步骤，首先是论证选题的可行性，然后提出一个轮廓提纲，再到现场观察和拍摄形象素材，最后根据现场观察结果和形象素材再论证以什么形式表现。形式确定下来之后，正式采访拍摄才具体投入，采访归来，创作人员方能够根据所有的素材写出脚本，然后再进行后期制作。

需要注意，先期采访计划同具体的采制方案并不是固定不变的，有时还要根据实际情况和变化进行调整。

二、正式采拍方案

正式采拍方案往往要经过深思熟虑的酝酿，除了突发性事件，绝大多数的方案都要反复进行可行性推测，最后筛选确定。

为保险起见，有经验的记者还拟定第二套方案。对于科学实验等事先未果的可能存在突变因素的题目，拟定第二套方案是较好的对策。

1992 年 3 月，中央电视台现场报道澳星发射，不料遇到突变的情况。在卫星发射失败的现场，记者间隔了一段才出声音："请长城公司的总经理谈一下原因。"长城公司总经理又经过一阵沉默才说："在科学实验的道路上，总会有失败的可能。澳星没有发射成功，我们感到十分遗憾。我们将尽快查找原因，准备下一次发射。"这次卫星发射出现故障属于科学实验的正常现象，但是记者在现场报道中出现空档是不应该的。

报道组事先拟定摄制方案，万一失败，拿出第二套方案，无论成功与失败都有报道方案，那么就可以在现场发挥自如了。记者可以将国际卫星发射史上失败的次数、原因向观众进行介绍，解释科学实验从失败到成功的必然规律，观众自然会对此次的失败表示理解。由此可以看到，拟定采拍方案对每一个环节都要精心筹划，才能防患于未然。

在采访准备中，记者投入的东西和得到的东西是成正比的。精心拟定前期采访计划，筹划好具体采拍方案，将有助于报道任务的顺利完成。

需要指出，采访方案在具体实施过程中往往要进一步完善，特殊情况下或许还要重新考虑。因而，拟定方案时必须在思想上有充分的准备，不要把事先拟定的方案变成一成不变的框框。头脑灵活的记者，大都能够在采访实施过程中验证、调整、完善、充实先期拟定的方案，遇到变化，总能设法找到回旋的余地。

本章重点归纳

1. 采访准备和计划被视为采访的战略部署。通常，具体的着眼点是全面准备；确定重点；研究背景；设计问题；拟定方案。

2. 准备是采访成功的前提保证，充分的准备可以缩短主体认识客体的距离。首先，记者要从整体上进行全面准备，包括理论准备、政策准备、情况准备、知识准备、心理准备、事务准备。

3．确定重点即是寻找采访的主攻点。具体讲，就是确定采访的重点范围、重点对象、声音选择以及主要画面。确定重点要求记者在采访前要明确采访的侧重点，找准方向。较好的办法是：采访前先对自己阐述一下采访的目的，目的清楚，才能有明确的重点目标。

4．研究背景资料是采访的入手点，是为正式拍摄采访而进行的前期采访。

（1）研究背景的目的是：开掘报道深度。研究背景的作用是：武装记者头脑、提高认识、增强洞察力、发现线索、吸收使用。

（2）研究背景的基本环节主要分为四个步骤：广泛浏览，分门别类，综合分析，消化吸收。广泛浏览是信息输入大脑的过程；分门别类是对背景资料进行定性研究的过程，即依照事物不同属性进行规范化研究；综合分析是对背景资料进行质的研究过程，也就是洞察事物的本质意义所在；消化吸收是将死材料变成活材料的过程。

5．设计问题要遵循三条通用原则：一是记者头脑中必须要清楚，应该从访问对象口中得到哪些要点，用以阐明所报道的题目；二是记者必须有把握能够使提出的问题准确地传达给被采访者，防止对方对问题迷惑不解；三是记者提出的问题应该使观众一听即懂，不要使用深奥的词句。

6．GOSS 公式是设计问题的辅助公式，这个公式基于这样一种理论：大凡制造新闻事件的个人和组织总是出于某种目的和目标（goal）；并且总是面临或即将面临实现其目标的障碍（obstacle）；新闻制造者已经找到了或正在寻找某种避开障碍的解决办法（solution）；然后再返回目标，追问这一目标是什么时候由什么人或根据什么人的意见而开始的（start）。记者在采访中可以借助这个公式设计问题，但这个公式不是万能的，它可以在紧急情况下或者一时想不出问题时助记者一臂之力。

7．电视记者设计问题同文字记者有所不同，不但要考虑在采访过程中提什么问题，而且还要考虑在话筒前提什么问题和用什么方式来提问。因而，广播电视记者设计问题包括话筒后问题设计和话筒前问题设计两个方面。话筒后问题设计可以围绕采访题目从多种角度和侧面来考虑，尽量把事实的缘由搞清楚。话筒前问题设计要根据报道形式、报道题目的需要以及采访插入方式来考虑，尽量做到准确、具体、简洁、清楚、口语化。

8．电视采访方案的拟定被看作是“比赛计划”，意思是在时间、地点、项目、人物等方面做到按部就班。采访方案包括先期采访计划和正式采拍方案两个部分。必要时，还要拟定第二套方案。先期采访计划包括：预约采访对象，测算采访时间，选择采访地点，索取有关资料，筹划正式采访拍摄。正式采拍方案包括：确定拍摄现场、报道形式、报道内容构成、记者采访方式，必要时还将进行预演。

思考题

1．采访准备工作主要从哪几个方面着手？

2．采访怎样确定重点？从哪入手？

3．研究背景的目的和作用是什么？

4．研究背景有哪些基本环节？

5．设计问题应该遵循什么规则？

6．GOSS 公式是基于什么样的理论提出的？

7．电视记者为什么要对话筒前问题设计进行插入方式的考虑？

8．拟定采访方案都包括哪些内容？

第四章　采访的基本方法

本章内容

1. 口头访问
2. 现场观察
3. 体验感受

记者采访的基本方法是：口头访问、现场观察、体验感受。

访问、观察、体验这几种方法在记者采访中如何运用呢？一般来讲，每一种方法都具有各自的特点。记者有时采用一种方法，有时采用两种方法，有时多种方法并用。这其中没有什么特别的规定，完全视采访的需要而定。

需要特别提示的是：记者的采访是一种特殊的调查研究，这种调查研究正是运用这些基本方法来进行的。

其他类型的调查研究也采用这样一些方法，但因其目的不同、处理社会关系的方式不同，所以在方法的运用过程中仍存在很大差异。

侦探调查研究是为了破案，他们可以使用破案的手段。记者调查是为了探明事实真相，但不能使用破案的手段。

记者采访注重捕捉现场场景、氛围、细节，而政府工作调查、科研工作调查却不必特别突出现场。

历史学家调查研究是为了考证史实，探究历史的本来面目，他们考察、研究注重的是史料。而记者研究史料是为了武装头脑、增强洞察力，运用史料是将其作为背景分析，记者采访侧重于主要事实、最新的信息。

明确这些不同点，可以使我们更为清楚地了解、认识采访基本方法的特点，更有效地运用这些方法调查研究，同时也防止出现违背新闻规律的操作。

概念术语

口头访问，是以交谈或问答的方式获得新闻事实的采访方法。

口头访问，是记者获取事实的主要途径。

在日常采访中，大约有 3/4 的信息来自于记者的口头访问，访问在记者采访中占据重要位置。

第一节　口头访问

电视记者进行口头访问，不但要掌握基本规则，而且要考虑摄像机、话筒介入的因素。由于电视采访有摄像机、话筒的介入，往往会造成采访对象的紧张、谨慎，甚至拒绝。电视记者在镜头前采访，自身也会更加慎重、小心。

西方新闻界认为，记者同人打交道是“一门艺术”。在这方面，记者如同外交家一样，一方面需要职业技巧的训练，另一方面需要在实践中积累经验。

一、访问的特点

访问是以交谈或问答的方式进行人际交流，这种交流超出个人范围，在社会中产生影响。

访问无法凭借单方面的努力进行，只能采取双向交流的方式进行。记者要想获得访问的成功，首先要把握双向交流的特点。

要点提示

记者代表的不是个人而是新闻机构，采访对象虽然以个人身份接受采访，但他们是社会现象的代表，双方活动的结果受到社会的关注。

（一）双向交流与合作

在记者的日常采访活动中，口头访问主要采取两种方式：

一种是一对一的个别访问；一种是一对两个或两个以上的集体访问。

多数情况下，这两种方式以面对面直接交流的形式进行。

现在，利用电话同采访对象进行不见面的访问，或者利用卫星进行面对屏幕的访问已经成为常用的报道方式。

然而，无论是面对面的直接交流，还是不见面的电话交流，或是超越空间距离的卫星电视访问，都是记者同访问对象之间以问答或交谈方式进行的双向交流。

在采访实践中，无论常规采访，还是超常规采访，记者怎样同人打交道、怎样突破采访的防线、怎样获得有效的信息，往往要借助所谓的“三寸不烂之舌”。

记者头脑中要清楚：记者同采访对象打交道是建立在双方平等自愿的基础上，不具有行政指令或司法上的强迫性，因此，在采访中如何提问、如何同人交谈有很多技巧。

> 中外新闻界的资深记者有这样一个共同的观点：记者确实能够从个人的观察中，从会议中或者讲话中看到、听到一些信息，但是报道总量中75%的信息、观点、事实来自于同别人的交谈。

有时候，记者通过直接观察或研究材料还能够凭借单向努力完成某些报道任务。例如，第二次世界大战战犯的纽伦堡审判，1946年10月6日到场采访的特许记者不能提任何问题，只能用眼睛看、耳朵听。即使这样，记者们仍然写出了精彩报道。

但是，对于口头访问这种采访方式来说，无法凭借记者单方面的努力完成采访任务，必须凭借双向交流才能达到目的。

记者口头访问不同于一般人际间的交谈，记者访问的目的是获得有效信息。有效信息的获得要依赖记者和访问对象双方的合作，双向合作要求记者既能打开访问对象的大门，又能打开访问局面。

（二）打开访问对象大门

要点提示

记者同访问对象关系是平等的，记者不能强迫对方接受采访。

可行的对策是：不怕软硬钉子；耐心主动；因势利导；讲究策略。

记者在请求采访约见时被采访对象拒之门外或推托不见的情形并不少见，没有经验的记者常常会束手无策，老练的记者则会想出各种对策，打开访问对象的大门。在这方面，文字记者积累的经验，同样适用于电视记者。

案例分析

杨建业采访马寅初

1979 年，全国五届人大二次会议召开之前，新华社记者杨建业接受了采访马寅初先生的报道任务。

当时，马寅初先生重病住院，记者先给马老家打电话请求采访约见。马老的次子马本初接电话时态度非常冷淡，无意接受采访。他在电话里气冲冲地对记者说："20 多年来，马寅初不是早已被人们忘记了吗？你来干什么？"记者听到这些话尽管心中产生某种不快，但仍耐心解释说明前去访问并无他意。

在记者的耐心请求下，马本初才同意其前去家中访问。记者前两次到马老家都遭到了冷遇，马老家属不允许记者到医院访问马老本人。记者感到采访任务有可能落空，但又不甘心。为什么马老家属持这种冷漠态度呢？

杨建业根据手头掌握的情况进行了分析。当时马老已 98 岁，头脑清楚，能说话，也能看点东西，但就是不愿谈。原因是未对他本人落实政策、公开平反、恢复名誉。

记者感到，一个人、一家人含冤 20 多年，心里怎么能不生气呢？他们讲点气话，完全合乎常理。通过这样分析，记者消除了心中的不快，决心不因受到冷遇而放弃采访。

杨建业进一步研究了 20 多年前批判马老的文章、马老当时的公开声明，同时又了解到一些群众写信给中央办公厅要求为马老平反，中央负责同志已经指示有关部门研究。

记者决定，先将马老家人的心情和群众的意见写成内参反映到中央，很快中央批示为马老平反，恢复名誉。记者为此感到振奋，增强了面访马老的信心。

不久，记者听说统战部副部长李贵要去医院看望马老，便抓住机会一同去了医院见到了马老本人。之后，记者再请求采访约见，马老的家人表示特别欢迎。马老长时间握住记者的手，一再说万分感激，终生难忘。历尽沧桑的百岁老人，泪流满面，激动得放声大哭。

杨建业先后写了有关马寅初先生的一系列报道，都得到了马老及家人的通力合作。马老的《新人口论》出版后，还派他的孙女专程送书给记者，记者成了马老及家人所信赖的朋友。

可以说，打开访问对象的大门，请访问对象接受采访，是双向交流的前提条件。

（三）打开访问局面

怎样打开访问的局面？

根据中外记者的经验，有四条可行对策：

1．善始善终取得信任

取得信任并不是指采访对象完全信任记者，而是信任记者的采访态度。有些采访是在双方存有“敌意”的情形下进行的，批评报道，或观念对立的采访，采访对象不可能信任记者。取得信任就是设法使采访对象信任自己的报道能力、自己作为记者的职责和义务。

2．寻找沟通双方感情的触发点

所谓沟通双方感情的触发点，是指能够引起感情上波动、共鸣、兴奋、一触即发的触点。由于访问对象的职业、性格、年龄、文化、阅历不同，他们同记者打交道，在感情上都存在一定距离。这种距离的近与远，往往决定谈话程度的深与浅。记者采访是受时间限制的，若要在较短时间内缩短双方感情上的距离，较好的办法是选择一条捷径，即寻找沟通双方感情的触发点。

3．学会同各种人打交道

有经验的记者之所以能同陌生人初次相见就有话说，说得

要点提示

采访对象接受采访只是同记者的初步合作，并不等于访问成功。

访问对象受到各种因素的影响，合作的态度、合作的程度有很多的变数，因此，访问对象同意接受采访之后，记者就要设法打开访问的局面。

来，见面熟，就在于具有同各种人打交道的能力。记者职业是同人打交道的职业，大多数情况下是同陌生人打交道，然而却要如同老熟人那样交谈，这是访问的特点也是访问的难点。世界上大凡成功的记者都有一个共同特点——广交天下。他们善于了解人、善于研究人，因此在采访中能够根据不同的人采取不同的对策。

4. 练就坚韧不拔的闯劲

美国记者安·贝克认为，作为一个记者，你真的必须得有闯劲，如果你腼腆，那么就很难打开局面。同人打交道，在会议结束后追上官员们获得信息是很重要的，但这是很难的。为什么安·贝克认为打开访问局面不是轻而易举的呢？因为访问是在各种不同场合进行的，采访对象又是各种不同的人。访问对象出于各种考虑可能只回答记者的一部分问题，回避另一部分问题。因此，记者必须练就坚韧不拔的闯劲。

埃德加·斯诺的前任夫人韦尔斯曾在延安成功访问了毛主席，她巧妙运用人际交流的技巧，顺利打开了访问的局面。

案例分析

韦尔斯在延安访问毛泽东

1937年，韦尔斯作为美国《密勒氏评论报》驻北平记者来到西安，准备赴延安采访。她在一个深夜摆脱了西安国民党势力蓝衣社特务的监视，化装从窗户跳出住地，逃离西安到达延安。

到达延安的第二天早上，毛主席和朱总司令一同来看她。

毛主席说："欢迎你到延安来。"

韦尔斯说："我知道你的故事。因为我丈夫斯诺写了你的故事，是我给他打的字。"

毛主席听了会心地笑起来。韦尔斯立即从笔记本中取出一张照片，对毛主席说："我早就从这张照片上认识你了。这是斯诺给你照的。我从西安跳窗户出来时，只带了两样东西。一样就是你的照片，一样是一盒口红。你知道，一盒口红对美国年轻的妇女是多么重要，几乎什么都能贡献出来，而口红是不能丢的。所以，你也就不会诧异了。"

韦尔斯诙谐的话语，引得毛主席和朱总司令哈哈而笑。

毛主席接过戴着红军八角帽的照片，眯着眼睛笑着说："我从来没有想到，我的照片会这么好看。"

从这开始，双方感情上的距离一下拉近了，谈话格外融洽起来。

韦尔斯对毛主席说："我在延安看到你，看到一位中国革命的领导人，就仿佛在美国的一个村落里看到华盛顿一样。"

毛主席点点头笑道："我知道美国的华盛顿。"

韦尔斯又说："不过，我读过斯诺写你的传记，仿佛更像林肯的传记一样，而不像华盛顿。"

毛主席说："我知道林肯，也喜欢林肯这个人。他颁布了解放黑人奴隶的宣言，胜利地进行了一场影响深远的资产阶级民主革命。民有、民治、民享这个口号就是他提出来的。"

韦尔斯笑道："而你是要解放全中国人民的。"

这次清晨的会见，是韦尔斯在延安漫长的采访序曲。由于韦尔斯一开始就找到沟通双方感情的触发点，因而双方感情距离很快便缩短了。

韦尔斯的第一句话目的是告诉毛主席，她虽然是第一次见到毛主席，但却不是陌生的，因为她曾为斯诺写毛主席的传记打过字。这样的交代，使毛主席对她的态度不同于一无所知的人。

接下来，韦尔斯拿一张照片给毛主席看，比喻成最珍贵的东西。言谈话语很风趣，使双方感情进一步融洽。

第三步，韦尔斯三言两语道出了她对毛主席的评价，拿毛主席同美国的华盛顿、林肯作了比较。一方面说明她本人已经对毛主席的革命活动有所研究，让访问对象感觉到她对对方的革命活动抱有极大的兴趣；另一方面引起毛主席对她本人的信任与重视，说明她不是一个走马观花、出于好奇到延安看看热闹的年轻外国女子。韦尔斯明白，只有在访问对象重视记者的来访并相信其诚意与能力的情况下，访问对象才能同记者进行深入的交谈。

分析韦尔斯同毛主席清晨会见的这段谈话，我们看到，韦尔斯始终以一种积极主动的状态打开访问局面。如果韦尔斯说上一些客套话，毛主席也将是客气地尽宾主之礼。如果双方客客气气，在感情上存在距离，谈话就会有所局限，也就打不开访问局面。

在西方新闻界，将打开访问局面比喻为打破坚冰。《创造性的采访》一书中，列举了这样一个例子：一位记者采访关于青少年酗酒习惯的问题，选择一个初级中学校长了解有关的情况。记者问这个校长，在他的学校是否也有这类难题。对方吞吞吐吐回答说，如果我们有这类问题，我们将自己解决它，将不在报纸上讨论。这个校长非常不安，他不耐烦地告诫记者，不允许使用他的名字和学校的名字。记者说，讨论青少年酗酒社会现象，并不影响学校声誉。如果学校重视这个问题，证明学校对青少年负责任。校长最后改变了态度，允许记者登报并同记者进行了深入讨论。

要点提示

在新闻采访的实践活动中，记者会遇到各种各样的题目和各种各样的采访对象。通常，很多活动都有一定规则和程序。

每个记者使用口头访问的采访方法时，都将根据不同的题目、不同的人物采取有效的方法，不过，就访问的程序来说，基本的步骤大体是一致的。

二、访问的步骤

分解记者访问的程序，有以下 10 个步骤：

（一）明确采访目的

记者的头脑中要清楚采访的具体目的，目的越清楚，访问越容易成功。有效的方法是：记者自己清楚地口述采访的目的；同时要向采访对象交代清楚。如果双方都了解具体目的，双方就会顺应思路，顺利进行谈话。

有些采访纯粹是探索性的，要求对各种广泛的题目进行漫谈，不能局限在某一个思路中。

（二）研究背景材料

这是访问步骤中最重要的一步。正式采访前，记者通常要阅读所有能找到的涉及采访对象的资料，最好整理出笔记。这样，在进入提问阶段时，就知道应该问些什么问题。

有一点是不言而喻的：记者从一次采访中得到多少东西，取决于投入多少东西。表面的研究，只能产生毫无价值的信息。

（三）请求采访约见

首先，记者要考虑的问题是：为什么这个人会同意我的采访？倘若有充足的理由并能解释它，就不会遇到什么麻烦。

> 美国新闻学家麦克道格尔认为，当记者同能够为他提供情况的人联系上之后，他可能失望地发现，对方不愿同他合作到他所期望的程度。也许这个人不愿得罪官员或流氓，宁愿明哲保身；也许是他不愿暴露自己的无知，或者透露商业或个人计划方面的消息；也许他怕记者歪曲他的原意而不愿深谈……然而，记者的义务是始终如一的。在这种时候，记者的人格和诚恳的态度足以使他开口。

麦克道格尔的经验之谈，说明记者采访会经常面临困难的局面，记者为报道事实真相进行采访，因此必须要敲开访问对象的大门。记者可在电话中作自我介绍，解释采访目的及运用信息的目的。然后，再请求采访，约定好时间、地点。

（四）拟定初步的计划

周密的计划给记者一种安全感，如果出现差错，不致措手不及。

通常，记者选择好采访对象，首要的一件事就是拟定初步的计划。计划越是周密，采访就越容易达到与计划相一致的效果。

需要指出，采访计划不能成为约束记者的框框。记者在实施计划过程中，如果发现新的有价值的关键点，记者应该放弃准备的计划。有时候，出乎意料的转变，会使记者耳目一新，往往成为记者采访的精华。

（五）同采访对象见面

记者同采访对象见面，双方最初的印象十分重要。较好的方法是：记者谈吐应尽可能富有人情味，给被采访者以信任感。

> 美国记者伦纳德·朱尼恩所著《接触：最初的四分钟》一书中，探讨了记者同采访对象起始四分钟内的接触。他认为，在初次见面的最初几分钟内，记者如何打破坚冰，将决定整个采访怎样进行下去。在这几分钟内，采访对象在判断记者：是否有诚意？是否值得信赖？是否有能力处理提供给你的信息，并且如愿地写出有关的情况？所以，采访前的简短谈话是至关重要的。

（六）开始正式采访

记者访问的难点是：驾驭采访对象；把握提问进程。

记者正式采访时，一定要全神贯注。首先提出准备好的问题，然后倾听对方的回答，注意从谈话中提炼货真价实的内容。

在实际采访中，难以应付的局面主要有这样几种：气氛拘谨紧张；勉强合作应付采访；愿意合作但回避某些问题；无意合作但无法拒绝、巧妙进行自我开脱；打官腔玩弄官僚手段；深思熟虑牵着记者鼻子，按其自己的思路交谈。凡此种种，对于记者的访问来说都是比较棘手的。

这些都是访问遇到的障碍，需要记者有技巧、有方法。破冰而入才能下网捕鱼。

（七）建立和睦的关系

建立和睦的关系有助于采访顺利进行，即使采访开始时出现问题，随着谈话的继续也会得到解决。好的记者有能力控制采访对象，能分辨被采访者对记者提问做出的反应。

特别需要注意的是：记者不要用众所周知的问题使对方感到枯燥无味，也不要用棘手的问题使对方感到尴尬。记者应知道怎样换挡、加速或减速，或提出更富挑战性和趣味性的问题。

（八）择机提出尖锐的问题

真正成功的采访大都包含尖锐的问题。刨根问底的记者在采访中始终不忘这一点，间接巧妙地把问题引向敏感方向。针对某个人的行为提出棘手问题，可以先旁敲侧击。

简单稳妥的办法是，让尖锐的问题落在一个保险的舞台上，好比在一个居民区砍掉一棵树而不伤害任何人一样。简单地一下子把树砍掉，会伤着邻居。一次只砍一点，慢慢地用绳子把树拉倒，这样没有任何害处，只是用的时间长一点。例如，采访一个人的事业失败问题，不妨先提供他知道的名人在事业上也曾失败的信息，这样就比较容易展开话题。

《创造性的采访》作者专门就提敏感问题采访了一位有10年采访经验的记者，这位记者的经验是："我试着在采访过程中的最后时刻提出这类问题。我常常先提出一些容易的问题，让他们轻松地回答，使他们的情绪松弛下来，然后在最后再击中要害。"①

（九）恢复和睦的关系

通常，记者提出尖锐的问题，往往在一定程度上引起双方的关系紧张，有经验的记者会婉转地恢复和睦的关系。恢复和睦的关系最好的时机是在采访结束，或者在尖锐的问题采访段落结束。记者可以婉转地说明自己提出的尖锐问题对公众来说是至关重要的，请对方消除顾虑。

如果方法得当，记者提出尖锐的问题没有刺伤采访对象，那么，重新恢复和睦的关系不会有多大问题。

（十）结束采访

采访必须在规定的时间内结束——除非又特别增加了时间。

一般来说，两个小时的采访是最高限度。如果要延长，最好重新约定时间，这样双方都可以重新考虑问题。

记者可以在轻松的气氛下，向对方表示结束采访的意图，这样做之前，想一想是否已经得到了你想要得到的东西。

最后问一下对方，是否还有想说的话，这样常常会得到重要的内容。有经验的记者一般都明白：一些最好的、最适合引用的话往往是道别时等到的。这时，对方经过"正式"的谈话后，已经轻松下来，很有可能提供有趣的轶事和观点。记者这时一定要留意倾听，并在事先提醒摄像记者不要关机。

在采访中提到的文件、材料，可以这时索取。

准备离开时，再问一下如果有问题是否可以打电话询问。

最后不要忘记致以谢意。

---

①〔美〕肯·梅茨勒：《创造性的采访》，李丽颖译，中国人民大学出版社2010年版，第156页。

三、提问的技巧

要点提示

记者的提问成功与否主要取决于三个条件：

一是同采访对象的关系；

二是记者提问的水平；

三是访问对象愿意向记者透露什么。

第一个条件是要求把握提问特点，因为提问不是单向的，而是双向的交流与合作，所以记者同访问对象的关系是决定访问成功的因素之一。

第二个条件要求记者掌握提问艺术、提问的方式和技巧。记者不开口，事实难到手。记者提问水平的高低是决定访问成败的又一因素。

第三个条件要求记者研究采访对象的心理，记者采访要同各种人打交道，每个人接受采访的心理都各不相同。采访对象在什么样的心理因素支配下接受采访，对于记者的提问能够达到什么样的程度起着一定的作用。

那么，提问都要掌握哪些基本要领呢？

（一）提问的基调

思想方式对记者提问的基调、角度有着决定性的直接关系。任何有意识的活动都是在一定思想支配下进行的，记者的提问也不例外。

记者的提问存在着两种思想方法：一种是先入为主的形而上学；另一种是唯物主义的辩证思维方法。记者要端正思想方法，把握好采访基调。

提问的目的在于得到有价值的新闻事实。任何一个记者都期望访问对象能够明确回答问题并说出有分量的内容，然而，访问对象的回答并非都能构成新闻。记者时常会遇到这样的情况：对方的回答不能达到所期望的程度。有时，记者的期望越热切，对方的回答越淡漠。这种反差现象往往同记者在指导思想上的先入为主有直接关系。

案例分析

体操运动员马艳红是第 20 届世界体操锦标赛高低杠冠军。1980 年在美国举行的哈特福德国际体操邀请赛中，她从高杠转体 180 度接前空翻落下时未能站稳，未完成动作。高低杠是马艳红的拿手好戏，这个动作未完成是出乎意料的。原因是她不习惯比赛使用的杠，国内训练使用的杠比较硬，而那里的杠比较软。

马艳红失误后，马上要参加平衡木比赛。她沉着冷静，稳当地取得了好成绩。有一位记者在采访马艳红时做了下述提问：

记者："小马，对于高低杠的失利，是否给你带来一些思想负担？"

回答："没有呗。"

记者："你其他项目都和大家差不多，有信心再夺冠军吗？"

回答："有呗。"

记者："你难道就没有什么思想顾虑？或者压力、波动？"

回答："哎呀，中间才间隔20分钟，哪有那么多想法，前一个失败了争取下一个好呗。"

记者："你一上场，观众席上连台湾来的同胞都喊'马艳红，加油！加油！'人不多，声挺响，你听见了没有？"

回答："我一点也没听见。"

这个采访是比较典型的在先入为主观念指导下的提问。从记者提问中，可以窥见记者的意图，想当然认为马艳红失误后产生思想压力，而后想到祖国的荣誉激起必胜信心。记者一再追问，是期望能够上升到思想高度，然而却事与愿违。

先入为主所带来的反差现象说明端正采访指导思想的重要性。正确的指导思想应该是运用辩证思维的方法，把握具体运动着的客观对象。辩证思维方法运用到记者提问过程中，就是通过寻找差别和变化提出问题，这个过程是记者通过概念、判断、推理等思维形式发挥作用并表现出来的。为阐述清楚，不妨进一步分析采访马艳红的例证。

首先，记者应该在头脑中产生一个概念，即马艳红的失误是意外差错，因为高低杠是她的拿手好戏；接着记者应该判断出马艳红没有因高低杠失利而产生思想负担，因为平衡木的成绩已经证明；第三步是推理，记者要推断出造成差异的可能原因。最后，记者根据比赛中出现的意外事件提出问题：未完成高低杠比赛动作的原因是什么？这是观众所关心的问题，也是马艳红想告知外界的问题。

在客观物质世界中，任何对象都是具体的，都是包含着多样性的。不包含矛盾和差异的客观对象是根本不存在的。因此，寻找差异现象是提出针对性问题的"钥匙"。

（二）提问的方式

当记者得到访问对象的初步合作——接受采访之后，或许发现对方合作的程度不能令人满意。他们只愿回答记者提出的一部分问题，回避另一部分问题。有些人也许担心记者曲解或不能完全理解他的观点而不愿涉及更深一层的思想；有些人也许有某种顾虑而对某一事件不想表明看法；有些人也许因受到外部压力而不愿披露实质性问题；有些人也许因为谦虚谨慎而不愿倾谈个人成就……凡此种种，令记者感到棘手。

由于记者在访问中会遇到各种不同的人，又由于记者的访问场合、报道方式不同，因而在访问中要灵活运用提问方式。记者采取什么方式提问，取决于采访对象的合作程度及报道的特定要求。

1. 开门见山、直截了当方式的运用

一些特定的报道方式要求记者必须直截了当提出问题。因为特定的报道方式有严格的时间限制和固有的方式规定，记者要在有限时间内挖出有价值的新闻事实来，东拉西扯会失去时机。比如，政治性强的一对一问答式的演播室专访、画外音提问形式、问答式轻松专访都要求记者直截了当提出问题，以求得到迅速、明确的回答。

除了特定的报道方式要求采用直截了当的提问方式外，对于习惯于接受记者采访的人亦可采用单刀直入的方式提问。

2. 漫谈引导、迂回深入方式的运用

时间性不太强，不受固定场合及报道方式规定的访问用漫谈方式较合适。

对于情绪紧张不习惯接受记者采访或不愿同记者合作的访问对象也必须用漫谈方式提问。

漫谈的话题应该选择对方极有兴趣的问题，同时注意在一定时机转入正题。如果海阔天空谈起来，最后得到的将是没有丝毫价值的东西。

漫谈不是东拉西扯，而是为有目的的提问引路牵线。举例来说，记者要采访一位市长，如果问：请告诉我，你的生活轶事。人们往往很难回答，也许人们会知道一些，但追溯起来可能没头没脑，零乱无章。如果问，我想请你举几个例子。通常也是不奏效的。有效的办法是：问具体问题。如，你在哪出生的？你生活的城镇怎么样？你的家庭生活怎么样？人们回答这些具体问题比回答笼统问题容易。

（三）提问的规则

记者怎样开口提问，怎样积极主动同采访对象交流，其中的技巧有哪些，需要在理论上加以归纳。

要点提示

记者提问方式有两种：

一是开门见山，直截了当——即围绕报道题目单刀直入提出问题。

二是漫谈引导，迂回深入——即选择与报道题目关系不大但却是访问对象感兴趣的话题闲聊，然后逐步引入正题。

要点提示

提问是检验记者逻辑思维、判断事物、应变能力及口头表达能力的最佳尺度。

提问是双向交流，在交流的过程中，记者是采访的主体，采访对象是客体。

提问技巧的特征蕴含于记者的创造性采访活动之中，往往是不能一目了然的。根据中外记者的长期实践经验，可以归纳出一些带有普遍性的提问规则。

1. 准确清楚，切忌含糊不清

记者提问所表达的意思一定要含义准确，表达清楚，这是最起码的要求。如果记者提问含糊不清，词不达意，采访对象就会处于迷惑不解的境地。

2. 讲求逻辑、切忌思路混乱

如果提出四个逻辑上没有联系的问题，得到的回答就一定是支离破碎的，甚至连事件的来龙去脉也搞不清。

3. 讲内行话，防止话不投机半句多

对访问的人及从事的活动一无所知便前去采访是一种危险的尝试。俗话说，到什么山唱什么歌。对于记者来说，就是要会讲采访对象的语言。

4. 具体明白，切忌笼而统之

记者提问要视不同采访对象提出恰当的问题，要根据采访意图提出具体问题。笼统的问题会使对方难以回答，问题太大会使对方不知从何说起。

5. 先易后难，不要引起关系紧张

一般情况下，记者提问往往先提容易回答的问题，尖锐问题往往在后边提出来。除了记者招待会、新闻发布会等形式，先易后难是在多数情况下要遵循的规则。

6. 分门别类，切忌主次不清

记者对采访的内容、范围进行了重点研究后，将问题分门别类进行归纳。在归纳过程中，注意不要将问题等量齐观地对待，而要主次分明。通常，应该将重要的问题牢记在心，争取在有限时间内采访到有价值的内容。

记者要掌握采访技巧，可以按照上述规则实践，这些规则具有很强的应用性。对此，我们可以通过几个错误的例子加以验证。

案例分析

讲外行话提问的结果

在第一届全国科学技术奖励大会上，国内有位报社记者这样采访陈景润。

记者：请问“1+1=2”这道题在数学上是什么样的难题?

陈景润：这个问题太大了，几句话怎么能说清楚呢?

20世纪50年代，世界“氢弹之父”泰勒接受媒体采访，美国一位年轻记者这样提问。

记者：可否请您解释一下相对论与现代空间时代的关系？

泰勒：我怎么解释呢？爱因斯坦用了13年时间才确立了这个公式。

这两个案例提示我们，任何学有专长的人都感到，同他的专业领域一无所知的人交谈，是件索然寡味的事。科学家、音乐家、作家、政治家以及有名望的人往往轻视那些对他们的活动不甚了解的记者。

四、采访的对象

记者在新闻采访活动中，会遇到各种各样的采访对象。许多资深记者能够积累很多同人打交道的经验，能够在较短时间对采访对象的类型作出判断。

那么，记者在采访中同不同类型的人打交道，针对不同类型的采访对象，采取什么方法能获得成功呢？

（一）采访对象的类型

对人感兴趣，是记者职业的特定要求。中外优秀记者十分注重研究采访对象的类型。对于比较重要的人物专访，更要小心谨慎，要想尽办法接近采访对象，争取采访机会。对于重大事件的采访，则会尽最大努力寻找合适采访对象。

20世纪80年代，美国电视网专门设立预约记者的岗位。预约记者的任务是：为重要报道找到适合采访的对象。记者采访经验证明，找到恰当的访问对象并得到通力合作，采访的成功就有了前提保证。

1．不善言谈的人

记者在采访中常常会同不善言谈的人打交道，最好从他们生活中引出话题。

2．夸夸其谈的人

这种人就是张嘴就爱讲过头话的人，记者在采访中要对他们的话特别留意，最好从侧面进行核实。

3．情绪紧张的人

记者对情绪紧张的人首先要消除对方的紧张情绪，注意使用对方语言谈话，特别是记者的态度要平易近人。

4．谦虚谨慎的人

这种人往往不愿透露自己的成就，记者可以从外围入手，然后根据了解的情况，从具体事例谈起。

5．情绪兴奋的人

这种人往往比较健谈，说开了收不住，记者要以婉转的方式，选择恰当时机，当机立断引入正题。

6．自我表现的人

西方新闻界称这种人为自我膨胀者。对于这种人，记者不能在采访中表现出反感，但要特别注意这种人如果上镜头，可能会产生的不良效果。

7．有所顾虑的人

采访对象产生顾虑十分常见，记者只能凭借诚恳态度和人格取得合作。

8．朴实诚恳的人

这种人是比较容易采访的人，他们对自己讲的话无所顾虑。

9．爱打官腔的人

这种人是比较难以采访的人，记者要及时抓住时机，抓住采访关键点，采取灵活的方式采访。

10．说大话、空话、假话的人

许多假报道、夸大性报道的信息都是这样一些人提供的，记者在采访中一定要特别小心，分辨事实，探明真相。

以上归类分析了不同类型的采访对象，针对不同对象，记者可以灵活采取具体对策。

（二）采访对象的心理

探索访问对象的心理主要考虑哪些因素？

最直接有效的方法是：想一想，访问对象为什么接受采访？为什么愿意合作？为什么通力合作？为什么不接受采访？为什么不愿意合作？为什么仅仅是初步合作？为什么完全不合作？

根据中外记者的经验和理论上的研究，可以归纳出同意采访与不同意采访的具体理由，有针对性地探讨采访对象的心理。

1．同意采访的理由

获得认可和宣传的机会；

发布他自己的消息的机会；

成为一个“教育者”的机会；

阐明立场或消除误解的机会；

影响或给他人留下印象的机会；

新奇的体验，自我膨胀；

文字见诸报端，使之流芳百世。

2．不同意采访的理由

对采访者的动机表示怀疑；

没有时间；

对采访者处理复杂信息的能力缺乏信心；

对能否给出正确的答案没有把握；

害怕或担忧。

针对采访对象的心理，记者应促进积极因素，消除被动因素。比如，采访一位教师，如果记者说：我可以就教育问题采访你吗？可能会立即遭到拒绝。记者不妨这样开头：请你跟我讲讲你们班里发生的令人兴奋的事情，比如你让学生演一些剧中人物的角色，非常有趣。你主持游戏活动很不错，我有一个印象，在你教的班里有一些令人兴奋的事情，我对此很好奇。你是怎样想出这些主意的？我想跟你谈谈你的经验，并在电视专访节目中采访你。

记者这样开头，不仅可以获得采访的机会，还会激发对方的兴趣。当双方见面时，对方肯定还想到了教育问题，其结果会产生一次富有成效的采访。

要点提示

访问对象应该是与报道事实直接有关的当事人；事件的参与者和目击者；或虽不是当事人，但却是最了解有关情况的人。

（三）选择恰当的采访对象

那么，一次采访活动应该选择多少访问对象？对此不能有死的规定，应根据报道需要来确定，原则是把事实弄清楚。

人们对事物的认识，常常受各种因素影响而各持己见，如果听到一点就报道，容易造成报道的片面性甚至失实。初学采访的人，易犯的一个毛病是满足于一两个人的访问。我们主张，在时间、条件允许的情况下，尽量多访问一些与新闻事实有关的人。

如果是人物专访，记者也可以选择几个周围的人，先作侧面采访，然后进行专访，这样做有益无害。

复杂事件的采访，要选择十几个、几十个甚至上百个个人访问，才能弄清事情的原委。美国《华盛顿邮报》记者伍德沃德和伯恩斯坦为披露“水门事件”真相，曾经访问了500多人。

批评性事件采访，最容易在选择访问对象方面遇到“防线”。记者如果在选择访问对象上遇到“防线”，一定要保持冷静的头脑，迎难而上，冲破“防线”。

延伸阅读

定义总体

选择被访者的第一步，定义你想要研究的总体。这个总体也许规模很小且同质化，如教堂里一个年轻人社团中的成员；也可能规模很大，具有多样性，如全中国所有具有选民资格的成年人。你可能只对一个大规模总体中的某个子集感兴趣，比如男年轻人社团中的男孩子，或者北京地区的某大学生。你确定的总体应该包括全体有能力且够资格回答问题的人以及你想要由之推出结论的人。①

第二节 现场观察

当记者确定了选题，进行了周密筹划之后，就要到现场采访。在多数情况下，记者采访往往是边观察、边思考判断。

---

① 〔美〕查尔斯·J·斯图尔特，威廉·B·凯：《访谈的艺术》第10版，龙耘译，复旦大学出版社2007年版，第167页。

概念术语

观察采访就是记者亲临新闻事件的现场，观察事件的发展进程、事件所处的特定环境以及事件引起的结果，从而获得第一手材料。

概念术语

记者的观察采访不是简单地观看，而是通过眼睛观看，由观看产生感觉渐近到感知；由感知触发思索，由思索引起联想、比较，最后作出判断。基于这样一个认识事物的过程，我们称现场观察是全感采访。

优秀的记者应该同优秀的作家一样成为一个优秀的、敏锐的观察家。穆青曾任新华社社长，他认为，一个人身上最灵敏的器官是眼睛，有些记者却偏偏不会使用眼睛采访。如果讲“十八般武器”的话，眼睛就是最锐利的武器。

一、观察采访的目的与作用

（一）观察采访的目的

观察即是用眼睛采访，是通过眼睛发现、挖掘新闻事实。

电视新闻是形象画面的报道，现场感是电视报道的优势。现场观察是记者最常用的基本方法，记者不到现场，很多新闻就无法完成。那么，记者现场观察的具体目的有哪些呢？

1．为了真实、准确地描述新闻事件的基本现场环境。

2．为了生动、具体地再现现场气氛和细节。电视记者到现场观察采访，必须随时判断怎样将观察到的东西变成文字和画面。记者必须判断哪些东西能够构成画面，哪些画面在新闻中最重要，怎样用文字描述在画面上无法表现的东西。

3．为了逼真、形象地揭示人物、事物的特征。人对事物的观察角度不同，感受往往不一样。记者现场观察、有助于把握事物的全部意义，抓取有特色的事例。

4．为了客观、公正地披露新闻事件的发生、发展及结果，记者在观察采访中，抓取什么样的事实关系到新闻报道是否客观公正。因而，在观察前不妨先自问一下：对将要观察的事件怎样表现？用什么样的画面构成主体内容？用什么样的形式报道？报道的视角是否能揭示主题意义？期望达到什么样的效果？

2009年春节期间，中央电视台新闻频道播出了一条独具特色的新闻特写《克罗地亚：春节成为文化聚会》，报道中有一段人物同期声对整条新闻起到支撑作用，这个人物就是电影《瓦尔特保卫萨拉热窝》和《桥》中的演员。记者事先并不知道，是通过现场观察才发现的。

（二）观察采访的作用

电视新闻不可能将记者用眼睛观察到的所有东西容纳进去，为此必须去掉某些事实和细节，保留主要事实和有意义的细节，因此，记者要知晓现场观察的作用。

1．增强新闻的实证性

直接观察是记者获得第一手材料的最有效途径。第一手材料在新闻报道中的作用不言而喻，它具有切实可信的说服力，人证、物证一一俱在，给人以最大限度的可信感。

美国记者埃德加·斯诺1936年7月进入陕北苏区，考察了四个月，写下了《西行漫记》。书中用大量第一手材料介绍了陕北苏区的人物、事物，为西方世界所关注。斯诺采访有一个特点：从未亲眼目睹的事情他是不愿写的。

2．增强报道的感染力

新闻报道中的千篇一律、平淡无味的原因是多种多样的，缺少现场感是其重要原因之一。记者通过直接观察可以抓取活生生的、有声有色的细节，从而可以增强报道的感染力。

3．获得判断事实的依据

记者亲临现场可以验证第二手材料。记者阅读了文字材料和倾听了别人转述的事件之后，有时会发现基本事实不够完整、支离破碎，或者令人迷惑不解、存有疑问。遇有此类情况，亲临现场观察往往可以获得判断事实的依据。著名记者范长江曾亲自细心观察，揭开传说中的“倒流水”之谜。

4．触发记者的情感，增强责任心

记者采访到现场和不到现场感受大不一样。激动人心的场面会使记者产生激动、兴奋的情感，从而激发创造性的灵感，产生报道的冲动；令人痛心悲愤的场面会使记者产生义愤，从而增强本职工作的责任心，憎恶黑暗，揭露丑恶，赞扬光明，坚持真理。

在2008年汶川抗震救灾报道中，有很多记者从海外发回感人的报道。这些报道汇成一股力量，体现出中华民族的空前团结。下面的报道很有现场感染力。

案例分析

荷兰华人华侨捐助灾区帐篷启运回国

导语：在获悉国内地震灾区急需帐篷的消息后，中国驻荷兰大使馆和旅居荷兰的华人华侨发起紧急动员行动，积极寻找帐篷货源，迅速购买了当地一家帐篷批发公司全部的208顶帐篷存货。

记者出镜：“这里是荷兰阿姆斯特丹国际机场，全荷兰华侨华人向祖国灾区人民捐赠的帐篷即将从这里运往中国。”

解说：这批帐篷规格较大，每顶可容纳 12～16 人，能够安置 3,000 多人。

当地时间 5 月 23 日晚 8 点 55 分，南航 CZ346 航班优先将 208 顶帐篷启程运往国内灾区。

采访同期声：南航欧洲地区总经理

"北京时间明天下午 5 点钟，这批救灾物资就能运到成都，能给灾区作点贡献，也是我们应该应尽的义务。"

采访同期声：当次航班机长

"我们也是希望有机会为地震作自己的贡献。"

解说：当晚，中国驻荷兰大使张军到机场亲自查看装运过程，华人华侨、中资企业及留学生代表也来到机场，目送这批帐篷启运灾区。

采访同期声：中国驻荷兰大使

"在得知国内灾区急需帐篷的情况之后，我们派出工作组，在荷兰境内到处查询、查找，最后在一家批发商的仓库里找到了 208 顶帐篷。这批帐篷比较适合灾区民众重新安置，每顶帐篷是 20 平方米，最大可容纳 16 个人。这代表在荷全体中国人的爱国之心。"

解说：地震发生以来，荷兰华人华侨的捐款已达 20 万欧元。

二、观察的方法与技巧

要点提示

现场观察采访的方法、技巧是：

边观察、边思考、迅速作出判断。

记者在现场是否具有应变思考和准确判断的能力，体现了记者成熟的程度。

观察与判断相互促动，所谓一看便入木三分，是对人的观察、判断能力的形容。人们往往喜欢观看自己想看的东西，同一事件的目击者可能对观察的事物作截然不同的判断。然而，作为记者必须作出同客观事实相一致的判断。

记者应该有意识地训练观察与判断力。训练观察与判断力，简单易行的方法是：先问问自己想要观察什么，再问自己期望看到什么，最后将观察的感受与判断自我叙述一番。

那么，记者在现场如何观察、如何判断呢？

（一）抓取最有特色的典型事例表现主题

有些现场观察采访场面很大，内容丰富多彩，令人眼花缭乱。记者在观察中要能够看出名堂来，必须抓取最有特色的典型事例，判断什么是有特色的事实材料，用以表现、烘托报道主题。

1980年1月13日，北京北海公园举行化装溜冰表演。当时，北海公园刚刚开放不久，在冬季里搞化装溜冰表演是比较新鲜的活动。美联社驻北京记者对此进行了采访报道，消息的导语是：今天是星期日，北京的龙穿上了冰鞋。接下来，在消息的主体里突出地报道了冰上耍龙灯这个节目。

记者为什么抓取这样一个典型事例呢？因为这个节目在记者眼里最有特色。龙是中国的象征，不仅有特点，而且表现主题。

（二）抓取具有新闻价值的生动细节

在观察采访中，能否抓取有新闻价值的细节，是对记者观察能力是否敏锐的检验。现场场景往往复杂多变，稍纵即逝，缺少经验的记者容易被表面的现象吸引，忽略了细节的观察，有经验的记者可以从复杂变化的现场中发现细节。

美国《电子新闻写作》一书作者丹尼尔·格雷夫认为，没有一个人会注意在他或她周围发生的一切事情。如果这样做了，就会事倍功半。一个出色的记者，往往选择一些值得研究的目标加以观察，而放弃另外一些目标——这是他们观察的窍门之一。出色的观察家绝不会让一个事件吸引住他的全部注意力。相反，他会用眼睛环视，用耳朵去倾听。他停下来，集中注意观察一些细节，然后再转向另一些细节。这些细节，记者事后是不可能再观察到的，因此一定要一次成功。抓不住有意义的细节，就成不了一位精细的观察家。

细节观察是中外记者都十分注重的采访能力。丹尼尔·格雷夫的观点和经验，既阐述了细节观察的重要性又提供了细节观察的方法。那么，优秀记者在实际采访活动中怎样观察、表现细节呢？

（三）注重观察人物的活动和特征

现场的气氛除了烘托场景外，主要靠人物活动来表现，不能靠堆砌形容词。对行动的表现，比对其他方面的描写，更能考验记者的观察力。

我国新闻界前辈彭子冈是在《大公报》工作的秘密党员。毛

延伸阅读

约翰·里德是美国著名的记者，他的著作《震撼世界的十天》为中外新闻界所熟知，被看作是一部刻画俄国十月革命不可多得的画卷。在《震撼世界的十天》一书中，他用生动的笔触描写了俄国十月革命开始阶段的情景，抓取了很多的细节。有一段描写巷战的细节：“城内的烟尘几乎使人窒息，而且如此浓密，以致红军的突击队在白天也须使用电筒。”约翰·里德没有写坦克隆隆，大炮轰鸣，火舌四射，而是突出了一个细节，即“红军突击队在白天也须使用电筒”。这个细节可以让人们想象战斗激烈的程度。这样的表现，说明记者在细节方面的观察高人一筹。

泽东1945年赴重庆谈判，彭子冈在现场进行采访。张治中把毛泽东接到家中，在他家讲究的广漆地板的客厅当中，毛泽东不小心打碎了一只盖碗茶杯。当时，彭子冈的报道在《大公报》只留有很小的版面。如何处理只有几百字的消息？如何破除国民党长期歪曲宣传的毛泽东的形象呢？彭子冈认为，应该描述得朴实自然，让读者看了可信可亲。于是，她在《毛泽东先生到重庆》的报道中用了一段人物动作描写："毛先生宽了外衣，又露出里面簇新的白绸衫。他打碎了一只盖碗茶杯，广漆地板客厅里的一切，显然对他很生疏。"并加了一句评述："他好像是一位来自乡野的书生。"

注重视察人物动作，还要注重观察人的特征，力求把人物个性揭示出来。

电视报道对人的活动和突出特征往往用镜头表现，不必用解说词进行详细描写。不过，记者如果观察不到位，就拍摄不到画面。从某种程度上讲，电视记者的现场观察要考虑电视画面的特点。

（四）全景观察、宏观透视

在新闻报道中，有些重要的现场活动、情景还需要展现整体场面，这就要求记者进行全景观察、宏观透视。前面阐述的三个部分，是选取不同角度微观透视，下面举例分析全景观察、宏观透视的必要性。

延伸阅读

《震撼世界的十天》书中对列宁的观察描写很好地揭示的了人物的特征：

"正是8点40分，雷鸣般的欢呼声和掌声告诉人民主席团来了，伟大的列宁也在他们中间。一个矮胖的、有着大的凸出的额和宽肩膀的人物。小眼睛、大鼻子、宽而仁慈的口形和沉重的下颌，面孔修得干干净净，留着过去和将来都很有名的小胡须。穿着破旧的衣服和按身量来说稍长的裤子。他一点不像人民的偶像，而只是一个普通的受人敬爱的人。……一个非凡的人民领袖，一个纯靠理智的领袖；他不做作，不向感情让步，坚定不屈，没有一些触目的嗜好，但却有一种用简单的话语来解释最深刻的思想和分析具体形势的本领。"

约翰·里德仅用200多字就把列宁的形象、个性、作风、领袖才干活灵活现、分寸得当地揭示了出来。后边的评价来自记者对列宁革命活动的观察，没有深入观察是无法做出如此深刻、准确、恰如其分的评价的。前边对列宁特征的观察非常细心，如同一幅人物画像。面部的每一个有特点的部位都观察得十分仔细，刻画得也十分逼真，一个活生生的列宁形象立在眼前。

案例分析

《谒铁托墓》

1980年5月14日，《人民日报》刊登了记者黄炳钧的文章《谒铁托墓》。此篇文章用全景观察的方法，展现了群众瞻仰铁托墓地的现场真实情景。

"记者站在徐徐前进的人流中，队伍是那么长，但却是那么安静。

“整整走了一个小时，才拐到乌日策大街。队伍从这条街的十一号进去，在身穿蓝色军上衣，深色军裤的铁托卫队前走过。这里松柏挺立，间杂着梧桐树、白桦树和其他各种树木，草坪一片翠绿。人们走在铁托散步时经常走过的林荫小道上，前面就是那个著名的花房。这是一座正方形的建筑物，周围是浅米色的砖墙，屋顶两边扁平，中间是呈三角状突起的一个透光的玻璃顶棚。花房四周是铁托种的数百株玫瑰。

“墓地入口的两旁插着降了半旗的三色国旗和党旗。穿过双重绛红色的帷幕，前面是白色灰纹大理石铺的底面，上面放着相同大理石的石棺，‘约瑟普·布罗兹·铁托，一八九二——一九八〇’几个字灿灿夺目。它的四周种有各种菊花、蝴蝶花、鲜红的团花和其他许许多多不知名的花草。两套用玻璃隔开的房间，里面放了他的办公桌、沙发、装满着书籍的书架，还有一些工艺品。中间玻璃门外是一个阳台，今天放满了各国、各政党、各国际组织的领导人送的花圈。

“悲痛的人流沿着回廊前进。在铁托灵前，有的深深鞠躬，有的举手敬礼，有的掩面痛哭。”

上述描写不但展现了整体，而且展现了局部，如果记者没有出色的观察力，便没有如此细致的表现。

全景观察同细节观察并不是矛盾的，只有通过宏观透视才能把握全景，环视了全景才能寻找到细节。

全景观察不是仅仅着眼轮廓，而是通过各个不同局部、细节来勾勒、表现整体，因而，记者的观察往往是宏观和微观的结合。

三、观察采访的范围

在日常的新闻报道中，有许多事件发生在特定的场所，记者采访必须到现场观察。归纳起来，记者直接观察采访大体有下述一些范围。

（一）突发事件

火灾、车祸、水患等突发性意外事件，都需要记者亲临现场观察。这类事件一般有两种情况：一是突然发生，现场持续时间短，转眼即逝，如处理迅速的车祸。这类事件记者有时无法立即赶到现场，在这种情况下，记者还应到事发现场看一看，观察一下事件引起的后果。二是突然发生，但持续时间较长，如持续燃烧的大兴安岭火灾。这类事件记者赶到现场时间较充分，一般应该在现场观察事态的全部发展过程。

（二）预知的会议

国际组织、国家政府部门、各种团体等机构每年都要召开很多会议，除特殊紧急会议，记者往往事前拿到会议通知或听到一些信息，届时到会议现场观察采访。

（三）纪念活动和仪式

重要纪念日、盛大节目、纪念活动、各种仪式的举行，基本都要选择在固定场所进行。这类事件报道必须亲临现场，目睹事件的全过程。

（四）体育比赛

国内外重大体育比赛都跟随着一支记者队伍，他们用眼睛搜寻着每一个有新闻价值的新闻。一般来说，大到国际、国家，小到地方、团体，凡是体育比赛报道都要求记者到现场观察。

（五）文艺表演

不同类型的文艺表演、各种类型的文艺赛事报道，都离不开再现现场的场景。

（六）军事报道

军事演习、实战场面的报道，必须通过直接观察，才能做出让观众身临其境的报道。

（七）工程建筑

长江大桥、葛洲坝工程等有意义的工程建筑以及有地方特色的各种工程，必须要事先观察实体，才能进行现场报道。

（八）历史古迹

新发掘的历史古迹，如秦始皇兵马俑这类选题，记者一定要亲眼目睹才能进行具体的采拍报道。

（九）自然风光

游记、观光报道都离不开对自然风光的现场观察，只有亲眼目睹才能选好角度、拍摄到有特点的画面以及采访到有内容的活动。

（十）市场行情

新闻报道常常涉及市场行情，记者往往要到商店、菜场、夜市捕捉典型事例。

以上 10 个方面是日常采访活动中需要到现场观察的具体范围。对电视记者来说，报道与这些范围相关的新闻，必须到现场观察，才能通过形象的画面报道发挥优势。另外，记者还应学会观察生活中的事物，善于用眼睛捕捉新闻。

第三节 体验感受

> **概念术语**
>
> 体验感受的概念就是亲自尝试感受现实生活中与采访活动相关的事物，以求获得切实而深刻的认识。
>
> 体验感受采访也称作参与性的采访，如果在电视上展现，可以给观众最大程度的可信感。

台湾著名主持人凌峰主持的《八千里路云和月》节目，许多片断都采取了体验感受采访的方式，特别是对少数民族风俗习惯的采访，凌峰在穿着打扮、衣食住行等方面都进行了体验，为节目增添了情趣。

日本 TBS 拍摄的《万里长城》纪录片，主持人在许多场合都身体力行亲自参与，同普通农户的孩子一道翻墙，在老百姓家过年吃饺子。

可以说，在电视屏幕上直接展现记者体验感受采访，对于一些批评性报道、调查性报道以及比较轻松的题材来说，是一种吸引观众的节目方式。

在日常采访中，记者主要采取匿名和公开两种方式进行体验感受采访。

一、匿名体验感受

> **概念术语**
>
> 匿名体验感受
>
> 记者成为他体验感受的一群人或某个社会活动中的一员，采取匿名方式采访，从而不影响被观察者的活动。

美国 20 世纪 60 年代曾出版过一本畅销书《像我一样黑》。该书作者约翰·格里芬是个白人，为了深入了解黑人生活的状况，他用药物和化装术改变了自己皮肤的颜色，看起来同黑人没有两样。然后，他去美国南部几个种族歧视最严重的州旅行，混在黑人群体中，亲身体验感受了黑人受到的不公正待遇。

这种不暴露身份的体验感受采访在日常采访中是不多用的，一般只在特殊情况下采用，然而，这种观察却常常具有不可替代的作用。

在我国，匿名体验采访在深度报道、调查性报道中运用，取得了显著报道效果。例如，中央电视台《焦点访谈》节目披露公路不合理收费、地方路霸不法行为等问题，记者采取匿名体验感受采访的方式，以体验中遇到的事实作为报道的主要依据，最后促动中央和地方政府采取严厉的措施。

在一定程度上，在批评性报道中使用匿名体验采访方式，是一种比较冒险的行为，容易受到来自各方面的指责。不过，如果运用得当，能够起到其他采访方式所起不到的作用，产生较大的

> **延伸阅读**
>
> 匿名体验感受采访受到一些指责，引起争议。20世纪80年代初期，美国《60分钟》曾做过一档自我反省的节目，节目对隐藏身份、潜入内部、扮演角色、偷偷拍摄、伏击抢拍、圈套式采访等形式进行了讨论。主持人华莱士提出了这样一些问题："记者是否应该搞秘密活动？是否应该使用匿名新闻来源？是否应该拥有出乎意料的证人和文件同调查对象进行面对面的对质？记者该不该假装其他行业的人去猎取新闻？该不该在镜头前冒险引诱（实际上是刺探）没有提防的调查对象，或潜入工厂及劳工组织内部去揭发内幕？这一些行为是否公正、适宜、正当？"节目讨论的结果是没有定论。①

影响，获得意想不到的效果。

运用匿名体验采访方式，要从各种角度审慎考虑，做到小心、稳妥、适当。不要盲目加以运用，防止适得其反。

二、公开体验感受

对于很多生疏的事物，亲自参与其中与否感受大不一样。在电视报道中，有许多带有冒险性的报道题目需要记者亲自去体验，记者的体验不是简单地为了获得感受，而是要做这样的报道，就必须采取体验的方式才能拍摄。

例如，科学考察南极、北极、南沙等，中央电视台都派出报道小组。记者必须跟随考察组，身体力行，否则无法报道。记者在现场的体验感受，报道出来非常生动、具体、感人。

通常，记者亮明身份，进行体验感受采访有三种情形。

1. 记者同采访对象一道进行相同的活动，并在报道中涉及体验的内容。例如，新华社记者郭超人在1960年5月，为采写中国登山队员攀登珠穆朗玛峰的新闻，亲自同登山队员一起登上6,600米的高度，亲眼看到珠穆朗玛山中的神秘而壮丽的自然景色，深深感受及认真观察了登山队员的生活，为生动报道我国登山队员征服世界第一高峰创造了很好的条件，比较准确、生动地反映了《英雄登上地球之巅》的壮举。

2. 记者为了了解采访对象，尽快同采访对象拉近距离，同采访对象一起进行某些活动，但在报道中要不设集体体验的内容。例如，新华社记者陆佛为采访全国劳动模范吴吉昌，同吴吉昌同吃、同住、同劳动。《人民日报》记者采访全国劳动模范、清洁工人时传祥，记者同采访对象一起清厕所，体验感受时传祥的工作。

3. 根据报道题材的需要，电视节目将记者体验感受作为特定的报道方式或者手法运用。中央电视台《万家灯火》节目中曾经设立一个"体验"栏目，采取记者体验感受不同生活角色的方式进行报道，具有一定的趣味性和启发性。例如，记者张越为了体验残疾人的生活，一整天坐在轮椅上进行活动，打出租车、看

① 〔美〕特德·怀特等：《广播电视新闻报道写作与制作》，温国华、于恒申译，中国广播电视出版社1987年版，第308页。

电影、打公用电话等等，摄像记者将她的感受和所遇到的各种情况拍下来，展现在屏幕上，给人以独特的视觉冲击。

记者在体验感受采访活动中，要根据不同情况采取不同方式。需要指出，采取匿名体验方式应该慎重一些，注意职业范围的界限，采用公开体验方式并且在屏幕上展示。记者应根据报道题目进行设计。

需要指出，以上我们对记者采访的基本方法分别进行了归纳、分析、阐述；在实际采访中，访问、观察、体验这三种方法是灵活运用的，有时采用一种方法，有时采用两种方法，有时三种方法并用。这其中没有什么特别的规定，完全视采访的需要而定。

要点提示

体验感受采访的作用：可以缩短记者对事物的认识过程；

为观众提供独特的视角；

消除记者同采访对象的距离感和采访对象的紧张情绪；

双方能够在共同的活动中彼此亲近，产生共同语言。

本章重点归纳

1．访问是记者了解事实、收集材料、核对事实不可缺少的重要环节。在日常采访中，大约有 3/4 的信息来自于记者的口头访问。记者访问是以交谈和问答的方式进行人际交流，但这种交流又超出了个人范畴，在社会中产生影响。记者代表的不是个人而是新闻机构，采访对象是作为社会现象的代表接受采访，双方活动的结果受到社会的关注。

2．记者采访大体有 10 个步骤是必须要把握的：

确定采访目的，采访目的越明确，采访就越容易成功；

研究背景，这是所有步骤中最重要的一步；

请求采访约见；

拟定初步的计划；

同采访对象见面；

开始正式采访；

建立和睦的关系；

择机提出尖锐问题；

恢复和睦的关系；

结束采访。

在这 10 个步骤中，有几点需要特别强调：

采访准备越细，采访就越容易得到与计划相一致的机会；

记者要注意不要用众所周知的问题使对方感到枯燥无味；

不要用棘手的问题使对方感到尴尬；

记者在采访过程中，应知道怎样换挡、加速与减速。

3．观察采访就是记者亲临新闻事件的现场，通过眼睛观察事件的发展进程、事件所处的特定环境以及事件引起的结果，从而获得第一手材料。观察即是用眼睛采访。用眼睛采访就是通过眼睛发现、挖掘新闻事实。电视新闻是形象画面的报道，现场观察采访更具有重要作用。观察采访最有效的方法是边观察、边判断。

4．记者现场观察的目的具体体现在这样几个方面：

（1）为了真实、准确地描述新闻事件的基本现场环境。

（2）为了生动、具体地再现现场气氛和细节。

（3）为了逼真、形象地揭示人物、事物的特征。

（4）为了客观、公正地披露新闻事件的发生原因、发展过程及结果。记者在观察采访中，抓取什么样的事实关系到新闻报道是否客观公正。因而，在观察前不妨先自问一下：对将要观察的事件怎样表现？用什么样的画面构成主体内容？用什么样的形式报道？报道的视角是否能揭示主题意义？期望达到什么样的效果？

5．现场观察的作用具体体现在这样几个方面：

（1）增强新闻的实证性。

（2）增强报道的感染力。

（3）获得判断事实的依据。

（4）触发记者的情感，增强责任心。

现场观察最重要的作用是：可以获得第一手材料。第一手材料在新闻报道中的作用不言而喻，它具有切实可信的说服力，人证、物证俱在，给人以最大限度的可信感。

6．观察采访，首先要学会抓取最有特色、最能表现主题的典型事例，判断什么是能用以说明烘托报道主题的、有特色的事实材料。其次要学会抓取具有新闻价值的生动细节。能否抓取有新闻价值的细节，是对记者观察能力是否敏锐的检验。再次要注重观察人物活动和特征。现场的气氛除了场景烘托外，主要靠人物活动来表现，对行动的描写比对其他方面的描写，更能考验记者的观察力。最后要注重全景观察、宏观透视。在新闻报道中，有些重要的现场活动、情景还需要展现整体场面，这就要求记者不仅要学会从不同角度微观透视，还要进行全景观察、宏观透视。

7．体验感受就是亲自尝试感受现实生活中与采访活动相关的事物，以求获得切实而深刻的认识。体验感受采访也称作参与性的采访，如果在电视上展现，可以给观众最大程度的可信感。在电视屏幕上直接展现记者体验感受采访，对于一些批评性报道、调查性报道以及比较轻松的题材来说，是一种吸引观众的节目方式。

8．体验感受采访的作用：可以缩短记者对事物的认识过程；为观众提供独特的视角；消除记者同采访对象的距离感和紧张情绪；双方能够在共同的活动中彼此亲近，产生共同语言。很多生疏的事物，亲自参与其中体味感受大不一样。在电视报道中，有许多带有冒险性的报道题目需要记者亲自去体验。记者的体验不是简单地为了获得感受，而是因为要做这样的报道，就必须采取体验的方式才能拍摄。

思考题

1. 怎样促成和采访对象的双向交流与合作?
2. 打开访问的局面有哪些可行对策?
3. 人物采访要掌握哪些基本要领?
4. 记者提问应遵循哪些基本规则?
5. 采访对象的类型主要有哪几种?
6. 现场观察的目的和作用是什么?
7. 现场观察与判断如何互动?
8. 体验感受采访的作用主要体现在哪些方面?

第五章　采访方式与手段

本章内容

1. 采访的具体方式

2. 采访的技术手段

人的行动是由一系列的动作组成的。

人的动作要通过一定方式来完成，当某个人掌握了某种特定的动作方式，并根据这种特定的动作方式形成动作系统时，就形成了某种技能。

人在客观环境中实现特定的行动，都必须要通过练习，而后才能形成技能。例如，初学驾驶汽车的人，开始阶段是按照预定的顺序操作每一个动作，当驾驶动作熟练以后，某些动作就从意识中解放出来，变成"自动化"的动作。

技能动作中的"自动化"程度越大，动作就越完善，动作的效率就越高。这种通过练习而巩固下来的，转变为"自动化"、完善化了的动作关系被称为技能。

那么，采访的方式、手段同采访基本方法又是什么关系呢？具体方式、手段是采访中使用的不同采访形式、技术手段；访问、观察、体验是采访中运用的基本方法；具体方式、手段离不开基本方法的运用，基本方法依靠具体方式、手段来实现。

电视报道方式的多样化发展，新的技术手段的日益渗透，促成了电视采访方式、手段的多样化、复杂化。

要点提示

归纳起来，常用的采访具体方式有10种：

等候采访、追踪采访、即席采访、同步采访、体验采访、匿名采访、书面采访、预约采访、调查采访、联合采访。

第一节　采访的具体方式

在采访过程中，一系列行为方式的顺序排列、过渡、组合能否达到协调统一，依赖于记者掌握技能的熟练程度。例如采访新闻人物多地点的活动，事先要等候在人物即将露面的场所，然后要不断追踪，其间还要见机行事，抓住机会提问、抢拍。采访具体方式的运用，往往是由一种过渡到另外一种，几种方式交替发挥作用。

延伸阅读

采访具体方式是指记者在进行采访活动过程中采取的一系列行为方式。

"任何实现动作的方式，都不是身体某些部分的简单、机械的组合，而是这些部分有目的、有组织的运动。"记者采取的每一个方式"都是根据对刺激物的感知而作的反应，是开始于感知而终止于动作反应的过程。"①

一、等候采访

CBS著名新闻主持人丹·拉瑟认为，许多难得到手的新闻是在会议外面、门口台阶上或者某个能够观察到事态发展的角落里等到的。

① 曹日昌:《普通心理学》，人民教育出版社1980年版，第101页、103页。

要点提示

等候采访即是记者预知或预测即将有新闻发生，提前到特定场所等待采访。

等候采访似乎是一种简单的方式，其实不然。记者经常在烈日下，严寒中，忍受风吹雨打，不分昼夜地等候——等待新闻人物的出现、新闻事件的发生。

有时，预定的时间可能会变动，地点可能会更换，所做的一切准备都需重新调整。

一旦新闻发生，众多记者蜂拥而上，新闻人物来也匆匆，去也匆匆，特定现场稍纵即逝……这一切都给等候采访带来了难度，同时也提出了特别要求。

首先，记者要磨炼出非同一般的耐性，不但有耐心，而且要有恒心。一次，丹·拉瑟为采访一个重要谈判会议，来不及换掉新买的高档皮鞋，站在雨雪地里一直等到深夜。他的旁边还站着一位坚持等到底的记者，她就是ABC采访名人的行家巴巴拉·沃尔特斯。

其次，事先选择好拍摄位置和采访线路。1987年优秀电视新闻《南通市百万市民和中外宾客喜看日环食》报道的是9月23日发生在20世纪的最后一次日环食，南通是最佳观察点之一。记者组从9点开始，分别在6个观察点拍摄并选择采访的路线和人物。由于事先准备充分，不但拍摄到精彩的现场画面，而且报道中还穿插了对一位87岁的日本老人的采访。

最后，抓住一切能够接近重要新闻人物和进入特别现场的机会，抢先采拍。一般比较重要的人物和重大的事件采访，保安人员往往对记者采访严加限制。记者要想方设法解释疏通，否则电视采拍将很难进行。1991年年初的海湾战争震惊了世界，除了战争本身的因素外，还由于CNN记者事先留守巴格达，在历史上首次把一场战争的实况同步展现在150多个国家的观众面前。

同文字、广播记者相比，电视记者在等候采访中要更为艰辛，因而，不但要有“守株待兔”的精神，还要能够眼观六路，耳听八方。通常，等候采访在下述四种情况下进行。

（一）记者事先预知必有新闻发生

这类新闻大多是非突发性事件，其主要类型有三种：

一是重大会议或活动举行之前，发起者向外界透露出信息，一般告知准确日期，记者拿到通知或得到线索，为不误时机事先赶到特定场所。比如，党的十三大召开之前，400多名中外记者云集北京等待采访。

二是某些新闻事件发生前已显露出特别迹象，表明必有新闻很快发生，记者不能测定准确日期，只能事先赶到现场等待采访。比如南斯拉夫总统铁托病危的消息传出后，世界各地的200多名记者涌入贝尔格莱德等待采访。

三是某些新闻人物和领导人的移动性活动，启程、到达等往往要记者事先等候在车站、机场以及活动地点进行采访。比如世界拳王阿里抵达北京前，许多记者守候在机场等待采访。

（二）记者预测可能有新闻即将发生

同前一种情况相比，记者事先并没有得到准确信息或已有特别迹象，而是凭自己的新闻敏感预测可能会有新闻发生。记者为抓住时机，事先到特定场所，提前准备应对突然会发生的新闻。这类事件常常有突发性，有经验的记者往往能在这种情况下搞出独家新闻。

在预知或预测即将有新闻发生的情况下，事先不等候采访，就容易失去时机。等候采访的事件一般都发生在特定场所，现场转眼即逝，人物来也匆匆，去也匆匆，这些都给记者采访带来一定难度。

（三）记者预知的新闻时间突然变化

等候采访常常会碰到意想不到的变化，如会议推迟，火车飞机晚点，试验出障碍等，遇到这类情况记者要有耐力，不能一走了之。

20 世纪 50 年代，武钢出第一炉铁水时，湖北电台的记者在炉前等了大半夜，铁水还没出来，比原定时间拖延了 12 个小时。工作人员和技术人员意见发生分歧，争论异常激烈。记者没有离开现场，在困倦疲劳的情况下继续等候。到了下半夜，意见统一，铁水出来了。记者不仅亲眼目睹了激动人心的场面，而且还录了音。假如记者一走了之，那么就错过了这个难逢的机会。虽然事后也可以发消息，但是实况音响不能补录，记者的激情也是很难产生的。

（四）记者预知的新闻人物频繁流动

等候采访常常遇到这种情况，当新闻人物出现时，众多记者一拥而上，把人物团团围住，争先恐后提问。机灵的记者抢着靠上前，但是也不可能每次都能提问并得到回答，因此，要求记者能够借助别人提问来充实自己的报道。有时候，记者只能进入某些场合，不能进入另一些场合。这时记者一定要等在不能进入场合的外边，并想方设法从能够进入特别场合的人那里了解情况。

我国体育记者傅溪鹏在采访拳王阿里时，凭借等、看、听、问，写出了《世界拳王在北京》的报道。以下是摘录。

案例分析

《世界拳王在北京》

12 月 19 日上午 21 时许，一架银燕降落在首都机场，带来了一位不寻常的客人——美国黑人拳王穆罕默德·阿里。他一走进机场休息室，马上被中外记者包围起来。

“欢迎你来做客，可惜你只能在中国逗留一天，太短了。”中国奥委会副主席宋中对阿里说。

“时间虽短，总不会什么东西也吃不着吧？”阿里风趣地说，“我早就听说北京烤鸭的名气了。”

“是的，吃了北京烤鸭，会使你更有力气，在拳坛上取得更大成功。”

“太好了，不仅是北京烤鸭给我力气，友好的中国人民也会给我更大力量。”

下午3时许，阿里参观故宫……

下午5时许，邓小平接见阿里……

邓小平请阿里抽烟。阿里微笑着谦让说：“拳王运动员是不能抽烟的，抽烟会使人容易疲劳。我将来为中国训练运动员，第一件事就是不准他们抽烟。”

“幸亏没有让你来训练我，要不我也不能抽烟了。”

傅溪鹏在报道中引用的宋中同阿里的对话，是在无法靠近访问对象的情况下尽力倾听到的。邓小平接见阿里时记者没有在场，是事后从翻译那里采访出来的。阿里参观故宫时，记者事先等候在那里，在没有提问机会的情况下，主要用眼睛观察。

二、跟踪采访

跟踪采访就是顺着新闻事件的发展过程，穷追不舍尾随采访。这类新闻事件多数是正在进行中的活动。

通常，跟踪采访在四种情形下进行：持续一定时间的新闻事件；流动性的群体活动；新闻人物多且地点频繁转换的活动；范围大、头绪多的复杂事件。

跟踪采访是一种常用的采访形式，特殊情况下，是唯一有效的方式。跟踪采访往往时间节奏快，记者要马不停蹄地进入运动状态。

案例分析

印度修女特里萨访问北京

1985年1月下旬，诺贝尔和平奖获得者、印度修女特里萨到北京访问。中外记者紧紧跟踪特里萨的行踪，进行了为时3天的跟踪特里萨的新闻采访竞争。

20日下午4时40分，特里萨出现在首都机场候机大厅，早已等候在这里的记者立即涌上前去。接待人员为保证这位贵宾休息，把记者挡在机场休息室外面。只得到只言片语的中外记者都不肯罢休，候在休息室门外，等特里萨出来准备上车时，记者们上前提问，硬是把特里萨拖住了几分钟。

次日上午9时，特里萨本人尚未到达中国天主教会和中国天主教神哲学院所在地前，跟踪她活动的电话铃早已响个不停，许多记者要求爱国会工作人员证实特里萨是否会见了爱国会成员，并要求提供下一个活动的内容和时间。这些要求被婉言拒绝后，记者们并不泄气，早早等候在天主教堂门口。当特里萨在天主教堂庭院内从车上下来时，记者们又冲上前去。在短短的通往天主教堂会客室的便道上，合众国际社记者手持录音机连珠炮式地提出6个问题。

特里萨每一个活动地点和内容事先都没有准确提供给记者，记者们凭着"三寸不烂之舌"追问不止，才得到零碎的线索。下午2点，新华社记者在香山转了好半天，才寻到特里萨下一个活动地点——北京市香山橡胶制品大理石厂。不一会，美联社和路透社记者也找来了，他们是凭着多方询问和一张北京市地图找到的。

22日上午，中国残疾人福利基金会副理事长邓朴方与特里萨会见。新华社、中国新闻社、《中国日报》都派出了记者。可是由于新迁会址，外面未挂牌子，记者们费了很长时间寻找地址。有的心灰意懒，悻悻而去。最后当中国记者终于走进会客厅时，令他们吃惊的是，美联社记者已先到一步。片刻，路透社、合众国际社记者也陆续赶到。

特里萨在北京访问3天，中外记者跟踪3天，每一次都处在刻不容缓的状态下。由此可见，跟踪采访是讲求时效、节奏较快的采访形式。记者必须急中生智、不辞劳苦、眼明、腿快才能适应不断变化的环境，抓住不断延伸的线索，得到切实可靠的事实。

在特殊情况下，跟踪采访是最有效的方式。1988年11月，云南的澜沧、耿马一带发生7.6级强烈地震，人民解放军西南驻军8,300名官兵神速赶赴现场抢险救灾。中央电视台军事组和成都军区记者站记者以追踪采访方式，采用日记体手法，记录了部队在20个昼夜里奋战的事迹。《神兵天降八千三》以部队迅速开进为开头，顺着事件的发展进程，运用现场纪实手法，有力地表现了主题思想。全片节奏感十分强烈，灾情不断发现，余震不断发生，部队不断开进，受灾面不断治理，险情不断被排除。

在日常采访中，持续一定时间的新闻事件，流动性的群体活动，新闻人物多地点的活动，范围广、头绪多的复杂事件等采访任务，大都需要采取追踪采访方式。记者要抓住不断延伸的线索，适应不断变化的地点环境，不辞劳苦、急中生智、动作敏捷，才能追踪到有价值的新闻。

要点提示

即席采访是对记者洞察力、判断力、反应能力、口头表达能力的综合检验。

即席采访也是观众检验记者提问水平的"透明窗口"。

记者要在强手如林的记者中占有一席之地，就要练就即席采访的本领。

相关背景

早在美国总统罗斯福执政初期，记者招待会就成为一种采访方式为记者们所运用。20世纪50年代，艾森豪威尔执政期间，他开始允许电视转播总统的记者招待会。到肯尼迪时代，这位电视"造就"的总统率先让电视直播记者招待会，这一举动被视为电视传播的重大突破。

三、即席采访

在某种程度上，即席采访是高难度的采访，其难度就在于"即席"二字。

即席采访多用于新闻发布会、记者招待会的采访。

在电视报道中，记者招待会上的即席采访已成为最富吸引力的电视报道方式之一。2009年9月1日，中央电视台《新闻联播》节目播出了这样一条新闻——"《朱镕基答记者问》一书出版"。从这本书中，不但可以领略朱镕基总理的智慧、机敏、口才，还可以领略中外记者高超的即席采访风采。

在我国，即席采访引起社会特别关注，要首推1987年中央电视台播出的政协、人大六届五次会议，电视台对会议期间的八次中外记者招待会进行现场专辑录像播出。中外记者在记者招待会上的即席采访，吸引了众多电视观众的注意力。

即席采访对新闻发布会和记者招待会的"介入"构成了新闻事件的组成部分。有时，记者本身就是人们注目的人物，还会成为新闻中的新闻。比如，第一个到祖国大陆参加人代会采访的台湾记者在招待会上站起来提问时，被中外记者层层包围。丹·拉瑟在白宫记者招待会上同尼克松总统的互相讥讽，被作为一条新闻加以报道。

（一）即席采访的要领

1．直截了当将问题一次提出

记者招待会、新闻发布会有严格的时间限制，记者不能一次又一次站起来提问，因而要珍惜站起来提问的机会和时间，准确地将重要问题一次提出。

2．一次提问不要超过两到三个问题

即席提问要能够让新闻发言人充分回答问题，人们听到太多问题反而记不住主要问题，回答时难免顾此失彼。

3．借助别人的提问充实自己的报道

有些即席采访不进行转播或直播，而要以动态消息形式进行报道。记者在现场要注意倾听其他记者的提问，不要只顾自己如何站起来提问。

4．随机应变、临场发挥

记者已经准备的问题可能会被别的记者提出，这时就要临场考虑从别的角度、别的侧面提出不同问题。此外，在采访过程中，可能会得到意料之外的重要信息，应该利用电传或电话发口播稿，不要按部就班等到结束才发稿。在中美建交的新闻发布会上，许多外国记者刚刚听到这个信息，便纷纷离开席位立即去发稿。

（二）即席采访的范围

1. 国际组织、政府部门、政党组织、社会团体要宣布某项重大决策或外交活动时，举行记者招待会，与会记者将事先得到通知，届时到会采访。一般来讲，具有世界影响的国策和活动的新闻发布会规模较大，本国记者和外国记者同时进行采访。比如，十三大期间，新闻报道的突破就是以记者招待会的形式结束了过去党代会半封闭形式的报道，会议期间召开了 8 次记者招待会。十七大期间，新闻发布会已经成为对外、对内新闻发布的主要窗口，形成了本次大会专门的新闻发布机制。

2. 国家对于世界关心的本国事务需要解释说明时，由权威人士召开记者招待会。比如，审判“四人帮”前，中央领导人和司法部门举行了记者招待会。中国刚刚提出四化建设时，国际社会对此十分关注并存有很多疑团，为此，邓小平举行记者招待会，回答记者提出的人们普遍关心的问题。

3. 国家重要领导人出访时，外交部门常在出访前和出访后举行记者招待会。比如，邓小平访美结束后，在美国举行记者招待会，回答了记者们提出的中美关系、中苏关系以及对世界重大事务所持态度等问题。

4. 有特殊影响的人物，需要解释与本人有关的重大事件时，由本人举行记者招待会。比如，李宗仁回到祖国，西哈努克在国内动乱后来到北京，黄文欢离开越南到中国等，都举行了记者招待会。

5. 国家政府部门公布与国计民生有关的统计数字时，也举行记者招待会。比如国家统计局每年都要公布当年的各项预算、支出情况以及国民收入数字。

6. 重大新闻事件、重大自然灾害、重大公共事件的发生、发展过程中，往往会召开记者新闻发布会，向外部发布信息。例如，藏独事件、疆独事件，非典型性肺炎、禽流感、H1N1 病毒传播等。

7. 重大庆典活动、重大体育赛事在筹备过程中向外界发布信息。例如，国庆 60 周年、奥运会、世界杯、世锦赛等。

8. 演艺界创作班子、明星人物需要向外界发布信息时，在特定范围内召开新闻发布会。例如 CCTV 春节晚会筹备，电影、电视剧开拍，贺岁片开拍，获奖电影、新碟发行等都召开新闻发布会。

即席采访的特殊之处在于：众多记者坐在一起当场提问，采访对象是共同的目标。若要在强手如云的记者中占有一席之地，就要练就一手即席采访的本领。

现在，中外记者招待会上的采访形成了时速和质量的竞争局面。电视新闻媒介利用传

要点提示

严格意义的同步采访：

记者始终置身于新闻事件的现场；

摄像机以记者的采访视线为转移；

报道以记者在现场出面采访为主线。

相关背景

速度与效果同时兼备的同步采访优势，最早是在第二次世界大战时期得到证实的。

早期的广播新闻完全沿用报纸新闻的模式，确切说是重复报纸新闻的内容。第二次世界大战的爆发给广播提供了充分显示其优势的机会，西方许多国家的记者利用无线电短波，从现场进行了采访、口播同步化的报道，从而开创了广播新闻采访、报道同步化的方式。这种方式不但使广播先于报纸得到了许多重大新闻，而且由于它给听众带来的现场感，使得广播新闻备受欢迎。可以说，第二次世界大战中广播记者同步采访开创了广播新闻的新局面，从而使广播进入“黄金时代”。

播功能优势，往往会对招待会进行现场直播。通讯社、报纸面对这种挑战，改变了过去全文发稿的做法，突出要点并开始注重解释分析、提供背景。

高强度的新闻竞争，对记者在招待会上的即席采访提出了更高的要求。

四、同步采访

例如《望长城》《从北京到莫斯科》等纪录片，采取的方式就是以主持人从头至尾的采访活动为全片的主体线索。

同步采访在时空上同事态的发展相一致，但不一定在报道传播环节上也达到同步化。一般而言，同步报道应该是事件—采访—报道—传播—接收同步化。同步采访则可以兼而有之，既可以在同步报道中发挥作用，也可以先采访，然后制作再播出。

目前，许多现场报道大多是采取同步采访方式进行。例如《我国结束蒸汽机车生产历史》《我国成功发射“亚洲一号”卫星》《我国首例试管婴儿诞生》等优秀电视新闻，都是采用同步采访方式进行的报道。中央电视台播出的《吉尼斯世界纪录》《世界真奇妙》等轻松的节目，很多选题采取同步采访的方式构成全篇报道。同步采访构成主要报道内容，产生亲切、自然、富有感染力的传播效果。

采访、报道同步化的优势在于速度与效果同时兼备，主要有两点体现：

一是快，快在于采访报道同时进行。

二是真切，真切在于现场感强。

在世界广播电视新闻史上，最有影响、最优秀的同步采访记者当首推美国哥伦比亚广播公司（CBS）的爱德华·默罗在第二次世界大战中进行的战地采访报道同步化的经典作品《这里是伦敦》。他的报道极大地促使当时保持中立的美国政府和人民领悟到战争的实质，同时他的报道在形式上发挥了广播的优势，从而确立了广播新闻的地位。下面分析默罗在二战中的同步采访报道的片断，从中可以领略默罗独到的报道风格，也可以进一步清楚同步采访报道对记者的特别要求。

案例分析

《这里是伦敦》

默罗的同步采访报道是美国广播电视新闻学生学习的典范教材。他从1940年8月开始《这里是伦敦》的现场广播。他以平静而富有感染力的声音、细致独到的观察，准确生动地描绘了“不列颠战役”：

“我站在屋顶上，俯瞰着伦敦全城。此刻万籁俱寂。为了国家和个人的安全起见，我不能告诉你我现在说话的确切位置。……我想大概不出一分钟，在我们周围附近就会听见炮声了。探照灯此刻正向着这一边移动。你我就会听见两颗炸弹的爆炸声。听，炸弹响了！我想过一会儿，这一带又会飞来一些弹片。弹片飞过来了，越来越近了。

“飞机还是飞得很高。刚才我们也听到一些爆炸声——又响了，那是在我们上空爆炸的。早些时候，我们似乎听到许多炸弹落下来，落在附近几条街上。现在我们头顶上就是高射炮弹的爆炸声，而且是在更远的地方，听，又响了！声音是那么冷酷无情……”

这段报道是默罗站在英国广播公司大楼顶上进行的同步采访报道。从中我们可以看到在战火纷飞随时有生命危险的情况下，默罗沉静的叙述、机智的判断、敏锐的观察确实不同凡响。默罗不但成功地刻画了千变万化的战争场面，而且成功地抓取了典型事件和细节。

1945年4月，默罗从德国发出同步采访报道，对一直令人难以置信的德国集中营作了描述：

“请允许我告诉你们，我看见了什么，听见了什么……我想告诉你布痕瓦尔德这个地方，此地位于离魏玛约四英里的一个小山丘上，这里是德国最大的集中营之一。

“现在，请允许我以第一人称向你们报告。在我周围是一群不幸的人，男人和孩子们伸出手来抚摸我，他们衣衫褴褛，身上只剩下几片破布。死亡注定要降临在他们中的许多人头上，但他们用眼睛微笑着……

“当我们走进院子时，一个男人倒下死了。另外两个人——他们一定是60多岁了——他们向厕所爬去。我看到了这情景，但我不想描述它……

“有两排尸体像木材一样堆起来。他们骨瘦如柴。一些尸体皮开肉裂……我试着尽力数这些尸体，共有500多个男人和孩子躺在那里。”

这个片断的第一段交代集中营的地理位置；第二段描述了一群不幸的人，对衣服和眼睛的描述令人们感到难言地悲戚；第三段选取两个老人和一个刚刚倒下死去的男人，暴露法西斯的惨无人道；第四段描述了两排尸体，并且提供了数字，进一步揭露集中营的罪恶行径。从中可以看到默罗在同步采访报道中，具有独到的观察能力和准确的表达能力。

十分清楚，同步采访报道对记者来说是难度较大的采访。形成富有个性的报道风格，是同步采访报道对记者的高标准要求。例如，默罗的风格可以用八个字概括：沉静、庄重、克制、准确。他的采访报道使用简洁生动的语言，口语化而不哆嗦，形容贴切。每一个有独创精神的记者，都应该形成自己的风格。

同步采访报道要求记者具有较强的观察能力和口头表达能力。记者在现场需要观察、叙述、访问、倾听，还要在现场流动采访。大凡优秀的记者，不但练就一手高超的同步采访报道技能，而且还形成了独特的个性风格。

采访、报道同步化是电子新闻采访区别于文字新闻采访最显著的特点，也是难度较大的采访，是电视记者必须掌握运用的基本技巧，是衡量记者新闻敏感、观察判断、叙述描绘、口头播报能力的尺度。

要点提示

严格意义上的调查采访特指披露事件真相和内幕的采访。在西方新闻界，这种采访方式被喻为“侦探式”。

在广义上，记者的采访都是在进行调查，但调查的对象和采取的方式却有很大不同。调查采访是伴随着调查性报道出现的。

五、调查采访

> 美国资深电视记者、大众传播学教授特德·怀特认为，“调查性报道，是对某人或某集团力图保密的问题的报道。”“报道的事实必须是你自己发掘出来的。”
>
> ——〔美〕特德·怀特等：《广播电视新闻报道写作与制作》，温国华、于恒申译，中央广播电视出版社 1987 年版，第 294 页。

从记者采访的实际情况看，可以分为一般性采访、深入采访、调查采访三种类型。动态性的新闻大多通过一般性采访就能获得；详尽的解释、分析性的报道往往需要深入采访；揭露性的社会问题报道则必须经过调查采访才能达到目的。相比之下，可以看到调查采访是最具难度的采访方式。

调查采访适用于复杂事件或处于发展阶段争议较大的事件，采访的目的在于披露被隐藏起来的情况。调查采访往往能够得到公众的称道，提高传播媒介的声誉。1992 年 3 月 15 日，中央电视台《消费者之友》晚会的高潮是——揭露“庐阳牌”热水器坑害用户致死后仍然生产的内幕。

调查采访由于存在必然障碍，有时采取匿名方式。《60 分钟》

作为美国电视调查性报道的样板节目，已经变成人们餐桌上的一个话题。

一般而言，真正的调查采访应该给社会带来某些变化。举例说，美国“水门事件”的揭穿，导致尼克松总统班底的垮台。《60分钟》对“格特案件”的报道，将被错误判刑入狱的格特从监牢解救出来。1992年“中国质量万里行”的报道，唤醒了国人在经济改革中的质量意识。

调查采访往往时间较长，很多时候还会遇到阻力和危险，一般采取先把网撒开，从外围入手的办法。当捕捞到大量情况后，再集中到关键点上进行突破性调查。采访到大量情况，最后总要得出结论，结论可以用事实说话，也可以用自己的判断推论。怎样下结论，要凭记者的判断能力。

案例分析

《恐惧·战争和原子弹》

第二次世界大战后期，美国在日本的广岛、长崎扔了两颗原子弹。一时，关于原子能的科技报道成了热门题材。

英国记者波来克特没有停留在一般介绍性的报道上，而是花了三年时间深入调查，终于在1984年出版了《恐惧·战争和原子弹》一书。

书中以充分事实，在西方世界第一个指出美国使用原子弹轰炸日本，在军事上对战胜日本法西斯是没有意义的，其真正的战略意图是迫使苏联按《雅尔塔协定》对日宣战。

这个结论轰动了整个西方世界，当时的美国国务院也不得不承认它是正确的。

调查采访的结果往往能对政府修改政策提供依据，或对一些颠倒的事实予以纠正，或对模糊不清的复杂情况理出头绪。

20世纪80年代以来，新闻竞争正朝着高速、高质、高度的趋势发展，深度报道成为在新闻竞争中取胜的关键因素之一。在很多情形下，调查采访是深度报道颇能奏效的采访方式。

中央电视台《新闻调查》节目的记者在调查采访方式上积累了很多经验。当节目中调查记者形象出现在屏幕上时，观众往往产生期待的心理。该节目以记者的调查作为节目的结构主线，起到引人入胜的作用。

在某种程度上讲，引入屏幕的调查采访对记者的形象、采访技能、个性风格等方面都提出了较高要求。在中外电视界，记者特别注重调查采访，认为调查采访最能体现记者各方面的能力。

六、隐性采访

> **要点提示**
>
> 电视记者的隐性采访与偷拍相结合，也是容易引起争议的采访方式，有时甚至引起司法官司，因此，记者利用闯入性和非闯入性的隐性采访方式，还要从法律层面加以考虑，既不要触犯法律，又要学会保护自己。

隐性采访是不暴露记者身份的特殊采访方式，在电视报道中，经常与偷拍结合在一起进行。

隐性采访在西方电视界采用闯入性和非闯入性两种方式。

在闯入性隐性采访中，记者的身份虽然没有公开，但是记者作为个体的人，进入了他所采访的活动范围，进入了人们的视野。记者成为他采访的一群人或某个场景的一员。记者同人打交道，但不因自己的介入而影响对方的活动。

例如，中央电视台《焦点访谈》播出的关于山东枣庄地区豆制品生产中严重的黑心赚黑钱不法行为的报道，就是采取隐性采访与偷拍的方式获得大量的现场证据。这些证据使对方无法狡辩，观众看了触目惊心，其传播效果不言而喻。

在非闯入性采访中，记者完全采取独立的秘密的观察方式，不暴露身份，也不同观察的人进行相同的活动，相对来讲更为隐蔽。

西方新闻界把这种采访比喻为是“藏在角落里的老鼠”。举例来说，美国有个记者，用一段时间隐蔽性地数垃圾箱里的威士忌酒瓶子，最后用数据证明某个城镇居民严重嗜酒的程度。

在比较特殊的情况下，隐蔽性的采访方式可以起到一定作用。针对有一定难度的题目，如果公开采访，将会遇到难以逾越的障碍。

七、书面采访

> **要点提示**
>
> 书面采访是记者以书信形式将采访意图、采访目的、采访问题写下来，寄给或者面交采访对象，然后根据对方的回信或面谈进行正式采访。

书面采访是伴随着职业记者产生而出现得较早的采访方式，今天仍然在沿用。书面采访的好处有三个：可以节省时间和经费开支；可以在双方见不到面的情况下进行采访；可以在双方有语言障碍下进行准确的提问，减少口头或口头翻译过程中的误差。

书面采访的形式有四种：

1．以书面形式将问题写下来，直接送交被访问者，待被访问者看后再进行面谈。这种形式多用于政治或学术观点与思想采访，特别是在双方有语言障碍下，先将问题写下来可以做到措辞达意上的准确无误。

此外，采访对象经常会提出将问题提前告知的要求，需要记者以书面形式把问题列出。1956年，爱德华·默罗在仰光采访周恩来总理时，周总理要求先看问题单，默罗列出20个问题送交总理，总理回答了其中10个问题。斯诺当年在延安采访毛泽东时，毛泽东希望事先将问题列出来，然后进行面谈。

2．以书面通信的方式，将采访报道意图、要问的问题写下来，通过邮寄、传真、电子邮箱等方式送交被采访者。此种方式适用于较轻松的题目，如异国观感、往事的印象等，一般不易涉及敏感问题。

3．填写调查表格的方式进行书面调查采访，根据调查数据和结果进行报道，或在报道中引用。

4．书面通信形式适用于采访报道范围较大、题目较大的事件。这些事件大多时间性不强，采访对象对采访的问题了如指掌，有所研究，采访题目同其个人紧密关联。

案例分析

《美国内幕》

美国畅销书《美国内幕》作者约翰·根舍在20世纪40年代为了搜集有关美国社会的素材，给当时48个州的州长致信书面采访。

他提出三个问题请他们回答：

你州与其他各州有何不同？

你州对整个国家作过什么贡献？

你从政的动因何在并自认有何主要成就？

48个州长中有47个作了答复。根舍足未出户便得到了大量素材。通过对这些素材的整理研究，他撰写了《美国内幕》。

书面采访既有简单易行的一面，又有保险系数不大的一面，有时可能得不到答复。为此，书面采访要注意下列一些问题：

第一，说明采访意图；交代清楚自己的身份；告诉对方他的回答会起什么作用，以引起对方的重视；写信之前对采访对象作必要了解。

第二，问题要言简意赅；问题与问题之间应留有空白，供对方填写回答用。

第三，给对方一个答复日期，但不能硬性规定，而要以商量的口气定一个期限。

第四，注意准确核对对方和自己的地址，以免误投；随信附上一个贴有邮票和自己地址的信封，供对方回信使用。

第五，如有问题需要面谈，请对方及时联系，联系方法必须写清，打电话或写信。

八、预约采访

每当有重大新闻发生，电视媒体都设法找到能够发表见解的人来发表看法。由于这项工作在新闻报道中占有很大比重，因而导致了职业记者的进一步分工，产生了预约记者，

预约采访是随着新闻竞争日趋激烈而出现的一种采访方式。目前，这在电视媒体已成为一种不可缺少的采访形式。

20 世纪 80 年代的美国，新闻竞争达到白热化程度，在大型电视网工作的预约记者，一人一天必须得找到 18—25 个预约客人。预约采访的工作环节相当紧张，预约记者必须是同各种人打交道的能手。若遇到那些委婉拒绝上电视的人，他们往往纠缠不休，千方百计说服对方。

相关背景

预约记者在美国亦称预约导演。美国电视预约记者的任务是设法找到同新闻事件有联系的并适合上电视发表意见的人物。同时还要撰写人物简历、进行事先预约采访、观察对方态度、判断对方能够发表什么样的意见，达到什么样的效果。此外，还要负责安排交通工具并到指定地点迎接预约的客人。这一切都是在分秒必争的情况下进行，只有机智敏捷、擅长交际、不辞辛苦的人才能胜任。

案例分析

印度总理英·甘地遇刺反应报道

在印度总理英·甘地遇刺事件发生时，美国广播公司于半夜前获得这一消息，立即决定抢在《早晨新闻》播发前，在《夜间新闻》里编发一个反应性报道。

高级预约记者斯蒂芬·刘易斯好不容易用电话找到一位哥伦比亚大学教授，说服他马上起床来电视台。刘易斯估计教授可能找不到演播室，于是跑到路口两眼紧盯着来往车辆。教授果然走错了地方，刘易斯眼疾手快，一把抓住教授，拔腿就跑。两分钟后，教授出现在电视屏幕上。这是新闻媒介报道英·甘地遇刺消息两个半小时后发出的第一个电视反应性报道。

美国三大无线电视网和三大有线电视网、英国BBC广播公司、法国国家电视台等一些新闻部门，早、午、晚各档新闻节目都离不开预约记者。预约记者是节目主持人的得力伙伴。他们永远随身带着人名地址通讯录，里面写满了各类问题专家们的家庭地址和电话号码，这个人名录被视为“生命线”。预约采访主要适用于电视讨论、辩论节目以及重大事件的反应性报道和人物专访节目。

CCTV《实话实说》节目在国内率先设置预约记者的工作，节目中请来的电视客人都是经过预约采访的。《实话实说》节目的成功，在很大程度上取决于主持人崔永元同电视客人交流的效果，主持人的能力和个性魅力也是在交流的过程中得以展示的，因此，电视客人的预约采访对节目的成功至关重要。

有时候，预约采访比正式摄制节目花费的时间和精力还要多。1987年10月16日，“黑色星期五”的全球股市大动荡，震惊了经济界，也冲击了各阶层人士的思想观念。为此，中央电视台《今日世界》节目组织了一个座谈会，约请在京的中外经济界人士发表看法。事先，记者用一个星期的时间预约采访对象。确定好人选后，还要预约正式拍摄节目的时间，交代节目的时间长度、程序等等。同时还要对每个人的讲话侧重点事先进行了解，以避免重复。最后，节目拍摄时间仅用了2个多小时，剪辑用了3个小时，而提前预约采访用了一个星期时间。

可见，预约采访并不是举手之劳。预约采访要求记者判断人物是否适合上电视，撰写人物简介，讲明采访和拍摄要求，确定主要内容，解释节目制作程序。

九、联合采访

联合采访是电视采访的一大特色。从全球范围看，报纸、通讯社、广播记者很少进行联合采访，即使是组成记者团，也是以独立采访为主。而电视采访却经常进行国际间、中央台与地方台之间、地方台与地方台之间的联合采访。这是为什么呢？一是由于电视采访拍摄、制作环节比较复杂，如果争取到当地的合作就比较容易熟悉环境和沟通各个环节。二是电视报道日益讲求时效，一些新闻报道要经过微波或卫星线路传送，常常需要进行

> **要点提示**
>
> 联合采访特指两个以上新闻机构进行合作，对重头报道或特别题材的采访。联合采访的优点是：取长补短、共享信息、集思广益、多快好省、相互促动、提高效率。

合作。

从我国的电视联合采访历史及现状看，这种方式越来越普遍。从1979年中日联合制作《丝绸之路》开始，国际间的联合采访始终没有中断。中央台与地方台、地方台与地方台和内地台与香港台、台湾台之间的联合采访报道则更为多见。

联合采访可以从不同视角来共同报道一个事件，丰富观众的视觉感受，例如，在神舟五号宇宙飞船的报道中，CCTV联手台湾东森电视台进行联合报道。

2009年，CCTV新闻传播格局发生重大改变，搭建了中央、地方、国内、国际互动的新闻传播平台。在CCTV的新闻节目中，经常出现CCTV记者与地方台记者的联合采访报道。

现在，联合采访成为一些重大事件采访的有效形式。联合采访要求记者有合作精神，共同使用材料，发挥集体智慧，不能搞消息封锁，避免漏掉有价值的新闻事实。联合采访还要求记者对各方的工作方式、采访意图等都了如指掌，这样才能合作默契。

十、电子邮件采访和网上报备

> **要点提示**
>
> 在互联网时代，记者采访可以通过电子邮件方式进行。电子邮件采访是一种新的采访方式。记者发送邮件和采访对象预约采访时间，交代采访意图，还可以将问题提出来，请采访对象回答。此外，通过互联网报名确认，已经成为一些重要采访活动的程序。

目前，一些重大的国内外预知性新闻报道，基本采取了网上报名的方式。例如，G8峰会、G20峰会、中欧峰会、中美高层战略对话、国际原子能大会、阿富汗问题国际会议、WTO成员方大会、中国的两会和党的代表大会等等，都需要记者提前在网上报名。

可以说，网上报名成为记者采访活动的重要一环。网上报名需要记者提供必要的信息，如照片、护照号码、身份证号码、手机号码、办公地址、电话等等。网上报名之后，记者要注意查看回复的信息，弄清楚是否得到确认。网络报名确认之后，记者届时方可到指定地点领取记者证以及有关材料。

以上对记者日常采访中运用的具体采访方式进行了归纳。需要指出，记者采访的各种方式是随着实践经验不断丰富和新技术手段不断渗透而发展的，任何一种形式都具有自身的特点与效果。

第二节 采访的技术手段

在某种程度上，电视采访技能的发展依赖于现代技术的开发利用。不掌握电视采访的技术手段，就不能够充分发挥采访的潜在功用。

以现实和发展的眼光看，电视记者应该掌握这样一些主要采访技术手段：电话采访、话筒采访、录音采访、航空采访、演播室采访、现场切换采访、摄录一体采访、卫星电视采访。

一、电话采访

电话采访手段运用是不断发展的，目前主要有四种方式。

1. 记者通过电话采访，以获得事实材料为目的。

2. 记者同采访对象进行电话采访的画面插入报道之中，成为报道的内容。

3. 记者与主持人电话连线，以问答方式报道新闻。

4. 主持人与特定采访对象进行电话连线，透露观点和信息。

在许多突发性重大新闻事件报道中，电话连线的报道形式发挥出迅速、及时的优势。从1998年抗洪救灾报道开始，CCTV在突发性的新闻报道中越来越注重引入电话采访。

在一些国家，利用电话与观众进行互动，开办电视谈话节目成为受欢迎的节目样式。美国全国广播公司（ABC）主持人拉里·金在午夜时间主持的《对话》节目，以直接通话的方式与观众交流，具有相当的影响，该节目在有线电视新闻网（CNN）同时播出。

日本东京电视台的服务型节目，经常利用电话联络前方记者，同时通过卫星在屏幕上直接插入记者的现场电话画面。节目主持人坐镇演播室，常常是手中不离电话地同现场记者通话。演播室的电话录音设置同电视画面监视器结合为一体，组成同步采访系统，随时进行跨越空间的采访。

电话采访是现代化采访手段。1982年美国出版的《电子新闻写作报道》一书，将电话采访列为对记者的特别要求之一。

电话采访不仅仅是一种手段，它还以双视窗、多视窗方式成为电视特有的报道方式。电话连线报道已经成为常规的采访报道方式。

要点提示

电话采访是跨越空间距离的采访技术手段。

电话采访不仅是记者联络预约、获取线索、传递信息、核实补充采访的有效手段，而且还是一种引入屏幕的颇具吸引力的报道方式。

概念术语

熟练的电视采访技能一旦形成，动作的反应速度，一个动作过渡到下一个动作的敏捷性以及动作的灵活性，将从“有意识”地支配转变为“自动化”地实现。

这种技能的“自动化”并非是无意识的，而是由于大脑皮层建立了巩固的动力定型。

所谓动力定型，是指大脑皮层经常接收到按一定顺序出现的刺激物的作用，从而形成某种与之相应的联系系统。

动力定型的建立，使一系列动作方式能够按照一定的顺序自动化地、一个接一个地实现。

案例分析

上海世博会直播连线报道

从1851年第一届伦敦世博会到2010年上海世博会，一个多世纪过去了，其中，大众传播机构经历了突飞猛进的变化，传播技术的更迭出新将世博会的精神内涵传播推向了一个又一个的高潮。

在上海世博会直播报道中，电话连线发挥出巨大作用。

上海电视台的世博开幕式报道充分调动了各路记者的机动性，不仅在世博园内各主要出入口、各主要场馆设置了直播连线点，还在世博园外，如机场、火车站、收费站也派出多路记者，传回前方的信息。

同时，新闻中心还不断与当地中心气象台、交警指挥部门、轨道交通运营中心等部门的值班负责人进行连线，甚至与东方卫视驻香港记者连线，了解当地人民对世博会的感受，以求全方位、多角度地向观众呈现世博报道。

据统计，在世博开幕式三天的直播中，共直播连线200余次，平均每个记者6.6次。其中，世博园内报道约占60%，园外报道约占40%。

节目采用基本的“二框”“对等框”作为连线的画面表现形式，节目还率先运用了“六框直播”的形式。比如，其中一个大框为主演播室，另外五个小框为：交通、气象、世博园区内外各直播点的信号画面，包围在主框外，同时配以实时在屏幕下方滚动的新闻快讯，使整档节目看上去更为丰富和多元，这对于整合世博园区信息、出行指南起到了很好的作用。

（一）电话采访的优势

电话采访的优势主要体现在以下几个方面：

1. 跨越空间

跨越空间是电话采访的显著特点。当记者想同一个访问对象面谈遭到拒绝，或因为地理距离相距甚远，又没有经费前去面谈时，利用电话则可以跨越空间进行采访。记者不但可以在国内进行电话采访，还可以跨越国界进行越洋采访。有时，记者或许会被访问对象拒之门外，但访问对象对持续不断的电话铃声却不能完全不理睬，西方一些记者经常在当面采访被拒绝之后利用电话完成采访。

2. 节省时间

正是这种实用而又讲求速度的特点，使电话采访成为记者常用的采访形式。当记者必须采访一个关键性人物，而时间又非常紧迫，亲自去面谈已经来不及，这时电话采访就显示出其优势了。

美国记者西奥多·欧文认为，电话采访对写综合报道来说是一条非常有效的途径。一次，他采写几名在国外负伤的飞行员的报道，从一位在纽约的飞行员那里了解到另一位飞行员在华盛顿养伤，由于采访任务紧，他没有时间到华盛顿去，就给这个正在住院的飞行员打电话采访。正巧，他旁边躺着另一个飞行员，欧文从电话里也采访了他。通过这个飞行员他又得到另一个在阿拉巴马的飞行员的地址。欧文就这样利用电话采访了八位飞行员。

3. 补充扩展

在新闻采访中，记者经常通过电话来补充、核对一些新闻报道内容。有时，记者在现场没有时间核对采访对象的职务、姓名，或者发现有些事实发生的时间、地点不够具体，最好的方法是立即拿起电话进行补充采访。

（二）电话采访的局限

1. 容易造成听觉上的误差

如果电话线路出毛病，记者同访问对象双方可能都听不清对方的话，或许所答非所问。另外，有些语音、语调上的相似字眼不易在电话里辨别清楚，以致造成失实。20 世纪 60 年代初，有个美国记者因语音相似，将民权运动领袖詹姆斯·麦雷迪斯头部中弹轻伤，误听成头部中弹命丧进行了报道。

2. 获得材料有限

电话采访难免因材料有限而构不成一条新闻，导致报道落空。有时，记者只能得到 50% 的有用材料。例如，《纽约时报》记者约翰·阿普尔一次创造了一天打 100 个电话的纪录，其中 25 个电话的回答是具体情况不详。

3. 缺少形象画面

电话采访不能获得亲临现场目睹、面谈的生动效果，缺少形象画面的感染力。

记者了解了电话采访的优势与局限，在利用电话采访时应该注意选择访问对象和报道的题材。记者一方面要利用电话，一方面不能完全依赖于电话，因此，需要遵循电话采访的基本要领。

延伸阅读

就如同面对面采访一样，电话采访中第一印象是非常重要的。在这里建议一开始就开门见山地介绍自己。如果你是越洋访问说中文的国家的采访对象，先报上你的姓名及记者的身份，然后再告诉你所属的报社。不然，对方可能会误认为你是推销员，而匆匆挂上电话。

当你与你的目标受访者接上线后，必须先确定这是一个适合采访的时机。可以试试这样的开场白："非常感谢您接听我的电话，我可以稍微耽误您几分钟吗？"不然的话，你可能一开始就犯下一个大错。你的受访者可能在会议中，穷追猛打只会造成对方的反感。给受访者一个大的范围，问问是否可以稍晚再打搅他们："我非常希望能对您作更深入的采访，可否在您比较方便的时间再与您联系？"

若是你急于取得一个非常重要的独家，而对方明显地回避，却又意外地接起电话，上述的各项建议在此皆不适用。最好直截了当地切入重点，别让对方有逃避的机会。要记得只有极少数人会挂记者的电话。①

① 〔英〕萨利·亚当斯、文弗·希克斯：《第一线采访手边书》，郭琼俐、曾慧琦译，上海三联书店 2004 年版，第 14 页。

（三）电话采访的基本要领

1．交代身份、讲明意图

电话采访首先要交代自己的身份，要注意不仅要通报新闻机构名称，而应将自己的姓名、身份一起告诉对方，然后讲明意图，消除对方疑虑。

2．准确记录、核实要点

电话采访前记者应将问题单、有关材料和记录本准备好。记录时最好在所提问题下面记录，以便对号入座，有些关键性要点最好再核实一遍。比如说某人丧生，记者最好追问一句“是死了吗”，这样就可以避免语音上的误差。

> **延伸阅读**
>
> 有些话筒方向性很强，只能从它们指示的方向收集声音。有些话筒可以别在衣服上或挂在脖子上；还有些话筒需要拿在手里或装在吊杆上。有时我们使用无线话筒，它们从远处传回声音时不用连接电缆。①

3．提问简洁、语气平和

电话采访不允许问题哆嗦，谈吐不清。此外，对方单凭记者声音来判断记者是否可以信赖，因此，记者千万注意讲话口气，一定要平稳和气。

4．录音要征得对方同意

现在，中外许多编辑部里的电话附带录音系统。如果要录音，特别是若要在电视节目中使用声音，必须征得对方同意。

5．致谢与回音

打完电话千万不要只说一声“好了”“完了”，而要礼貌地表示感谢。最后，采访完毕是否报道、怎样报道，都应给对方一个回应。

二、话筒采访

话筒采访是电视采访的“常规”技术手段。一般来说，电视记者可以从三个方面掌握话筒采访技术。

第一，必须熟悉话筒的特性，掌握各种话筒所具有的性能。

第二，必须学会选择合适的话筒，选择合适的话筒可以产生理想的效果。虽然许多电视报道有专职的音响技师负责话筒的选配，但是采访记者不能完全依赖技术人员，因为创造性地采访也包括声音的运用，如果记者忽视这一环节，声音的采录有可能处

① 〔英〕罗伯特·蒂勒尔等：《电视新闻的采制方法》，中国广播电视出版社 1989 年版，第 101 页。

于被动地位。

第三，必须能够熟练地使用话筒。许多初学采访的记者，都有过采访时忘记打开开关，导致采访失败的教训。一些记者在开始手持话筒采访时，忘记传递话筒以至于仅录下单方面的声音；有的记者将手持式话筒举到了被采访人的脸上；有的记者把话筒放到了被采访人的腰部；有的记者用话筒挡住了自己的脸……凡此种种失误，都说明掌握话筒采访技术对电视记者很重要。

三、录音采访

录音采访是随着录音机日趋小型化而日渐流行的现代采访手段。

录音采访被西方新闻界称之为“新的浪潮”，录音机同电话一样成为编辑部必备的工具，成为记者采访的常规手段。

电视记者使用录音机采访同广播、报纸记者有所不同。广播记者往往采用录制的声音组合成报道；报纸记者主要为了替代笔录，或者以记录体方式进行报道；而电视报道采用的是摄录系统的同期声，因而使用录音机采访的目的不是播放，而是完整录制采访谈话。

录制采访谈话有什么用途呢？主要作用有助于记者快速决定使用哪几个片段的同期声以及音响切换的长度。

在记者招待会、新闻发布会、人物专访等采访中，使用录音机采访是最便利的手段。

录音采访自问世以来，虽然已被广泛采用，但是中外新闻界都对此种形式产生过争论。究其原因，是由于录音采访也如同电话、航空等现代化采访形式一样，一方面带有自身的优势，另一方面也带有一定的局限。此外，还有采访对象对于新形式是否适应的问题。为此，有必要分析录音采访的长处与短处，以便正确得当地运用这一形式。

（一）录音采访的长处

1．具有清晰的真实感

引入到电视屏幕上的录音访问可以给观众最大限度的真实感，这是电子采访的优势所在。现在，文字记者也创造了一种录音访问记录的报道形式。他们认为，有争议的问题与长篇的系列文章会使读者产生许多疑问。读者可能会认为记者曲解了采访对象的原意，或者记者根本就没有经过采访而发表个人的观点。如果用问答体录音记录形式报道则可以让读者深信不疑。

1972 年美国总统竞选期间，《华盛顿邮报》记者海恩斯・约翰逊和戴维・布洛德在采访中广泛地使用了录音机，写出了大量的录音访问记刊登在报纸上。海恩斯・约翰逊认为，现在的人们普遍对报纸上的说法持怀疑态度。只要你就某个有争议的问题发表了一系列文章，就会发现来自与你观点不同的读者的强烈反应，甚至不相信你曾到过现场，因此，通过录音采访作报道，就是为了给读者一种“不管你信与不信，那人所说的确实如此”的感觉。

2. 节省记录时间

不言而喻，用录音机采访可以节省记者用笔记录的时间，改变边记录、边提问的方式。节省记录时间一方面可以使记者更有效地利用时间多提问题，一方面可以尽快结束采访进行报道。

3. 避免漏记与误记，保证引语来源的准确

用笔记录难免出现漏记、误记的现象，录音采访可以避免这种现象发生，特别是使用有争议的引语时，录音可以证实引语的准确。

4. 在无法作记录的场合发挥作用

记者在宴会、餐桌上进行席间采访，如果做笔记就破坏了环境气氛，这时录音机可派上大用场。有时记者在嘈杂的场合下采访，一群记者争先提问，问题一个接一个，回答速度又非常快，记者要往前挤着提问，腾不出时间作记录，伸出话筒可以助记者一臂之力。

（二）录音采访的短处

1. 易使访问对象感到紧张

录音采访对于不习惯被录音的访问对象来说，容易造成对方神经紧张，以至于张口结舌，导致采访失败。西方新闻界称这种现象为“话筒恐惧症”。

2. 整理录音耗费时间

虽然录音采访在采访时可以节省记录时间，但过后整理时却要花费一定时间，有时要听上几遍才能整理出有用的材料。

3. 容易造成谈话的中断

有时当访问对象正谈得起劲或谈到节骨眼上时，录音磁带用完了，记者只好请对方停下来翻转或换上新的磁带。这样，必然会给对方的情绪造成某种影响，甚至使对方草草结束谈话。

4. 分散访问对象的注意力

录音采访可以使记者集中精力，但却容易使访问对象分散精力。话筒、机器的转动声音都会吸引对方的注意力。

了解录音采访的长处与短处，可以在采访中扬长避短，灵活使用这种形式。

延伸阅读

你可以在返回编辑室的途中重新放一遍录音，从中找出需要在报道中使用的音响片断。当回台后没有编辑位置时这样做大有好处。待编辑开始后，可以很快挑选出所要的段落。[①]

① 〔美〕特德·怀特等：《广播电视新闻报道写作与制作》，温国华、于恒申译，中国广播电视出版社1987年版，第330页。

需要指出，微型袖珍录音机的出现，可以使记者将话筒和机器放置在口袋里、本子里等不被访问对象发现的地方，进行秘密录音。

秘密录音就同偷偷作记录一样是记者采访的技巧。秘密录音是否违背了职业道德呢？一般说，被采访者接受记者采访就表明同意记者进行报道，所以记者录音不涉及侵犯被访问者的权力，但是，如果记者录音之后准备用到节目之中，最好要得到对方同意。

需要注意的是，记者当场要记下录音的时间长度、人物讲话顺序、主要内容在哪盘磁带上面，以便于收听、整理录音。

四、航空采访

乘坐热气球和飞机在空中采访是现代电视采访的有利手段。随着技术的发展，利用无人机遥控小型飞行器拍摄也越来越普遍。

大型纪录片《望长城》能够在画面表现上展现不同的空间层次，正是由于较好地运用了航空采拍手段。

前面提到的《神兵天降八千三》例子，在很大程度上依赖于航空采拍。云南地震发生后，山区公路、通信中断，灾情不明，13 架不同机种的飞机盘旋查寻，记者跟随飞机从空中采访拍摄，耿马重灾区就是记者此时发现的。从重灾区到昆明微波传送点相距 800 多公里，汽车要走两天。报道组采取接力传送形式：直升机→思茅场站→大运输飞机→昆明场站→ CCTV 军事部昆明记者站→云南电视台（微波）→ CCTV。由于利用直升机和运输飞机组成“传输线”，灾区的采访拍摄录像当天就传到中央电视台，保证了时效性。

航空采访在特殊情况下，还是唯一有效的采访方式。第二次世界大战期间对柏林大轰炸的报道，完全是靠记者在空中采访报道，在地面无法进行。

通常，航空采访主要有两种形式。

1. 随机采访机内人员的活动

比如傅溪鹏采访拳王阿里时，在阿里从北京取道上海飞往香港的途中，他随机采访到上海，利用了极有限的时间。四川汶川大地震，CCTV 记者在飞机上采访奔赴灾区的温家宝总理。

2. 随机采访地面的活动

有时，这种形式是特殊情况下唯一可行的采访途径。美国往

相关背景

日本在 20 世纪 60 年代开始对大场面报道采用航空采访方式。1965 年 4 月，日本琵琶湖举行马拉松赛，飞机掠过地面时所卷起的灰尘，影响了长跑运动员的行进。为了防止类似情况发生，日本新闻协会编辑委员会制定了《关于航空采访规则》。规则指出：利用飞机采访、报道，随着机种、飞机的增加，采访方法的多样化而复杂了。……请特别注意下述两点：

一、不要搞给地面活动造成麻烦和妨碍活动的采访和报道。

二、为了确保安全，要避免危险飞行。

规则中还对高速机、低速机及先来后到、飞机旋转方向都进行了较细的规定。这些规定说明，航空采访在日益普及中也在不断改进、完善。

要点提示

航空采访的优势是：不受地理环境限制，扩大活动范围，开阔视野。

空中采访已经构成电视报道的独特视角。

航空工具已不仅仅是单一的交通手段，而成为采访报道的技术手段。

日本投放原子弹时，《纽约时报》记者威廉·劳伦斯是唯一获准随机采访轰炸长崎的记者，他的采访报道后来获得普利策奖。

航空采访已经相当普遍，这主要因为航空采访可以不受地理环境的限制。比如，澳大利亚广播公司新闻编辑部备有几架直升机，随时准备出动采访突发事件，航空采访已成为该公司新闻采访的特点之一。

航空采访有其长处：可以扩大活动范围，开阔视野等；但也有其短处：噪声大，不够安全，世界上有不少记者随机采访而丧生。另外，有的低空采访，还会给地面活动带来干扰。

五、磁带采访

利用录音磁带进行采访是一种现代化采访形式，许多记者用磁带采访取代了书面采访。

磁带采访有两个较突出的优点：一是可以使访问对象无拘无束、不受干扰地回答问题；二是便利省时。

磁带采访适用于时间性不强的采访。对于较深刻的思想观点采访，磁带采访比较适合。学者、政治家往往不愿意别人打断他们的话，因而长时间地论证正好可以用磁带录音。此外，较轻松的题目也适用于磁带采访。

美国记者约翰·布雷迪以磁带方式进行过环球性采访。他发表的关于弗兰克·西纳特拉演唱节目的文章就是将磁带寄送到英国、南美、澳大利亚、日本等地的对西纳特拉演唱有特殊爱好的录音收藏家手中，然后根据他们的回答写出报道。他认为，磁带采访事先最好写信或打电话同采访对象联系一下，然后在对方同意下再寄磁带，这是对采访对象尊重的表示。

要点提示

演播室录像采访是电视记者独有的采访技能之一，它既是一种固有的报道方式和节目样式，也是一种讲求技术的采访手段。

演播室采访就是把采访对象约请到演播室进行面对面拍摄采访。主要采取快速采访、人物专访、座谈讨论、辩论等形式。

六、演播室采访

通常，演播室采访需要掌握下述要领：

（一）事先指导

经常上电视的采访对象往往熟悉此道，不用事先指导，但从未上过电视的采访对象，则需要指导，以使他们消除紧张情绪，表现得自然一些。

美国新闻界作过这样的试验：记者如果手里什么也不拿，仅仅同采访对象交谈，这个人就会表现得比较自然；当记者拿出笔记本记录时，对方稍微表现出慎重；记者把对方请进演播室，坐在麦克风前录音时，对方谈吐相当紧张；记者如果打开摄像机，对方则低下头，眼睛斜视或下垂，甚至手脚僵直，声音变调。这个试验告诉我们，作演播室专访首先要使访问对象放松情绪。

一般情况下，记者可以事先把访问的范围、程序告诉对方，让对方对这种采访方式有个大概了解，以便取得良好合作的效果。

（二）掌握时间长度

作演播室专访，记者必须掌握好时间长度，因为专访往往是现场直播。在 4 ～ 5 分钟内，记者既要准确、及时、精确地完成一次采访题目，又不能使人感到慌乱急促。如果是直播，一定稍微提前一点结束，超过原定时间，将会给下一个节目带来麻烦。

因此，记者必须作出一个确切的估计，在规定时间内能够得到多少所需要得到的东西，从一个问题转向另一个问题需要多少时间。记者也可以同被访问人商定，用一个不太引人注意的信号表示时间已到。在掌握时间长度的同时，还要注意不要过早结束采访，不要低估在几秒钟内也能说几句有用的话。

> **要点提示**
>
> 小型电视转播车的出现，使电视现场的流动采访得益匪浅。它不但简化了以往多机拍摄素材回到编辑部剪辑的程序，而且提高了采访环节的处理技巧。

（三）设计好问题

演播室采访一般都是围绕某个题目在一定时间内完成采访，所以事先一定要把问题设计好，在有限时间内得到有用的信息。

如果是快速采访则更要注意，既要采访到有价值的内容，又不能拖泥带水。如果是人物专访，也要避免不必要的拖拉，要考虑到超过原定时间会给编辑带来太多麻烦。当然，也要注意避免慌乱急促。较好的办法是，事先商定交代清楚，采访过程中又能够引导。

（四）同摄像机配合

电视演播采访多采取固定机位和流动机位结合的录像方式，记者同摄像人员配合好，才能取得完美的效果。同时，记者也要告知采访对象如何面对摄像机，特别要注意采访过程中的交流

要点提示

ENG的问世使得电视记者的工作方式由"采摄合一"过渡到"采摄分工"，虽然这并不意味着电视记者可以不用掌握拍摄技术，但是"采摄分工"毕竟分离了记者拍摄的环节。相对来讲，配备专职摄像，可以使记者集中精力进行采访报道。然而，ENG的更新换代、摄录一体化摄像机的普及，将采访记者又推上了采摄兼备一体采访的第一线。

延伸阅读

一体化设备大受欢迎是因为电视台如果想采访所有的新闻线索，报道组显得太少了。不管是地方台还是电视网，眼下记者的人数都比摄像组多。当电视新闻记者和摄像组的比例变得更加相称时，电视新闻机构就能采制出更多的富有创造性的新闻。①

感，不要两眼死盯着摄像机。

七、现场导播流动采访

现场切换可以作同步报道，也可以进行再编辑剪辑。总之，这种方式对于采访、编辑、报道都带来了进步与突破。

1984年国庆35周年阅兵大典，中央电视台动用5辆转播车、23台摄像机、14套微波线路的庞大技术装备和200多人的报道队伍，将这一盛况同步传送到全国乃至全世界。

随着小型电视卫星转播车的发展，现场导播流动采访开始深入大街小巷。

2008年北京奥运会，荷兰电视台将小型卫星转播车开到马术运动员安吉的家门口，在转播车上进行现场导播、画面切换，报道了安吉家乡的人们收看安吉参加盛装舞步决赛，最后夺得该项目奥运三连冠的新闻。

现场导播、画面切换、记者采访的同步流动，最大的特色是将导播、编辑、采访、报道综合处理，并且在现场完成。故此，记者要对活动画面的切换技巧及其要求有所了解和掌握，否则就很难同摄像和切换剪辑环节配合好。

在美国，新闻直播的常态化改变了记者的工作方式，出现了专门负责现场导播的记者。这个记者要掌握多方面的手段：自己开转播车、熟悉转播车的设备、拍摄必要的空画面、拍摄出镜记者的口头报道，进行画面编辑、整理素材，将素材编辑成"包裹新闻"，及时传送回编辑部。

在我国地方电视台，现场导播、采访报道成为发展趋势。以南京电视台的《南京零距离》节目为先导，很多电视台先后办起了新闻直播节目，地方台电视记者日益适应现场导播采访报道方式。

八、采摄兼备一体化采访

一体化摄像机的问世以及摄像设备的小型化，使得电视记者进行独立采访的机会日益增多。CCTV的驻外记者、新华社的视

---

①〔美〕特德·怀特等：《广播电视新闻报道写作与制作》，温国华、于恒申译，中国广播电视出版社1987年版，第327页。

频驻外记者经常单枪匹马进行摄录一体采访。

一体化摄像机的遥控装置，可以使记者自己拍摄出镜报道。熟练的记者还可以使用一台摄像机，利用遥控装置进行大场面的推、拉、摇、移、拍摄。

采摄兼备一体化独立行动，能够轻装前进，可以深入到任何地方，对于突发性新闻采访则更具优势。

采摄兼备一体化并不意味着回到“采摄合一”的方式，电视记者的出镜采访还是以“采摄分工”为主，但是，技术手段并不是互相排斥的，而是互相补充的。

采摄兼备一体化，要求电视记者一人多能，如果遇到突发事件，能够抢拍到精彩的画面和场景。美国总统里根遇刺的报道，充分显示了摄录一体化的优势。

案例分析

里根遇刺报道

1981年3月30日下午2点25分，一条震惊全美国波及全世界的重大突发性新闻事件发生了：里根被人行刺。

事件发生还不到10分钟，电视就已向全国报道；半小时后，电视屏幕上放映了枪击录像；两个小时后，电视新闻画面通过通信卫星传遍世界。由于摄录一体化的优势，这一重大新闻事件以最快的速度展现在亿万观众眼前。

在这一事件中，电视又一次显示了它的威力，屏幕上扣人心弦、真实可信的画面，把行刺的过程表现得淋漓尽致，深深印入人们的脑海。

里根当时作为西方国家的政治领袖人物，上台70天就被行刺，美国朝野一度陷于惊慌状态，各国密切关注。这同时也是一场新闻争夺大战。在里根走出希尔顿饭店，向他的防弹专用轿车行走时，一名叫辛克利的青年用左轮手枪向汽车射出6发子弹，掩护在前的新闻秘书布雷迪和两名警卫人员被击中倒地，一颗子弹射向车门，击进里根左胸。这时现场一阵喧嚣，保安人员立即掏出武器，阻止这场悲剧。正在拍摄里根向人们招手的美国广播公司摄像师汉克·勃朗听到枪响，镇定自如，迅速抢拍总统被保安人员推入轿车的镜头。全国广播公司的希尔登·弗里曼冒着生命危险，把刺客伸出的手枪和总统被推上车的情景一同拍了下来。由于电视摄像机“镇定自若”抢拍着画面，因而留下了珍贵、惊险的镜头。

事件发生8分钟后，有线电视新闻网首先以口播形式播发了这条消息。紧接着，美国广播公司的主持人雷诺兹在2点34分出现在屏幕上告诉观众，“我们拍到的录像带已经送到，马上就要播出实况，马上……”2点42分，电视上终于播出了枪击事件的镜头。一个小时内，电视反复播出了12遍。其他电视网也相继播出了自己的报道，如刺客的情况、目击者的叙述、医治手术等等。

里根被刺的报道又一次说明人类完全进入了电子传播时代。电视新闻传播把时间、空间的限制降到最低点，使人们很快就看到了现场的情景，其中包括事件的景象、动态、声音、色彩，这样的速度与效果是其他任何媒介都办不到的。里根遇刺事件发生后仅过 18 分钟，美国广播公司就播出了现场实况录像，这不能不说速度惊人；又由于通信卫星的作用，使得全世界都能以最快的速度目睹这一事件的全过程。

在许多观众的心目中，电视与现实没有什么区别。当人们谈到发生的某个事件、谈到某个庆典、灾难的时候，与其说是事件本身，倒不如说是电视节目中的所见所闻。

观众在电视上看到活生生的画面，有身临其境的感觉，就像是种种事件的参与者。

由此进一步表明，电子科学技术对大众传播事业起着极为重要的作用；电视展示的力量与速度已经到了不容置疑的地步。

采摄一体化是电视记者的基本技能。现代电视记者应该熟练掌握采摄一体化采访技能，了解电视画面对采访报道的要求。从发展走向看，小型电视机构对一专多能采摄一体化记者的需求会越来越普及，大型电视机构培养独立工作、独当一面、采摄一体化的驻外记者已成为发展趋势。

九、卫星视频连线采访

要点提示

卫星电视采访不但可以跨越空间距离，而且可以在电视屏幕上进行面对面交流。卫星电视采访可以在屏幕上显示主持人—记者、记者—采访对象的图像和同期声，也可以经过特殊编辑插入活动画面。

通过卫星呈现在屏幕上的视频连线采访报道方式，是电视传播过程中最现代化的技术手段应用。

在电视发达国家，卫星电视采访已不仅仅是局限于演播室内的采访了。由于移动式卫星地面站的投入使用，对于现场新闻事件亦能够作同步采访。美国 CNN 对海湾战争的报道，利用小型伞状卫星通信设备，并将通信卫星同电缆电视网相连接，使记者的现场采访同总部演播室主持人的主持有机地结合在一起。

1982 年 10 月，美国 NBC 利用卫星，在北京和上海现场制作大型报道《变化中的中国》节目。节目中通过卫星采访了美国前总统尼克松、时任中国外交部部长钱其琛、时任上海市市委书记江泽民等人物。

1997 年，CCTV 和凤凰卫视通过卫星，制作了最大规模的香港回归报道，报道中穿插了上百次记者、外景主持人的视频连线采访报道。

1998 年，海湾地区再次出现风波，《焦点访谈》节目主持人水均益到事件现场，通过卫星进行了同步采访报道。

从发展的趋势看，卫星同步采访正在朝着立体化、多元化方向发展。以一个正在发生的重大新闻事件为主线，穿插其他报道，通过卫星，以共时态报道方式播出。

最具全球化卫星同步采访报道的重大活动当属奥运会的多元化立体采访。

早在 1935 年在德国举办奥运会时，电视就对重大体育比赛的同步传播进行了尝试。从 1935 年 5 月 1 日到 16 日，收看奥运会电视转播的人达 15 万。这个人数在今天看来，似乎微不足道，但在当时却是非常可观，因为 1935 年的电视业才刚刚显示出潜在功用，世界上的许多国家还没有涉足这个领域。

奥运会成为全球关注的盛会，在很大程度上是电视报道促成的。

时至 20 世纪 70 年代中期，电视在世界范围内得到普及。也就在这时，美国全国广播公司（ABC）于 1976 年争得了奥运会独家电视转播权。素以体育报道著称的 ABC 成功地转播了蒙特利尔奥运会，向全世界的观众展现了壮观的场面，激动不已的竞赛过程与令人心跳欲止的瞬间冲刺结果，还有运动员的高水平竞技以及他们身上所凝聚的力量。这种人类体能力量之美，令观众振奋、激动、遗憾、惊叫的每一个时刻，都是一种力量冲击下产生的结果。

奥林匹克运动会的体育同步采拍、报道、播出，具有了全球意义。这个意义在于：不仅全世界的体育健儿在同一地点进行体育比赛，而且全世界的观众也在同一时间、同一地点观看这个体育盛会。在某种程度上讲，观众的参与进一步促动了奥运会的发展壮大。

对于电视机构和记者来说，利用卫星同步报道奥运会本身又成为一场“战斗”，成为技术与力量的较量。

案例分析

洛杉矶奥运会

1984 年洛杉矶奥运会上，140 个国家和地区派出大约 1 万名记者进行现场同步采访报道。这是新闻记者人数最多、采访时间最长的一次新闻竞争。（同年美国民主党召开全国代表大会期间，有 1,400 名记者前去采访报道，但时间只有 4 天。）ABC 在这场竞争中仍然是得天独厚，派出 3,500 人的庞大队伍进行独家电视同步报道。

ABC 制作了两套节目：一套是专门给美国观众收看的节目，这套节目中侧重报道了美国运动员的情况；另一套是可供世界各国选用的节目，总长度为 1,300 个小时，这套节目中将各项比赛的基本情况、结果全部拍摄下来，力求做到全面、公正。

ABC 以 2.25 亿美元的高价买下奥运会转播权，此外还要有 1 亿美元用于现场直播。体育部主任鲁尼·阿利奇毫不担心这笔钱投入收不回来，因为 1976 年的经验已经证实，花大价钱是值得的。奥运会转播已成为 ABC 黄金时间收视率上升的突破口，不仅得到直接利益，而且带动了其他时段节目的收视率上升。

要点提示

随着电视事业的全球化渗透，利用共用信号进行报道已成为一种新趋势。在利用共用信号的同时，各电视机构都力图显示自己的特色，因而卫星同步采访作为重要内容，成为电视新闻立体报道的重要组成部分。

电视的魔力使其他传媒相形见绌，有人形容说，摄像机出现的地方，已经不是其他传媒记者立足的地方。在奥运会上尤其是这样，虽然在开幕式上所有记者都坐在记者席上，占了个好座位，但是对这种宏大场面的描述已没有必要，一幅真实的现场画面胜过任何文字的描述。文字记者们分散到运动员驻地、比赛结束后的休息室去采集花边新闻或背景材料，往往是疲于奔命、顾此失彼。

曾任国际奥委会主席的萨马兰奇认为，将来体育运动会简单地归纳为两大类，一类适合电视的口味，另一类则不适合。体育项目只有在属于第一类的情况下才有机会发展，否则，要么衰落，要么踏步不前。

电视转播本身还创造出奇迹。电视对奥运会同步播出的热情投入远远超过了对一般活动的支持与重视，从而使奥运会形成全球性的号召力和感染力。

1988 年汉城奥运会、1992 年巴塞罗那奥运会、1996 年亚特兰大奥运会、2000 年悉尼奥运会、2004 年雅典奥运会、2008 年北京奥运会、2012 伦敦奥运会的空前盛况在电视屏幕上充分展现，似乎变成全人类的盛大庆典活动。不同国家、不同民族、不同信仰、不同文化背景、不同语言的亿万观众在同一时刻聚集在电视屏幕前共同为这个盛大庆典喝彩。

近年来，我国电视台利用卫星进行同步采访报道已经非常普及。从奥运会的卫星同步采访报道中，可以领略到现代技术对记者采访的作用，也可以领略到电视同步报道的魅力。

对于记者来说，要具备临阵发挥的能力、敏锐的观察能力、准确的判断力和高超的采访技巧，才能在这种利用现代技术手段的采访方式中发挥出较好水平。

今天，电视业的发展和技术的进步，为电视采访展示潜在功能和力量提供了前所未有的机会。电视记者对采访具体方式和手段的掌握，直接关系到电视传播的效果。为此，电视记者应该在采访实践中进行多种尝试，以期达到较高的标准。

本章重点归纳

1．采访具体方式是指记者在进行采访活动过程中采取的一系列行为方式。通常，采用的具体方式主要有：等候采访、追踪采访、即席采访、同步采访、调查采访、隐性采访、书面采访、预约采访、联合采访、网络邮件采访。记者对采访方式的运用，往往是几种方式交替发挥作用。

2．等候采访对记者的要求是：第一，要有耐心；第二，要选择好采访路线和拍摄位置；第三，能够抓住一切进入现场和接近采访对象的机会。一般情况下，事先预知有新闻发生或预测有重大新闻发生，记者都要到新闻现场等候采访。新闻场景和自然景观的再现，也是要等待时机采访拍摄。

3．跟踪采访是顺着新闻事件的发展过程，穷追不舍尾随采访。跟踪采访在四种情况下运用较多：一是持续一定时间的新闻事件；二是游动性的群体活动；三是新闻人物或首脑人物多地点的活动；四是范围大、头绪多的新闻事件。

4．即席采访多用于新闻发布会、记者招待会。在电视报道中，即席采访直接引入屏幕，成为最富吸引力的报道形式之一。即席采访要注意的问题是：直截了当一次将问题提出来；一次最多提 2 ～ 3 个问题；借助别人提问来充实自己的报道；能够临场发挥，随机应变。

5．严格意义上的同步采访是指记者始终置身于新闻事件现场，摄像机以记者采访视线为转移，以记者在现场的出镜采访和口头叙述为报道方式。同步采访在时空上同事态的发展相一致，但不一定在播出环节上也同事态发生、发展同步进行。同步采访不是同步报道，同步报道是共时态的报道，事件—采访—报道—播出同步进行。同步报道离不开同步采访，同步采访的新闻不一定都采取同步报道的方式。

6．隐性采访是不暴露记者身份的特殊采访方式，在电视报道中，经常与偷拍结合在一起进行。隐性采访在西方电视界采用闯入性和非闯入性两种方式。隐性采访是容易引起争议的采访方式，有时甚至引起司法官司，因此，记者利用闯入性和非闯入性的隐性采访方式，还要从法律层面加以考虑，既不要触犯法律，又要学会保护自己。

7. 严格意义上的调查采访特指披露事件真相和内幕的采访。调查采访是伴随着深度报道和调查性报道应运而生的。在电视报道中，调查采访发展成为一种表现手法，一种节目样式。

8. 电话采访是跨越空间的采访技术手段，今天已发展成为特定的报道形式。电话采访的主要优势是：跨越空间，节省时间。电话采访的不足之处是：容易造成听觉上的误差，获得的材料比较有限，缺少形象画面的感染力。

9. 话筒采访是电视记者的“常规”技术手段。话筒采访要求记者：熟悉话筒的特性，选择合适的话筒，熟练使用话筒。

10. 航空采访是现代电视记者利用的有利手段，它的优势是：不受地理环境限制；扩大活动范围；开阔视野，成为独特的视角。

11. 演播室拍摄、录像采访是电视记者独有的采访技术手段，主要用于演播室现场快速采访、人物专访、讨论、座谈、辩论节目。记者要注意：事先指导，掌握时间长度，同摄像机相配合。

12. 现场导播流动采访是电视独特的采访手段。小型电视转播车的出现，使电视现场的流动采访得益匪浅。它不但简化了以往多机拍摄素材回到编辑部剪辑的程序，而且提高了采访环节的处理技巧。现场切换采访可以作同步报道，也可以进行再编辑剪辑。总之，这种方式对于采访、编辑、报道都带来了进步与突破。

13. 卫星视频连线采访不但可以跨越空间距离，而且可以引入屏幕，进行面对屏幕的人际交流。卫星视频连线采访在大型报道中发挥着不可替代的作用，不仅时效性强，而且具有真实感。

思考题

1. 电视采访的具体方式有哪些？
2. 电视采访都利用哪些技术手段？
3. 等候采访对记者有哪些基本要求？
4. 跟踪采访适用于哪些报道题材？
5. 即席采访要注意哪些问题？
6. 同步采访的特定含义是什么？
7. 体验采访的目的是什么？

8．调查采访的发展趋势是什么？

9．电话采访引入屏幕有哪些形式？

10．话筒采访要注意哪些问题？

11．航空采访对电视报道来说有什么益处？

12．演播室采访要注意哪些问题？

13．现场导播流动采访发展趋势是什么？

14．卫星视频连线采访有什么优势？

第六章　动态性电视新闻的采访

本章内容

1．新闻长度特点与采访要领

2．新闻体裁特点与采访要领

依据不同的报道方式，电视动态新闻主要有这样几种形式：活动图像新闻、口播新闻、图片组合新闻、现场口头报道、简明新闻、综合新闻和新闻特写等。

依据新闻的时间长度，电视动态新闻主要分为长消息、短消息和简明新闻。

对于电视新闻报道来说，动态新闻占的比重非常大。对于记者采访来说，学会采访动态新闻是一项基本功。

本章根据电视记者采访报道的实践，对动态新闻报道形式的特点及采访的要领进行探讨。

第一节　新闻长度特点与采访要领

消息类新闻以动态性为主，从时间长度进行分类，分为长消息和短消息。

一般来说，长消息和短消息在采访上的原则是一致的，区别在于篇幅的长短不同，短消息更加精练、简短、概括。

时间长度 3 ～ 5 分钟的新闻，被看作为长消息。3 分钟以内的新闻属于短消息。在美国、英国等电视机构，动态性的新闻长度大都在 40 秒至 1 分多钟。

需要指出，新闻的重要性并不取决于长短。新闻的长短依据两个主要因素来决定：一是根据节目的要求进行取舍；二是根据事件的复杂程度。

复杂的事情往往无法用短消息说清楚，一些能够引起观众特别关注的事件，可以用长消息来报道。

概念术语

所谓消息，就是新近发生或正在发生的事实以及最新的信息。

消息的特点是迅速、及时、篇幅较短。

一、长消息的采访

现在，很多重要事件采取直播方式报道，直播节目时间长度没有固定的限制，长短取决于时间的发展进程、节目的传播意图、观众的关注程度。

直播节目中常常插入记者在新闻现场的报道，时间往往超过 5 分钟，甚至更长。可以说，新闻直播引发了电视新闻体裁的变化，体裁变化对记者采访提出了一定的要求。

电视记者采访不但要掌握新闻体裁的基本特点，而且要跟上

要点提示

长消息的采访特点是容纳的内容较多，或事件相对复杂，信息层面较多。

短消息的采访特点是内容相对较少，事件相对简单，突出主要信息。

新闻体裁发展变化的新趋向。下面这条新闻是1998年上海东方电视台记者报道的，获得当年中国广播电视新闻奖。新闻播出时间是在新闻刚刚发生之后，整条消息有1,000多字，时间长度5分多钟，充分运用了电视的综合表现元素：主持人开场白、现场活动图像、现场背景同期声、文字解说、记者现场采访等。

案例分析

一次成功的迫降

主持人：昨天晚上，因一架麦道11大型民航客机前起落架发生机械故障，虹桥机场上空出演了惊险的一幕。由于机组人员沉着应变，地面指挥果断正确，最终使飞机成功地迫降在虹桥机场……

请看东视记者今天凌晨发回的报道。

昨天晚上23点零7分，因起落架突发机械故障，在空中盘旋了3个多小时的一架麦道11民航客机，根据地面指挥系统的果断指挥，毅然将机头对准虹桥机场的跑道，在没有前起落架的情况下开始了迫降。顿时，从指挥塔台到宽大的机坪，无数颗心悬到了嗓子眼儿。强行迫降的飞机滑过了500多米长的预先喷洒的泡沫带，机身与地面的强烈摩擦而产生的烟雾和火花散息之后，麦道11客机庞大的机身终于缓缓地停在虹桥机场的跑道上。

在这同一时刻，停机坪上警灯闪烁多时的警车成群地围了上去，10多辆一路跟进的消防车立即向倾斜的机身喷出一根根巨大的泡沫水柱，各种抢险车辆也迅速就位。机舱的紧急救生门打开了，在地面营救人员和机组人员的指挥下，100多名乘客迅速滑出了舱门。在整个迫降和撤离疏散过程中，除9人轻伤外，130多名乘客以及机组人员全都安然无恙，至此，一场事故终于化险为夷……

在空中盘旋了3个多小时的乘客们显得十分平静，他们没有抱怨，却向领导同志和前来采访的记者表示了一个同样的心声，应该好好嘉奖机组成员，他们的表现太出色了。

（采访同期声，记者采访旅客、乘务员）

旅客1:“机组人员表现非常出色，应该给他们请功，非常感谢。”

旅客2:“我们觉得应该给这个机组的成员请功，因为这是不幸中的万幸。他们尽了自己最大的努力，然后保证了所有人员的安全。”

乘务员：“要求所有旅客听从我们的指挥。我们在广播的时候，我们所有的乘务员都站在各自的区域，向旅客介绍这种防冲击的姿势，让旅客都能看得清楚，你要用什么样的姿势来保护你自己。”

更值得一提的是，在选择飞机迫降地点的关键问题上，虹桥机场指挥人员作出了果断而准确的决定。在飞机没有前起落架的情况下，可以选择在草坪上迫降，然而，其结果很可能是巨大的地面阻力造成飞机解体；而选择在跑道上迫降，又很可能因巨大摩擦力造成飞机起火，甚至爆炸。

决策关头，虹桥机场总经理杜春才和东方航空公司总经理李铸明，凭着丰富的飞行经验，果断地选择后者。曾在空军指挥过战斗机类似排险事故的机场指挥中心主任侯文社，根据决策沉着指挥，加上机长临危不乱的娴熟技巧，终于完成了这次漂亮的迫降。

虹桥机场在飞机安全着陆后，很快组织了善后工作。巨大的飞机很快被清理出了跑道，机场营运很快恢复了正常。

（同期声记者采访虹桥机场副总经理李德润）

记者：你给我们介绍一下清场工作大概多长时间才能完成呢?

李德润：清场工作半个小时就可以结束。

记者：这次意外事故对今天虹桥机场飞机航班的正常起飞会有多大的影响？

李德润：根本没有影响。

面对这样的新闻事件，采访过程中需要考虑新闻的体裁要求，在消息中如何运用好综合的表现元素，如何用画面呈现现场，如何进行现场采访。上海东方电视台记者较好地通过现场采访把旅客的反应、最新的信息、事件的影响及时传达给观众。

二、短消息的采访

顾名思义，短消息的时间长度比长消息还要短。通常，30 秒、40 秒、50 秒就是一条短消息的长度。短消息采访的事件相对单一，特点是突出主要信息。

下面的案例是 1997 年厦门电视台记者采访的，消息只有 300 多字，长度仅有 1 分 20 秒，但是，新闻清楚交代了事件发生、事件现场、事件结果。记者突出选取刑警大队大队长的行为，采用人物消息的体裁进行报道。可以说，记者选择用人物新闻体裁报道是正确的。

要点提示

记者采访时必须要考虑在几十秒钟的时间内能容纳多少内容；

采访的侧重点应该放到哪里；

哪些事实可以构成新闻的主要内容。

案例分析

民警陈煌奋不顾身排除爆炸装置

1997年9月10号上午，厦门市警方在杏林西滨村的一部微型货车上发现一个爆炸装置，这个装置上安有定时器。

在现场的杏林公安分局刑警大队大队长陈煌立即站了出来，拿起爆炸物迅速穿过村庄，避开人群，朝村边一片空旷的农田跑去，同时大声提醒周围的群众赶快离开。

爆炸物在一出手的瞬间爆炸，但没有造成人员伤亡。陈煌同志面对危情，奋不顾身排险，保护了人民群众的生命安全，表现出一个人民警察对人民的忠诚。

杏林公安分局刑警大队大队长陈煌去年曾被评为特区青年卫士和省优秀人民警察。他在多年的刑侦工作中表现突出，遇到困难和危险时总是冲在最前头，侦破了一批有影响的案件。

另据警方调查，这起爆炸事件是一起蓄意杀人未遂案件。犯罪嫌疑人张雨南已被刑事拘留，案件正在进一步的审理当中。

这个报道是获得中国新闻奖的短消息。消息中人物的行为表现了一个刑警的职业精神，成为消息的主体内容。记者一方面把握了新闻事件本身的特点，一方面赋予报道独特的角度。如果仅仅侧重报道这起蓄意杀人安装定时炸弹的事件，新闻的内容也就是一般化的地方恶性事件报道，不会引起特别的关注。记者这样处理，说明在采访过程中进行了判断选择，同时很好地把握了人物新闻体裁的要求。

电视新闻是以分秒来计算的，这个特点在短消息的采访中尤为突出。由于短消息的结构更为紧凑，要求记者采访注意观察现场，人的活动选取成组的镜头加以表达。记者挑选的画面应该有代表性，新闻中人物的讲话应该透露关键的事实和信息。

第二节　新闻体裁特点与采访要领

不同体裁新闻采访同报道的手法变化、报道风格、报道方式密不可分。

相对来说，文字记者比较容易区分不同新闻体裁的界限，也比较容易把握不同体裁的基本写作格式。电视记者选择什么体裁，往往要考虑电视节目样式的特定规定，然后才能根据新闻本身的特点、报道内容的特点来决定。

电视报道发展速度快，体裁也相应地不断变化，因此，在采用不同新闻体裁方面，电视节目样式对记者采访提出了特别的要求。电视新闻体裁的发展变化对记者采访提出了新的挑战。

此外，又由于电视报道手法朝着相互结合的方向发展，许多手法在不同体裁中相互借鉴，体裁之间的区别已不能简单从外在形态上看到一目了然的区分。

这些变化和发展趋向，对于电视记者采访提出了新要求。

一、活动图像新闻的采访

活动图像新闻不但是最早的报道形式，而且是今日电视屏幕上数量最多、最重要的新闻报道形式。在中外电视屏幕上的早、午、晚固定时段的新闻和正点新闻节目中，绝大多数报道是活动图像新闻。

通常，活动图像新闻的报道构思是在采访过程中完成的。有时候，记者在采访进行中或者采访的间隙就开始写稿。在这个意义上讲，活动图像新闻具有采访、写作并行的特殊要求，因此，记者要熟练掌握新闻的写作要领，才能及时进行动态报道。

（一）注重采集新的信息

动态新闻采访目的是：报道最新的信息。因此，最新信息获得同记者对客观事实的认识、判断有直接的关联。

活动图像新闻采访关键的一点是：记者在采访过程迅速判断最主要的事实有哪些，最新的信息是什么。

2008 年 11 月 7 日，欧盟 27 个成员方的领导人举行非正式金融峰会，会上的议题涉及很多方面，但是，最主要的信息是：分会呼吁对全球金融体系进行改革，这个信息向世界发出的信号是：欧盟 27 个成员方为出席即将在美国华盛顿举行的全球金融峰会统一了基调。中央电视台记者在现场采访过程中，从大会各种信息层面入手，同过去的信息进行比较研究，最后用这个主要信息作为新闻标题。

概念术语

新闻体裁，就是新闻的报道形式。

体裁与题材不同，体裁是指新闻的文体，题材是指报道的题目或对象。

概念术语

活动图像新闻特指具有现场活动画面的消息，早期称为电视新闻片。

活动图像新闻是电视新闻最早的报道形式。

相关背景

1948年2月16日，美国 NBC 开办第一个电视新闻节目《骆驼新闻片影院》，后改为《骆驼新闻大篷车》。图像新闻开始模仿新闻电影纪录片形式，报道多为预知性的新闻事件。

1958 年 6 月 1 日，我国北京电视台（中央电视台前身）正式开播一个月，播出了电视台自己摄制的第一个新闻报道：中共中央机关刊物《红旗》杂志创刊。

要点提示

活动图像新闻的特点是简短、迅速、客观、形象，讲求实效，注重用事实说话。新闻长度大多为40秒钟左右，因此，要求记者在采访中尽可能用形象的画面和简练的文字表达报道的内容。

案例分析

欧盟非正式金融峰会呼吁对全球金融体系进行改革

导语：欧盟27国领导人7日在布鲁塞尔举行的欧盟非正式金融峰会上一致同意：对全球金融体系进行改革，以便稳定全球金融市场，防止出现全球经济危机。

出镜：在这次欧盟非正式金融峰会上，欧盟向即将在华盛顿举行的国际金融峰会发出了一个强烈的信号。这个信号是——必须对当今的国际金融体系进行改革，以便应对全球面临的金融危机，防止金融危机引发经济危机。

解说：会议发表的公告说，11月15日将在美国华盛顿举行的全球金融峰会，必须对国际金融体系制定改革的方案。

欧盟还对华盛顿全球金融峰会制定全球金融体系改革方案的具体内容提出了要求。其主要的内容是：任何金融机构不得逃避金融监管；新的全球金融体系必须建立在负责人和透明原则的基础上；新的全球金融体系必须能够对其进行风险评估，以防止出现危机；授予国际货币基金组织主导作用。

欧盟非正式金融峰会还呼吁，华盛顿会议只有对全球金融体系进行改革，才能应对21世纪全球面临的挑战，解决好食品安全，与贫穷斗争，气候变化以及促进自由贸易等问题。

要点提示

活动图像新闻的综合表现元素是：画面、同期声、文字解说。

画面占据主导地位，解说处于附属地位。

画面本身就是信息，会“说话”、有情节、有动作，有时无需说明，观众即可看懂。

解说的目的是：补充、扩大、解释图像内容，或把图像放在某种内容中。

解说的作用是：提醒观众注意图像画面。

解说必须同画面对位，如果发生冲突，就要让位画面，改写文字，让观众有看画面的直观感受和理解时间。

（二）调动综合的表现元素

活动图像新闻以传达最新信息为主要目的，报道内容往往需要用简洁的文字进行高度概括。

活动图像新闻的采访特点与要求是：

采访速度要快，画面选择要快，写作速度要快，并且在最短的时间里调动综合的表现元素加以报道。

活动图像新闻的采访往往在现场构思画面、解说、运用同期声。因此，记者必须对解说的文字起什么作用进行通盘的考虑。

活动图像新闻的解说词是传达信息的重要语言符号，应该准确详实地交代新闻事实的背景，补充、完善画面形象的不足，深化、升华画面事实背后的思想和观念，弥补画面表意方面的某些不确切的内容。

解说词不是画面的重复和看图说话，不是空洞的概念和多余的解释，不能形成声画"两张皮"现象。

解说词与画面应该相互补充，相互完善，相辅相成，相得益彰。

好的活动图像新闻是画面、解说、同期声有机结合的统一体。在一条新闻中，背景声往往不可缺少。背景声可使新闻增强真实感、生动感，又可避免报道出现过长的"沉默"。

使用背景声有助于使活动图像新闻报道富有立体感，尤其是新闻里出现重要人物讲话时，最好让人物自己开口讲几句。背景声如果不影响解说和新闻中人物的重要声音，亦可同时运用。

（三）转换时间、地点的逻辑顺序

记者在采访报道时，要注意活动图像新闻中的时间、地点的变换，应该按事物发展变化的逻辑顺序转换、变更。文字、广播新闻可以比较灵活调度、安排时间、地点的顺序，电视活动图像新闻如果采取灵活转换方式，则会把时间、地点搞乱，使观众糊涂，搞不明白新闻到底发生在什么时候、什么地方。

1998年抗洪救灾的报道中，中央电视台播出了《女教师遭洪水遇险子弟兵奋力相救》的报道，在全国引起很大反响。

要点提示

活动图像新闻中的地点、时间转换的手法是：将不同时间发生在不同地点的新闻"分割"开来，即按照早晨、中午、下午、晚上，昨天、今天、明天的时间顺序安排新闻内容。

案例分析

女教师遭洪水遇险子弟兵奋力相救

在湖南安乡参加抗洪救灾的部队官兵，昨天成功地营救出一位被洪水围困了3天3夜的女教师。请看报道。

7月24号，洪水袭击了湖南安乡，安乡棉纺厂宿舍区一片汪洋。7月27号，仍有一名女教师被困在一座楼中，民兵舟桥团的救援人员几次试图营救，因水流达到每秒五米，冲锋舟被掀翻，救援受阻。空军派出直升机也因地势复杂无法救援，只得空投了一些救生器材。

28号凌晨，广州军区某集团军副军长李作成少将亲自坐镇指挥，连续派出三批冲锋舟强行突击，均因水流太急而失败。为尽快救出女教师，李作成副军长果断决定组成突击队漂流营救。

突击队员们沿抛出的固定绳索慢慢向前靠近，连续绕过了5幢楼房。经过5个多小时的努力，终于将女教师安全救出。由于惊吓和激动，已经3天粒米未进的女教师钟运兰说不出一句话来。但这3天的经历，一定会成为她以后向学生经常讲述的动人故事。

这条新闻非常简短，只有373个字，但是却讲述了在5天的时间里发生的事情。在导语中，地点、时间和主要信息是：湖南安乡参加抗洪救灾的部队官兵，昨天成功地营救出一位被洪水围困了三天三夜的女教师。

在新闻主体中，交代了三个具体时间：7月24日安乡被洪水袭击；27日女教师仍然被困，营救受阻；7月28日凌晨，副军长、李作成少将亲自坐镇指挥，组成突击队漂流营救；经过5个多小时，营救成功。

二、综合新闻的采访

要点提示

综合新闻是将具有同类性质、各有特点的事实综合起来，从不同侧面、不同角度说明一个主题。

综合新闻采访要注意体现新闻价值，避免面面俱到、主次不分。

作为动态性新闻，综合新闻也要有新闻由头，讲求报道时机。

1．综合新闻要求记者在采访中理清思路，找到主线，分清层次，以高度概括的语言加以表述。

2．记者分析事实、解剖事实的能力和截取事实的能力显得尤为重要。

3．综合新闻体裁属于动态新闻，新闻的时间长度有限，记者采访注意选取各个方面的重要部分。

2008年12月19日，比利时政府内阁集体辞职的决定在世界引起极大反响。这是西方国家第一个由于金融危机引发的政府内阁集体辞职事件。由于这个事件的来龙去脉、前因后果十分复杂，中央电视台记者在采访过程中不断进行归纳分析，以综合新闻的方式报道了这一复杂事件。

案例分析

比利时政府内阁宣布集体辞职

记者出镜：当地时间12月19日傍晚，因受“富通银行拆分”事件的影响，比利时首相莱特姆宣布，决定辞去首相职务。比利时内阁的全体成员同意首相的这一决定，并决定内阁集体辞职。

解说：按照比利时的宪法规定，首相辞职必须要得到比利时国王的批准才能生效。目前，比利时国王阿尔贝二世还没有对此发表公开意见。

19日当天早些时候，比利时最高法院发布了一份公告说，在“富通集团拆分是否违法”的案件中，比利时政府涉嫌以“政治力量干预司法”。这份公告发布后，莱特姆首相召集内阁紧急会议，宣布了辞职的决定。

今年10月份，为挽救因受金融危机面临倒闭边缘的富通银行，比利时政府决定以置换股权的形式将富通银行在比利时的业务转让给法国巴黎银行。

但是，富通银行的2,200名的小股东联合向布鲁塞尔上诉法院提出诉讼，指控比利时政府的决定没有考虑到小股东的利益，要求法院裁定：富通向巴黎银行转让资产是违法行为。

富通银行的股票从2007年4月的每股30欧元跌到现在已经不到1欧元，使这些小股东的资产化为泡影。

12月12日，布鲁塞尔上诉法院裁定：比利时政府在把富通银行国有化过程中，没有履行股东大会的程序，因此暂停了对富通银行的拆分行动。

一些媒体透露说，比利时政府为了让巴黎银行的交易按期完成，曾试图干预上诉法院的裁决，“推迟宣判日期”。

记者出镜：比利时政府内阁集体辞职的决定在欧洲引起极大反响。这是西方国家第一个由于金融危机引发的政府内阁集体辞职事件。欧洲主要新闻媒体都将这一事件作为头条新闻进行了报道。

比利时政府内阁宣布集体辞职，这个事件成为国际社会关注的焦点。从上述报道所涉及的诸多内容中，可以看到，综合新闻涉及的内容多、层面广。可以说，综合新闻是一种信息丰富、观点繁杂、层面广泛、具有难度的采访报道。

通常，综合新闻可以用于反映一段时期内带有全局性的动向、情况、成就、经验和问题的报道，也可以用于内容较多、层面较广、头绪较多的新闻事件。

归纳起来，常见的综合新闻有以下几种形式：

1．记者将发生在不同地区、不同团体中的事实综合起来报道。

2．记者把不同阶层、不同人士对某一事件、某一社会动向的看法和观点综合起来报道。

3．记者把报道内容归纳为几个方面，将材料条理化，层层深入加以综合报道。

4．记者将国内、国际发生的重大新闻事件有选择地按照事件重要程度排列，进行综合报道。

5．记者将一个事件引起的连锁反应综合起来，进行集中报道。

三、新闻特写的采访

在表现手法上，新闻特写截取新闻事件的片断，即事件的某一个高潮画面，带给观众视觉上的冲击。

在人物选择上，新闻特写表现的人物个性鲜明，有突出特征。

在事件选择上，新闻特写报道的事件逼真有趣，有现场烘托。

在题材类型上，新闻特写可分为人物特写和事件特写。不过，报道人物往往离不开事件，报道事件往往离不开人物，因此两者常常是交织在一起。

在时间长度上，新闻特写没有固定长度限制，一般3～5分钟。

在新闻结构上，新闻特写没有固定不变的结构，特写的结构安排比较灵活。

新闻特写中的采访同期声插入以快速为主，提问力求精当准确、简短明了。

同文字新闻特写相比，电视新闻特写不要大段描写现场场景和人物形象，因为画面已经生动地“再现”了。

新闻特写的题材范围大多是轻松的选题，内容生动有趣，风格比较轻松，表现元素除画面、解说、采访同期声外，还利用音乐。

现在，电视新闻特写的体运用越来越广泛。那么，什么样的选题适合用特写表现？

从电视新闻特写的兴起和发展走势看，比较轻松的选题比较适合。我们知道，电视特写的发展是随着杂志型节目的出现而推

要点提示

电视新闻特写是把现实社会生活中发生的事件“放大”和“再现”，给人留下深刻印象。

新闻特写的取材必须是真实的，要尽可能讲求新鲜及时。

电视新闻特写采访侧重点是：“再现”新闻事件场景，抓取高潮画面，展示人物鲜明形象和个性特征。

电视新闻特写必须到现场拍摄、采访。

动的。杂志型节目时间长，报道面广，许多轻松的栏目中需要大量的特写内容。例如，美国《信不信由你》节目，大量的内容是通过特写表现的。《吉尼斯世界纪录》《美国家庭滑稽录像》《电视精彩镜头集锦》等都运用特写体裁或借鉴特写表现手法。

四、口头报道的采访

记者作为新闻现场的目击者向观众进行报道，增强了新闻的可信性和感染力。重大突发性新闻事件如果持续一定时间，记者最好赶到现场作口头报道。海湾危机期间，美国 CNN 记者就比较注重这种形式的运用。对于预知性的新闻事件，记者的采访也尽可能在现场进行。在 1999 年澳门回归祖国的报道中，中央电视台记者的口头报道发挥得非常精彩。

从发展的趋势看，口头报道多用于正在发生的事件。因为事件性新闻能够在现场报道，不但增强了时效，而且使观众产生了参与感，因此，口头报道促进了采访与报道的同步化发展。

（一）现场环境作衬托

以特定的现场画面作衬托的报道是电视独有的方式。

电视口头报道同广播口头报道最大的区别就在于现场背景画面的展现。

电视记者在新闻现场的口头报道，具有较强的纪实性，能使听众、观众产生如临其境的参与感，因此，口头报道首先要求记者在采访过程中选择合适的现场环境和位置。例如，在美伊战争期间，中央电视台记者水均益亲临伊拉克首都巴格达，选择在巴格达市中心的新闻中心二楼的平台上现场进行战事新闻口头报道。

要点提示

口头报道是指记者在新闻事件现场或特定的地点环境出镜报道的方式。

记者手持话筒，将新闻事件的发生、发展向观众作口头叙述。

多数情况下，口头报道以现场动态环境为背景。

案例分析

巴格达遭空袭纪实

巴格达当地时间 19 号凌晨 1 点 30 分，伊拉克首都巴格达遭到美英第三轮大规模的巡航导弹袭击，巨大的爆炸声震撼了整个

延伸阅读

个人镜头这一词足以说明问题。记者一面大声说话，一面对着镜头，也就是对着观众。这项技术主要靠稿件写得口语化，而记者对着摄像机播报时，一字一句都要记得清楚。

城市，这是三天以来美英对伊拉克进行的最为猛烈的一轮袭击。

请看本台从巴格达发回的报道：

（同期声　现场背景声　记者口头报道）

记者：观众朋友，我现在是在巴格达市中心的新闻中心二楼的平台上。现在是伊拉克时间12月19号凌晨的4点钟，也就是北京时间12月19号上午的9点钟。

我们现在听到，整个巴格达市区爆炸声响彻了夜空，我们可以看到在我们身后有许多防空的炮弹和高射机枪的炮弹，爆炸声在我们附近响得非常强烈。

在我们的四周，各个方向都有爆炸的声音，而且可以看到强烈的火光。在我们的正前方，刚才有三颗炸弹落了下来，火光把整个天空都染红了。

那么，在我们的楼顶上，我们可以看到，高射机枪不断地在冒火光。在我的正右侧就是伊拉克的国防部。在那儿，大家可以看，在远处又红了一片，我们马上可以听到爆炸声。根据声音的反馈，应该有将近七八公里的样子。我们可以看到一个火箭弹横着飞过去。

这个地方可以说是巴格达一个具有战略意义的地方，因为在我的右前方就是萨达姆总统的总统府。在总统府的旁边一点就是总理府，总理府再往旁边一点就是它的国防部，在我的后面一点是它的外交部。

这次空袭一共持续了45分钟，那么到目前为止空袭的警报还没有解除。而与此同时，巴格达清真寺的祷告声已经传出了，这就标志着一年一度的穆斯林的斋月从今天正式开始了。

这是中央台记者从伊拉克首都巴格达报道的。

这个报道给观众留下了较深的印象，主要原因在于：记者亲临现场出镜、现场环境作衬托、背景画面真实可信、口头表达具体生动。

无论是突发性事件还是非突发性事件，或是固定场所的预知

延伸阅读

在某些场合下，拍摄现场的环境很重要。例如，旅行了几千英里之后，摄像机拍下的记者确实站在一座不知名的砖墙前面，除非这座砖墙有特殊意义或者涉及法律问题。例如在法院内不让随便拍照，否则这样的图像就失去意义。其主要的目的是为了可以表明记者的确在现场采访。宣称我们的记者在现场是一回事，而向观众证明这一点是另一回事。

这并不是说要花很长的篇幅拍摄背景，以便从视觉上来证明，而却与新闻内容没有多大关系，只要让记者站在一个合适的、令人感兴趣的地点就可以了。但是，这个地点不要过分吸引和分散观众的注意力。

在多数个人镜头中，记者的脸部是完整地对着镜头的。记者不在图像的正中而在一边，这可以使背景中出现的任何活动不至于完全看不清楚。同时，人物显得是图像的一部分而不是添上去的。

有意义的背景变化是受欢迎的，这要这种景象看起来很自然。在有些情况下，记者不得不在某种背景下播报：坐在飞机、汽车或火车上，在炮火下弯下身子，或者在路上行走等等。这一切要根据新闻节目的风格来决定，记者要适合这种风格。[①]

① 〔英〕艾弗·约克：《电视新闻实用技巧》，叶周译，新华出版社2000年版，第160页。

新闻，记者都是在特定的现场环境进行口头报道。在某种程度上，现场环境的选择、拍摄位置的选择，直接影响记者的报道角度、报道视野。

（二）典型画面作背景

对于一些非事件性新闻来说，记者也可以采用口头报道方式。在非事件性新闻口头报道中，记者出镜的背景画面受到一定的局限。因此，记者出镜的地点选择要注意向观众传达新闻发生在什么地方，新闻人物出现在哪里。

1997 年香港回归祖国，人民解放军驻港部队的行动成为世界瞩目的焦点。中央电视台记者在采访中选取香港市民冒雨欢迎解放军进驻香港的典型画面作背景，记者的口头叙述、现场采访非常生动，节奏感强。

要点提示

一般情况下，非事件新闻的背景画面选择具有灵活性。

非事件新闻的背景画面选择的原则有三点：

一是选择和新闻相关的地点作为环境背景；

二是环境地点本身要具有接近性；

三是记者出镜的背景画面要具有典型性。

案例分析

2012 伦敦奥运会 3D 电视转播

2012 伦敦奥运会对精彩赛事的 3D 电视转播，将奥运会赛事转播推向了新的高点。伦敦奥运会赛事的 3D 转播的项目主要有：游泳、体操、跳水、田径、蹦床、篮球、皮划艇、花样游泳。这些赛事既有典型现场背景作衬托，又有进行中的立体动态画面，带给观众全新的视觉感受。

举例来说，田径项目中的 100 米赛事，如果是 2D 画面，观众看到的是运动员瞬间而过的名次关系。但是在 3D 画面中，每条跑道的空间关系被展现出来，而这种空间关系，无论是在 2D 电视画面中，还是在比赛现场，都难以体会。跳远项目的 3D 画面效果更是刺激，观众体验到从未有过的视觉冲击。3D 摄像机把机位架在运动员正面，非常有效地展现了现场的空间感，使观众体验到运动员跳出屏幕，沙子四溅的感觉。皮划艇赛事本身的场地具有很强的空间感，比赛过程的动感很强。在 3D 转播过程中，观众进入到一种全方位的空间层次之中，感受到现场由近及远的激烈运动搏击，溅起的水花更增强了全身心感应的视觉效果。3D 画面提高了观众在体育赛事中的参与度、现场感和愉悦感。

（三）感受画面的“规定情景”

> **要点提示**
>
> 电视口头报道要求记者感受画面的“规定情景”，体会画面传达的内容。
>
> 首先，记者采访要使自己的情绪同画面表现的内容相吻合；
>
> 其次，对特定的画面内容加以感受体会；
>
> 最后，对自己出现在画面中的情景进行形象思维。

如果电视记者缺少画面意识，就会导致在镜头前怎么动、怎么讲、怎样交谈、怎样采访、怎样把握时间长度等环节上出现失控状态。

电视记者在口头报道前必须对画面呈现方式有所了解，对画面编辑的特定要求有所把握，才能使报道顺畅自然。

通常，如果同期声的剪辑缺少连贯性，往往给观众一种断章取义的印象。如果记者缺少编辑意识，说话顺序混乱，上下段没有过渡，或者没有间隔，那么声音剪辑手段再高明也无法妙手回春。

如果是现场直播，记者更要有画面编辑意识。电视记者的言谈举止虽然从现场直接推到观众面前，但剪辑台还在做着切换、剪接工作，记者稍有松懈就可能造成切换的困难。哪怕是眼神、视线的小小不经意，观众即刻就会看出毛病。

画面呈现的各个环节，如开头、过渡、结尾、转场、硬切、特写、中景、近景等等，都是为达到特定的传播效果而采取的手法。记者若对此无所考虑，是很难进入电视画面“规定情景”的。

感受画面“规定情景”，一是因为画面内容的规定，二是因为画面形式上的要求。记者有意识地感受画面的“规定情景”，是口头报道采访的特殊要求。因此，记者还要熟悉画面编辑的特定要求，最好能够亲自动手操练。记者的基本功扎实，作口头报道就会更加得心应手。

在某种程度上讲，电视记者采访的编辑意识是全方位的。

> **要点提示**
>
> 电视口头报道另一个特殊的要求是：
>
> 为看不见的观众进行“现场编辑”，这是由电视画面特性所决定的。
>
> 记者必须设想观众就在眼前，设想观众会通过屏幕怎样接受信息，这是口头报道“现场编辑”意识的重要体现。

（四）为观众做“现场编辑”

记者在口头报道采访中如何增强编辑意识？如何为观众进行“现场编辑”？归纳起来，可以从下述几个方面入手。

1. 面对摄像机

当电视记者面对摄像机进行口头报道时，必须考虑自己怎样出画面，这些画面在电视屏幕上出现时，观众能够产生什么样的印象。一般来说，电视口头报道必须在当时就进行“现场编辑”，否则拍摄的画面很难进行调整。

通常，记者站在一个固定位置报道，第一个镜头展现时就要入画面，开始入画面的方式有这样几种：

一是拍摄全景，慢慢推向记者的近景。这时镜头固定，记者开始说话。一般而言，在远距离站立的位置上最好不开口讲话，因为会给观众造成声音上的距离感。

二是直接将镜头对准记者。第一个画面是记者的近镜头，记者站在固定位置上进行口头报道，然后镜头拉开或转换。

三是拍摄一个中景。记者慢慢走向镜头，从后往前走动，先站在一个位置说几句话，然后边讲边向前走。

以上三种方式主要是从观众收视的角度来进行画面“现场编辑”。一般情况下，记者第一个画面不要从侧面走进屏幕，如果要走动应该是从后往前，而且不要走动过多，因为观众这时要注意听记者在讲什么内容。

2．面对现场环境

口头报道采访是记者出现在现场，并以特定的现场环境作衬托来进行报道，因而，对现场环境也要进行“现场编辑”。

记者选择比较典型的现场环境后，不能仅仅从自己出镜的效果考虑，还要设想观众通过屏幕对现场环境能产生什么样的感受。

口头报道的优势是具有现场感，记者怎样将观众带入现场？怎样使观众产生参与感？这些问题必须在现场进行考虑。

环境的选择和展现，也有一个角度问题。如果是活动式的展现，那么活动的范围有多大？活动的方式是什么样子？画面拍下来到剪辑台上怎样编辑剪接？每个段落之间怎样衔接？整体的结构应该是什么样式？等等，这些问题必须在采访拍摄前期就进行设计，正式报道时进行“现场编辑”，否则时过境迁，难以补救。

3．面对采访对象

记者在进行口头报道过程中，常常要进行现场快速采访。面对特定的采访对象，面对正在发生、发展的事件进程，有时会显得非常紧张。没有经验的记者，在采访时往往忘记了画面的特定要求，忘记了观众收看的特定状态。

由于时间的限定和现场的紧张气氛，记者采访时容易忽略应该怎样面对镜头。有时，观众从屏幕上看到记者后脑勺长时间出现，记者只顾及同采访对象交流，忘了观众正在收看；有时，记者只顾自己面

要点提示

记者在现场采访考虑的四个关键点：

一是考虑哪些内容通过现场画面来表现；

二是考虑哪些内容需要口头叙述来传达；

三是考虑现场画面和口头叙述的构图形态；

四是考虑观众能够从中获得什么样的印象。

对镜头提问，忘了同采访对象交流，观众看了感到采访不真实。

口头报道的采访是三言两语的快速采访，快速采访的内容怎样插入到报道之中，在报道结构上如何安排，必须从报道的整体要求加以考虑，同时还要从观众的角度加以考虑。

口头报道也是展示记者采访报道能力的窗口，如果记者经常犯这样那样的毛病，观众就会对记者的能力有所怀疑，并且由此对报道的内容产生不信任感。所以，记者采访时不仅仅要考虑自己怎样提问，还要想到让观众较好地接受采访中传达的信息和观点。

4. 面对大庭广众

电视记者作口头报道还会遇到一个问题，就是面对大庭广众。有时，记者采访会受到许多现场群众的围观；有时，要在一群人中进行报道和采访。这些状况往往容易让记者分散注意力，容易忽视“现场编辑”的环节。拍摄方面也容易遇到麻烦，记者同一群人打交道的画面拍摄，比拍摄一两个人的画面要困难。

在大庭广众下采访要求记者沉着冷静，现场无论怎样热闹，也不能分散精力，要时刻想到画面规定的方方面面，不可对个别细节有所忽视。假设电视记者在情绪上显得不耐烦，或者在态度上显得很生硬，观众就会产生不好印象。

另外，记者在现场同一群人打交道还有一个难点，就是怎样出画面的问题。有时，记者忽略了观众因素，只顾同现场的群体进行交流，现场声音很杂乱，画面主体不突出。有时，记者拿着话筒一个接一个采访，回来剪接时发现很难处理，因为众多声音同期带入画面往往不好剪辑。

解决这些问题的最好途径是：不断总结经验，吸取教训。电视记者作口头报道必须时时牢记：要在脑子里不断地“过画面”；对自己的报道进行“现场编辑”。

要点提示

口头报道采访必须要学会运用声音元素，才能使观众感受现场气氛。

口头报道中的声音元素主要包括：记者的叙述、采访、现场背景声。

（五）声音元素的传达效果

口头报道关键在“口头”，对记者的表达能力要求较高。报道的特点是记者从头至尾在新闻现场活动，无论是开头介绍、中间采访、结尾处理都是记者出声音，而不用别人配音解说。

在一定程度上讲，现场口头报道是一种口述新闻的方式，因此，要求记者口齿伶俐、语言生动，表达清晰而又适当，从整体上听起来顺畅自然。

对于预知性的口头报道来说，记者常常要将稿件写出来，有时还要事先练习。需要注意的是，口头报道的文字稿，要适合口头表达，篇幅不宜过长。

口头报道是以口头方式叙述新闻，准确的表达成为报道的关键。西方电视界认为，好的口头报道不应该过于简单、过于肤浅，高标准的报道往往是精心准备的，包括文字稿写作和对新闻内容的精心提炼。

口头报道使用同期声，还要注意结构安排。口头报道的结构是进行式的，不能倒叙，时间顺序不能颠倒。

综上所述，口头报道是较高水准的报道方式，报道效果同记者的采访能力是相辅相成的。

> **要点提示**
>
> 口头报道对记者采访能力的要求主要有下述几个方面：
>
> 其一，要求记者具有敏锐的观察能力、准确的判断能力；
>
> 其二，要求记者具有即席发挥的口语表达能力；
>
> 其三，要求记者耳聪目明、反应机敏、行动迅速；
>
> 其四，要求记者及时地将获得的多种信息进行归纳提炼；
>
> 其五，要求记者即席发挥，将在现场观察和思考的内容准确表达出来。

五、数字动画视觉新闻的采访

在现代新闻竞争日趋白热化的背景下，电视新闻节目的样式和报道的方式也日趋多样化。这对于记者的新闻实践来说，无疑提出了新的挑战。

那么，如何运用多样化的报道方式，获得较好的新闻传播效果呢？这需要在采访报道的实践中发挥主观能动性，不断地思考、尝试、开拓、创新。开拓与创新往往要更新观念，突破传统。

一般来说，简短的动态新闻确实很难体现深度，但是通过对社会现象的深层挖掘，报道往往可以呈现一定的力度。近年，数字动画新闻的兴起通过数字呈现观点和深度，体现了动态新闻的深层采访。

案例分析

数字动画视觉新闻的采访报道

在 CCTV 围绕党的十八大所策划的报道中，《数字十年》的表达方式和内容产生了较大影响，体现了电视主流媒体的权威性。

《数字十年》从 2013 年 8 月 21 日起在《新闻联播》《新闻 30 分》等新闻栏目中播出。党的十八大召开期间，又以《数字十八大》的名称播出。

根据中宣部的要求，《数字十年：中央电视台〈新闻联播〉十八大特别报道》出版发行，成为十八大召开期间参会代表和媒体记者人手一本的读物。这本源于电视同名特别报道的读物，被认为是十年中国发展、十年中国崛起、十年中国奇迹、十年中国民生最全面解读的客观之作，从中可以看出数字动画视觉新闻的表达所产生的力量。

《数字十年》通过动画风格的表达方式和客观准确的数字，报道了中国政治、经济、文化、教育、科技、民生、健康等方面取得的成效以及全国各省市自治区的十年发展巨变。

例如：

国民生产总值十年增长 1.5 倍，工业规模跃居世界第一；

粮食总产量创历史“八连增”；

十年新增就业一亿人；

进出口贸易额十年增 4.9 倍；

民间投资遍布 177 个国家和地区；

城乡人口平均预期寿命提高 3.43 岁，医保覆盖率超过 95%；

4.32 亿城乡居民有了养老保险；

城镇化首次突破 50%；

农业机械化水平突破 50%；

中国网民世界第一、网络购物交易额十年增长 600 倍；

我国铁路每天延长 6 公里，我国公路每天增加 641 公里等等。

一般而言，数字新闻是成就报道中比较常用的报道方式。对于电视媒介来说，用数字组合的新闻使观众难以记忆，因此，往往采取配图表、模型、对比等方式加以表达。

CCTV 的《数字十年》较好地利用动画手段，在形式上把单纯的数字转化为数字动画视觉新闻。可以说，《数字十年》开启了重大时政报道范畴中成就报道题材生动地用数字表达、增加报道力度的新思维。

通过分析，可以看到动态新闻通过观点呈现出来，可以体现一定的深度。深度的开掘需要记者采访的突破和创新精神，电视媒体影响力是通过画面和声音传播信息，主要是电视新闻报道，从而对观众的社会认知、社会判断及社会行为产生影响。

对于记者来说，要在众多的世界媒体竞争中发挥作用，一方面要在新闻的实践中探索报道的规律，同时还要开拓创新。

需要强调的是：动态新闻的传播具有一定规律，报道的形式也有一定的特点。记者在采访中的开拓与创新，并不是一种随意性的新闻活动。

记者要在遵循新闻报道的基本规则的前提下，以多维性的思维方式对已有的规则和经验进行思考，然后在实践的过程中不断地摸索，通过实践检验进一步更新观念。这样，才能更好地在国际新闻报道的竞争中发挥记者的作用。

本章重点归纳

1．依据不同的报道方式，电视动态新闻主要有这样几种形式：活动图像新闻、口播新闻、图片组合新闻、现场口头报道、简明新闻、综合新闻、新闻特写等。根据新闻的时间长度，电视动态新闻主要分为长消息、短消息和简明新闻。

消息的特点是迅速、及时、篇幅较短。时间长度 3 ～ 5 分钟的新闻，被看作长消息，3 分钟以内的新闻属于短消息。在一些西方电视机构，动态性的新闻长度大都在 40 秒至 1 分多钟。

需要指出，新闻的重要性并不取决于长短。新闻的长短依据两个主要因素来决定：一是根据节目的要求进行取舍。二是根据事件的复杂程度。复杂的事情往往无法用短消息说清楚，一些能够引起观众特别关注的事件，可以用长消息来报道。

2．一般来说，长消息和短消息在采访上的原则是一致的，区别在于篇幅的长短不同，短消息更加精练、简短、概括。长消息的采访特点是容纳的内容较多，或事件相对复杂，信息层面较多。短消息的采访特点是内容相对较少，事件相对简单，突出主要信息。通常，30 秒、40 秒、50 秒就是一条短消息的长度。消息报道的事件相对单一，特点是突出主要信息。记者采访时必须要考虑在几十秒钟的时间内能容纳多少内容，采访的侧重点应该放到哪里，哪些事实可以构成新闻的主要内容。

3．活动图像新闻的特点是简短、迅速、客观、形象、讲求实效、注重用事实说话。新闻长度大多为 40 秒钟左右，因此，要求记者在采访中尽可能用形象的画面和简练的文字表达报道的内容。

通常，活动图像新闻的报道构思是在采访过程中完成的。有时候，记者在采访进行中或者采访的间隙就开始写稿。在这个意义上讲，活动图像新闻具有采访、写作并行的特殊要求，因此，记者要熟练掌握新闻的写作要领，才能及时进行动态报道。

4．综合新闻是将具有同类性质、各有特点的事实综合起来，从不同侧面、不同角度说明一个主题。综合新闻采访要注意体现新闻价值，避免面面俱到、主次不分。作为动态性新闻，综合新闻也要有新闻由头，讲求报道时机。

第一，综合新闻要求记者在采访中理清思路、找到主线、分清层次，以高度概括的语言加以表述。第二，记者的分析事实、解剖事实的能力和截取事实的能力显得尤为重要。第三，综合新闻体裁属于动态新闻，新闻的时间长度有限，记者采访要注意选取各个方面的重要部分。

5．电视新闻特写采访侧重点是："再现"新闻事件场景，抓取高潮画面，展示人物鲜明形象和个性特征，因此，记者必须到现场拍摄、采访。

在表现手法上，新闻特写截取新闻事件的片段，即事件的某一个高潮画面，带给观众视觉上的冲击；在人物选择上，新闻特写表现的人物个性鲜明、有突出特征；在事件选择上，新闻特写报道的事件逼真有趣，有现场烘托；在题材类型上，新闻特写可分为人物特写和事件特写，不过，报道人物往往离不开事件，报道事件往往离不开人物，因此两者常常是交织在一起；在时间长度上，新闻特写没有固定长度限制，一般3～5分钟；在新闻结构上，新闻特写没有固定不变的结构，特写的结构安排比较灵活；新闻特写中的采访同期声插入以快速为主，提问力求精当准确、简短明了。

6．口头报道特指记者在新闻事件现场或特定的地点、环境出镜报道的方式。记者手持话筒，将新闻事件的发生、发展情况向观众作口头叙述。多数情况下，口头报道以现场动态环境为背景，记者作为新闻现场的目击者进行采访，同时向观众进行报道，增强了新闻的可信性和感染力。

口头报道的采访要求记者迅速将获得的多种信息进行归纳提炼；把在现场观察和思考的内容准确表达出来；要求记者选择现场环境作衬托，选择典型的画面作背景，为观众进行"现场编辑"，让观众感受画面的"规定情景"。

思考题

1．电视新闻动态性新闻都有哪些体裁？
2．新闻不同长度的特点对采访提出了哪些基本要求？
3．活动图像新闻的采访构思为什么要在现场完成？
4．综合新闻采访怎样理清思路、找到主线？
5．新闻特写采访怎样才能带给观众视觉上的冲击？
6．口头报道采访中的画面意识体现在哪些方面？
7．口头报道采访的难点、关键环节有哪些？
8．数字动画视觉新闻采访报道有哪些特点？

第七章　现场快速采访

本章内容

1. 快速采访的突出特点
2. 快速采访的屏幕呈现方式
3. 高端人物的快速采访

快速采访是电视新闻中常用的一种采访方式，也是电视报道的一种表现方式。电视新闻中经常插入被采访人简短的同期声，记者同采访对象的简短问答，几个人物的画面同时在屏幕出现的采访片段，即是电视快速采访。

要点提示

从实际应用角度看，电视快速采访的应用一般有两种情况：

一是为了获得新闻事实材料，采访对象不在画面上出现，记者采访提问时不拿话筒，摄像机也不介入；

二是采访对象在画面上出现，记者提问时使用话筒，摄像机介入。

第一节 快速采访的突出特点

不言而喻，快速采访的特点集中体现在一个“快”字上面，无论采访对象是否上画面，记者的采访都要在短暂的时间内完成，因此，快速采访要遵循一些基本的要领和特定的要求。

一、以分秒计算的问答方式

电视新闻的时间极为宝贵，是按分、秒计算的，电视快速采访更不允许浪费时间，不论在任何情况下，采访都必须能够立即抓住问题的实质、要点。

通常，快速采访要求记者简短提问，采访对象的回答也是三言两语，但能说明问题。

《变味的义务劳动》是1997年中国广播电视新闻奖一等奖作品，报道中的快速采访的问答非常简短。

要点提示

典型的“快速”采访包括：双方几分钟的提前交流，记者从中抓住一条消息的要点；然后，迅速作出判断，提出两至三个问题；记者得到采访对象两至三个迅速的回答；录音系统、摄像系统在需要时方可打开，把简短的问答过程录音、拍摄下来；接着机器关掉，记者离开现场。

案例分析

变味的义务劳动

在创建卫生城市活动中，我市每月末都要组织干部职工义务打扫公共卫生。然而，11月28日下午，记者在现场却看到这样的情形。

同期声：（记者现场快速采访打扫卫生人员片断）

记者：您好，您是哪个单位的？

打扫卫生者1：我不是，我是来做活的，你问他吧。

记者：您是哪个单位的？

打扫卫生者 2：我们是那个，我想一下，国税局的。

记者：您是那个单位的职工，还是他们请的？

打扫卫生者 2：他们请的。

打扫卫生者 3：我是工行的。

记者：您是工行的职工吗？

打扫卫生者 3：不是的，我们是他们请的临时工。

打扫卫生者 4：我们是给建行打扫的。

解说：当我们正在市建行的卫生责任段采访时，该单位开着桑塔纳轿车的检查人员可能觉得有点不妙，开车急速驶出我们的摄像机镜头。我们追踪到市建行，采访了那位检查人员。

同期声：（记者现场快速采访检查人员片断）

检查人员：就是跟他们说一声，整干净。

记者：那你跑什么？

检查人员：一会儿把我整到电视上，去曝一下光，安逸吗？形象本身就不光辉了。那个人相当于我们请的临时工，一次给 20 块钱，每月尽一回义务。

解说：随后我们赶往市国税局和工行崇州市支行，想看看这两个单位的职工是否真的抽不开身参加义务劳动，结果他们的办公人员或聊天，或辅导小孩功课，或边抽烟边看报。像这样自己悠闲自在，却要出钱请人帮助尽义务的做法，是不是使义务劳动变味了呢？

这是四川崇州市电视台记者的报道。

二、直接引语引入报道的优势

快速采访有它独特的优势，这主要表现在以下几个方面；

1. 快速采访可以把重要的信息迅速传达给观众。在“信息爆炸”的社会，快速采访为观众和电视播出节省了宝贵的时间。

2. 快速采访可以在最少的时间内增加信息量。由于快速采访的问答都很简练，容易为广大的观众所接受。

3. 可以训练记者的采访技巧和速度。如果说，知名记者是从写简短消息开始训练文笔、提高业务技巧的话，那么普通记者

要点提示

在电视报道中，插入记者和采访对象的问答，或者插入采访对象的声音，是直接引语引入报道中的有效方式。

由于插入了人物的快速采访，使报道新鲜、生动、活泼、感人，给受众留下了深刻的印象。

则可以从快速采访开始进行训练。

4．快速采访不仅可以训练电视记者的速度，而且可以提高记者的判断力、反应能力以及概括能力。

5．快速采访的片断插入，促成将直接引语引入报道之中的编辑方法。直接引语在电视屏幕上出现，起到现身说法的作用，具有实证性和说服力。

6．快速采访促成了新的表现手法，画面编辑可以灵活运用人的声音，在报道结构上，可以用声音完成段落的转场。

7．快速采访形成了生动、活泼、逼真的话语方式，提升了电视新闻的传播效果。编辑可以通过记者出镜、解说、画面、快速采访同期声的过渡处理，把事实串在一起。

8．快速采访可以成为公众意见展示的窗口。记者对普通公众的快速采访，使电视节目成为展示公众话语权的窗口，可以说，这是一种独具魅力的采访。在某种程度上讲，公众的意见以快速采访的方式得以在大众媒介中传播，形成了一种新的公众意见表达方式。

需要指出，快速采访确实具有很多长处，但像任何事物一样，快速采访也有不足的一面。

1．记者几乎没有时间进行准备，如果消息不灵通，再加上截稿时间紧，往往会在忙中出错，而且不易补救。

2．由于采访时间极短，采访双方没有时间进行创造性的思想交流。

3．如果记者没有高度的概括能力，在几分钟的时间里不能抓住问题的实质、概括复杂的内容，就会使采访流于形式，没有货真价实的内容。

4．记者来回移动麦克风，加之采访双方都处于活动状态，容易分散注意力，减弱采访的效果。

表面看起来，快速采访似乎很容易，记者不过问几个小问题，对方也简单回答一下，就结束了采访。其实，并非这么简单。真正成功的快速采访不是一蹴而就的，要通过精心准备，运用熟练的技巧才能获得。不会做快速采访的记者，就是一个不合格的电视记者。

第二节　快速采访的屏幕呈现方式

在某种程度上讲，快速采访同期声的插入方式是电视采访的突出特点。快速采访要求记者具有熟练的采访技能，因此经验的积累十分重要。

根据电视快速采访的实际应用，首先从快速采访同期声运用的主要范围进行分析。

一、突发事件当事人的采访插入

记者采访一些突发事件，往往需要在现场对当事人、目击者进行快速采访，以求获得报道事实的依据。

例如，汶川大地震报道中，CCTV 记者在很多次的余震现场都对当事人、目击者进行快速采访。在抢救现场，“可乐男孩”那句“叔叔，我想喝可乐”同期声的插入，给观众留下了深刻印象。

2009 年 2 月 25 日上午 10 时 40 分，一架载有 135 人的土耳其航空公司 TK1951 航班在荷兰阿姆斯特丹史基浦机场附近坠毁。根据史基浦机场公布的消息，有 9 人在事故中丧生，50 人受伤，其中 25 人重伤。CCTV 记者在中国驻荷兰大使馆得知有一位中国台湾男性乘客受伤，在第一时间进行了报道。

要点提示

从时间的限定因素上讲，电视快速采访在两种情况下适用：

一是在记者时间紧迫的情景下进行；

二是在采访对象限定采访时间的情况下进行。

案例分析

土耳其飞机坠毁事件：一位中国台湾乘客受伤

导语：本台记者刚刚从荷兰获得最新消息，在土耳其飞机坠毁事件中有一位中国台湾男性乘客受伤。

解说：当地时间 25 日晚 6 点，荷兰外交部礼宾司将这位台胞已经送往荷兰哈莱姆市医院救治的信息通告了中国驻荷兰大使馆，中国驻荷兰大使张军和领事部主任等使馆工作人员立即到医院看望了这位台胞。

这位台湾乘客的伤势不重，名字叫陈诗尹，34 岁。他对记者说，飞机出事时他坐在第 18 排座位上，出事时只有几秒钟时间，飞机剧烈震动后坠毁，他是自己从安全门撤出飞机的。

采访同期声：(陈诗尹)

“当时感到非常剧烈的震动，现在感觉如同浴火重生一样。经过这件事，今后要好好思考人生，应该做什么，不应该做什么，以后千万不要乱乘飞机。”

解说：当晚，中国驻荷兰大使馆与华侨社团经过同医院协商，将这位台胞安排在当地住宿，中国驻荷兰大使馆将进一步帮助这位台胞同机场等有关部门协商返回台湾等各项适宜。台胞陈诗尹对中国驻荷兰大使馆在第一时间提供的帮助深表感谢。

根据史基浦机场公布的最新消息，截至目前，有9人在事故中丧生，50人受伤，其中25人重伤，6个人伤势非常严重。

在这条新闻中，采访同期声比较自然，符合人物刚刚受到惊吓的心理状态。记者在医院看到，很多当事人的情绪还处在混乱之中。因此，采访必须简短、快速，不能持续很长时间。

二、特定场合权威人物的采访插入

重要人物出现在特定场合，记者如果能够抓住时机进行快速采访，可以体现新闻的权威性。

在一些重要的新闻发生地点，重要人物总是出现在特定场合，记者要想办法接近重要人物，在有限的几分钟内进行采访。通常，这种快速采访往往能够成为独家报道。

在2008年4月10日召开的《禁止化学武器公约》第二次审议大会上，CCTV记者在荷兰海牙大会现场休息的间隙，快速采访了禁止化学武器组织总干事罗赫略·菲尔特。

这条报道中的快速采访，成为新闻的主要内容，不但透露了信息，而且传达了权威人物的观点。

案例分析

禁止化学武器组织总干事菲尔特表示
希望尽快解决日本在华遗弃的化学武器问题

导语：今年是《禁止化学武器公约》生效11周年。为了人类的和平，彻底销毁化学武器是该公约的核心宗旨和中心任务。按照公约规定的期限，日本在侵华战争期间遗弃在中国的化学武器，应该在2012年前销毁。

解说：在正在荷兰海牙召开的《禁止化学武器公约》第二次审议大会上，本台记者就销毁日本遗弃在中国的化学武器问题，采访了禁止化学武器组织总干事罗赫略·菲尔特。

采访同期声：（记者采访菲尔特）

记者：现在，在中国领土上还有很多日本遗弃的化学武器，按照公约规定期限，这些武器应该在 2012 年销毁，对此，你持有什么样的态度?

菲尔特：禁止化学武器组织对日本在华遗弃化学武器问题很重视。现在，日本和中国正在就此问题进行对话协商，我们支持这种对话。

根据公约的宗旨，禁止化学武器组织将继续监督处理、销毁日本遗留在华化学武器的进展。

我们希望并且应该尽快销毁日本在华遗弃的化学武器，这是个非常重要的问题。

三、限定性瞬间拍摄的采访插入

记者进行一些重要题目、重要人物的限定短暂时间的采访，是一项具有难度的采访活动。

在新闻采访活动中，记者预约重要的采访对象，新闻联络员经常只给记者 5 分钟、10 分钟、15 分钟时间。在这种情况下，记者只能采取快速采访的方式，在有限时间里提出关键问题，并且设计好采访插入的方式。

案例分析

香港回归世纪报道

1997 年，香港回归中国，全世界共有 3,000 多名记者云集香港，报道这一重大的历史事件。中国中央电视台进行了 72 个小时的直播报道；香港凤凰卫视中文台进行了 60 个小时的直播报道；香港无线电视台进行了 48 个小时的报道。

可以说，香港回归的报道是一次世纪性的报道，众多媒体的记者的采访活动也是一次世纪性的活动。在电视屏幕上，香港回归的报道的重要组成部分是现场报道，许多现场报道的采访都是在瞬间完成的。

四、预先探索观点的采访插入

在日常采访活动中，记者要有效利用遇到重要人物的机会，有经验的记者会不失时机，进行前期采访积累。

所谓前期采访积累，是因为采访的重要人物所讲的内容虽然在当时没有新闻性，但是却有一定分量，等到有一定新闻由头的时候，将成为重要的观点。

记者可以针对遇到的重要人物所涉及的领域，找准切入点，进行快速采访。一般来说，采访切入点应该是带有普遍性、趋向性的问题。

2009 年 2 月 8 日，第 45 届慕尼黑安全会议将世界的目光聚焦到全球安全问题上。一个月前，CCTV 记者利用机会在日内瓦采访了国际原子能机构总干事巴拉迪。当时采访的内容没有播出，因为没有适当的新闻由头。记者在采访中涉及国际安全问题，巴拉迪提出了很重要的观点，记者将其作为积累，一个月后在慕尼黑安全会议召开之际进行了报道。

案例分析

国际原子能机构总干事巴拉迪：世界安全问题令人担忧　构建国际安全体系十分紧迫

导语：正在召开的第 45 届慕尼黑安全会议将世界的目光聚焦到全球安全问题上。慕尼黑安全会议具有近半个世纪的历史，被誉为国际安全政策领域的“达沃斯”论坛。

解说：会议的重量级代表——诺贝尔和平奖得主、国际原子能机构总干事巴拉迪斡旋于多国高级防务官员之间，同德国总理默克尔、伊朗议长拉贾尼等展开会谈。

巴拉迪所作的有关“核燃料循环利用的新现象将带来新的核武器威胁”的主题发言，引发了大会对核扩散威胁的新一轮关注。

在出席此次会议之前，巴拉迪接受了本台记者的采访。他强调指出，世界的安全问题依然令人担忧，构建地区和国际安全体系是国际社会面临的紧迫任务。

采访同期声：（国际原子能机构总干事巴拉迪）

“目前美国和俄罗斯占有全球 95% 的核武器，必须进行削减，以保证世界和平。我们还要处理、解决已经持续了几十年的危机，比如朝鲜核问题、克什米尔问题、巴勒斯坦问题、伊朗核问题、新的中东问题。这些都涉及人类安全，我们必须要通过建立地区和国际的安全体系来解决这些问题。

“有些安全问题在国际原子能框架的管理范围之内，但是解决一些问题则需要国际社会、国际机构、联合国以及成员国的通力合作，我们的愿望是促使世界更加安全。目前，我们必须清醒地认识到，世界局势不容乐观，不论是在地区还是在全球范围，安全问题都令人担忧。”

解说：巴拉迪表示，国际社会要以切合实际的方式来处理安全问题，不能采取军事行动。他积极评价中国的核能政策，认为中国在防止核武器扩散、维护世界和平方面作出了积极的努力。

采访同期声：（国际原子能机构总干事巴拉迪）

“中国始终是国际原子能机构的密切而富有成效的合作伙伴，我们与中国的合作是全方位的。在防止核扩散方面，中国一直与我们通力合作，促使机构增强了核查能力。国际原子能机构的原则是：一方面要防止核扩散，另一方面也要在核武器安全方面取得进展。在所有这些方面，中国与我们都进行了很好的合作。”

五、指向性代表人物的采访插入

在一些新闻报道中，常常使用具有一定代表性、不同身份的采访对象的同期声，丰富报道内容。多数情况下，记者要在同一个活动场所，找到不同的人进行快速采访。

一般来说，舆论的作用是潜移默化的，然而，这种潜移默化的作用所凝聚的力量却是巨大的。

CCTV《新闻联播》特别节目的软性题材选择往往具有一定的时代意义。例如，《新闻联播》报道“时间去哪儿了”，引起社会的热议，唤起人们对逝去光阴的回忆、对人生价值的思考。进一步讲，引起对祖国未来的思考，对当下社会变革的思考，从而唤起对新一代领导人绘制国家更加美好蓝图的使命感的理解和支持。因为，社会的进步同个人的幸福是相互关联的。

2014 年春节的年初一到年初八，“家风是什么”在《新闻联播》以头条、提要的方式连续播出，《朝闻天下》《共同关注》等黄金时段节目还播出了加长版。“家风是什么”唤起了人们对家庭教育与人的成长的思考，对家风与社会风气的思考。

对于“家风、家规”大家并不陌生，正如采访中一个老大爷所说的“家风啊！谁家没有？没有家风还行？”但是，“家风是什么”这样的话题在《新闻联播》节目中播出却出乎人们意料。更有意味的是，这个话题虽然人人都知晓，但是节目仍然引起了观众的兴趣。

“家风是什么”采取街头采访、微调查的方式，这种形式观众也不陌生，2013 年的“你幸福吗”的影响已深入人心，似乎余音犹在。2014 春节之际，家人团圆谈家风，社会各界发出正能量的呼唤——呼唤中国家庭蕴藏的优良传统。

梳理 2014 年“家风是什么”七期节目，同 2013 年“你幸福吗”作对比，有这样一些变化。

案例分析

“家风是什么”与“你幸福吗”的采访比较

与“你幸福吗”相比，“家风是什么”在采访环节上增加了微信互动的方式。“你幸福吗”的69条采访全部来自海采，也就是在街头随机采访。而在“家风是什么”的调查里，63条采访中有41条来自海采，有19条是记者的定向采访，每期约2～4条。定向采访使报道的基调更加明晰，传达的声音也更加理性。

最引人注意的是，2月2日第三期的“家风是什么”节目中有3条来自微信互动的语音。央视微信账号与受众进行互动，邀请受众用语音说出自己的“家风、家规”。笔者也收到了这样的一条语音，康辉以唠家常式的语气，讲述了自己对家风的理解，并邀请大家说出自己的家风。人们通过微信说出自己的观点，不用面对镜头，不用顾虑记者的提问，心与心的距离瞬间拉近，所谓的“话筒恐惧症”也大为减弱。

在全媒体时代，传统媒体必须顺应新的趋势，才能立于不败之地，中央电视台采取的动作十分迅速。2012年11月1日，微博@央视新闻在新浪微博正式上线；2013年4月1日，新闻频道官方微信“央视新闻”正式上线。该微信有三项内容：“突发新闻”“视频新闻”和“语音互动”。在“家风是什么”报道中，主持人与受众进行了良好的互动。除了新媒体的互动是此次的亮点之外，通过约访特定人士也使受访者的身份发生了很大的改变。

由于“你幸福吗”全部是海采的方式，受访者大多数是一些出现在街头、马路上等公共场所的人，个体工商户、游客、旅客、退休人员等居多，致使一些网友调侃说：“央视是在有意寻找有钱又有闲的人。”今天看来，调查对象身份构成不够多元。

在“家风是什么”中，采访对象构成发生了明显的变化。

记者约访了京剧表演艺术家梅葆玖、“大衣哥”朱之文、航天员聂海胜、中国工程院院士钟南山、台湾著名主持人李涛、李艳秋夫妇、台湾极地超级马拉松选手陈彦博、摄影家焦波、企业家柳传志、中国科学院院士张存浩及家人、作家陈忠实、音乐人黄国伦和寇乃馨、北大中文系教授张颐武等。这些人说的话具有代表性，深刻风趣，有内涵，此外人物本身也具有一定吸引力，在一定程度上了增加了采访的分量。

此外，“家风是什么”采访的地域范围也有所扩大。“你幸福吗”涉及的国内省、直辖市17个，海外城市3个，分别是华盛顿、内罗毕和瑞典。“家风是什么”涉及国内20个省、直辖市，国外涉及阿尔及利亚、英国、巴西、迪拜和越南。

总体来说，“家风是什么”摆脱了在街头获取素材的局限性。在话题设置方面，提出的是开放性的问题，使受访者回答时有话说，有余地，而不是简单的回答：是或者不是，有或者没有，对或者不对。

客观地说，街头采访调查在许多方面还需要探索，诸如采访对象的选择、调查结果的呈现、记者的提问方式等等。“家风是什么”积累了新的经验，值得肯定和研究。

六、公共场所的随机采访插入

公共场所的随机采访插入是电视报道的独有方式和表现手法。这种采访多用于呈现公众对记者所报道题目持有的态度、观点、看法；用于呈现公众对社会问题、社会现象、重大事件的反应。

快速采访特别要注意的问题是：理智。

由于采访对象是在马路上、大街上、商店门口、公园里、学校里等场所接受访问，比较随意，有时回答不够理智。记者采访常常碰到一些人情绪化或者违反常理的回答。记者要判断哪些话能用，哪些话不能用，缺少什么内容应该补充，或者重新选择人物采访。由于快速采访得到的回答比较零乱，不够严密，记者要注意将采访到的内容进行条理化处理。

公共场所的随机采访构成2008年北京奥运会许多报道的主要内容。在CCTV播出的有关各国民众对奥运会反映的报道中，大量运用了这种采访插入。2008年8月16日，CCTV新闻频道播出的《各国民众关注北京奥运赛程》的报道，整条新闻的内容全部由公共场所的随机采访构成。

要点提示

随机采访还可以作为报道的切入点；

作为报道的引入方式；

作为报道的主要内容。

案例分析

奥运新闻特写：各国民众关注北京奥运赛程

主持人：北京奥运会开幕以来，许多国家的民众都在同步关注着赛事的进程和运动员的成绩。8月15日，本台记者在欧盟总部所在地、布鲁塞尔著名的五十年纪念宫公园进行了随机采访，这里每天都会迎来世界各地的游客以及进行体育锻炼的人们。来自瑞典、巴林、澳大利亚、英国等国的民众纷纷表示，他们每天都在通过电视时时关注着奥运赛事。

同期采访1：（比利时民众）

“我喜欢田径、游泳和足球。我是比利时人，希望比利时队获得最好的成绩，但是和中国还是没法相比。”

同期采访2：（瑞典民众）

“瑞典队在游泳项目上有一定的实力，今天我在电视上看到瑞典女子手球队击败了德国队，这对我们来说是巨大的荣誉。我在欧盟工作，但我住在维也纳，而我是瑞典人，我们希望瑞典队获得更多的奖牌，但是还要看最后的结果。”

同期采访3：（巴林民众）

男孩：“我在电视上看奥运会，我喜欢奥运会。我喜欢所有的体育项目。”

女孩：“我喜欢篮球和游泳，我是巴林人。”

同期采访4：（比利时民众）

男：“我看奥运会比赛，我喜欢足球、曲棍球和田径。我是比利时人，比利时队实力并不强，我每天都看电视。”

女：“我喜欢看足球比赛，因为比利时的足球有一定实力，我希望在这次奥运会上比利时队有机会获得奖牌。”

同期采访5：（德国民众）

“每天我在德国电视上看奥运比赛，我喜欢田径、曲棍球，有时也看足球，到昨天为止，德国已获得7枚奖牌，昨天我还看了德国的马术比赛。我还喜欢看中国的比赛，特别是中国的游泳、跳水和田径。”

同期采访6：（澳大利亚民众）

女：“只要是澳大利亚队比赛的项目我都看，澳大利亚女队获得了不少奖牌，但是男队还没获奖。”

男：“我喜欢游泳、田径还有网球。我希望我们国家队获得更多的奖牌。”

女：“中国和美国可能会获得同样多的奖牌。”

同期采访7：（英国民众）

男1：“我喜欢田径，但我也看游泳和篮球。我是英国人，我希望英国队能获得35枚奖牌。我们主要希望在自行车、游泳和帆船项目上获得奖牌。”

男2：“我像我的朋友一样，也喜欢田径，有时也看帆船和游泳。希望我们国家队这次能有最好的表现。”

女：“我喜欢体操。”

在这个报道中插入了6国家、12个人的随机采访，他们的话构成了新闻的主体内容，同时，也成为报道的视角、手法、引入方式。

有时，公共场所的随机采访比较容易进行，有时候则难以进行。《各国民众关注北京奥运赛程》这条新闻的随机采访用了近一天的时间，记者在公园询问来往过路的人们，有的人不愿意上电视，有的人在外旅游没有看电视，有的人不会讲英语，有人说得挺好，可是身体、表情有小动作等等，最后在拍摄的所有素材中选出 12 个人。这样的随机采访，还算是比较顺利。

有时记者遇到各种障碍，致使随机采访“流产”的情况并不少见。因此，不要把随机采访看作随意的采访。

通常，快速采访体裁不易作深度报道，但是可以作为深度报道的开头切入。

记者可以同时向几个采访对象提出同样的问题，得到不同的回答。

为了突出重要观点，采取字幕处理方式，记者将不同的回答归纳整理编辑成一个段落，在报道前先做一个切入性的提示，或在报道结尾部分加以启发性的提示。

第三节 高端人物的快速采访

重要人物采访一般被称为高端采访、高层采访或重量级采访。这种采访日益受到中外新闻媒体的重视，成为重大新闻报道的组成部分。

在当今信息时代，高端人物的活动往往是来去匆匆，且难以接近。记者要采访这样重量级的人物，绝非是一件轻而易举的事情。

高端人物电视采访一般分为两种类型：一是人物专访，二是人物快速采访。

人物专访有比较充分的时间准备，事先预约好采访对象，可以在演播室或固定的场所进行较长时间的采访。

人物快速采访往往来不及作充分准备，采访对象常常要在现场约定，采访时间往往只有几分钟。相比之下，高端人物的快速采访对电视记者是一种新的挑战。

一、高端人物快速采访的作用

对于记者来说，采访高端人物是一种难得的机会，也是对专业水平的考验。从某种程度上讲，这是对记者职业生涯的挑战。

概念术语

概括起来，高端人物采访对象的特点是具有显著性、权威性、新闻性。他们在新闻报道中主要起到两种作用：

其一，增强新闻的权威性。国际政要的言论具有世界影响力，他们的观点、意见、态度、行为往往影响到世界大局，国际政策、法规的制定，政策的执行实施。

其二，高端人物本身是一种新闻符号，起到引起受众特别关注的作用。传播学者研究表明，显著人物在新闻报道中出现，本身就是一个重要信息。特别是在电视媒体中出现，重要人物往往成为观众关注的焦点。

要点提示

高端人物的电视采访具有重要的作用和意义。对电视媒体来说，其主要作用有：发挥媒体抢占话语权的影响力；树立媒体关注世界事务的形象；提升报道质量，增强新闻权威性。

具体来讲，高端人物的采访在报道中可以起到加重新闻分量的作用。

在美国、英国、日本等国家，这类采访受到特别的重视，成为评定新闻价值含量的重要标准之一。如果记者采访到这类人物，对其新闻报道价值评定的权重就要加码。

在重大新闻事件发生的时候，高端人物本身往往成为焦点人物。他们的态度、观点、举止，对新闻事件都能够产生直接影响。

美国明尼苏达大学教授福德认为，名字可以制造新闻。如果新闻中出现了一个重要的人物，其名字本身已具备了新闻价值。

从一定意义上讲，高端人物采访之所以具有重要作用，是人物本身具有的特点所决定的。

二、强烈采访意识与机会把握

要点提示

要做好高端人物的现场快速采访，首先，要有强烈的采访意识，想尽一切办法获得采访的机会；其次，要掌握快速采访的技巧；最后，要了解电视新报道方式对这种采访的特殊要求。

高端人物采访的前提首先是能获得采访机会，而采访机会要靠记者积极主动去争取。可以说，争取到采访机会就是成功。

美国《60分钟》节目资深制片人史蒂夫来中国讲学时，特别强调，说服一个拒绝接受采访的重要人物上电视，本身就是一件令记者和媒体兴奋的事。每当《60分钟》节目记者独家采访到这样的人物，总编导休伊特就会异常高兴，因为这是在新闻竞争中的一个强于对手的举动。

2004年除夕，CCTV驻欧盟记者争取到独家采访欧盟委员会主席普罗迪的机会。

普罗迪是意大利前总理，时任欧盟委员会主席。在常驻欧盟的记者看来，能采访到他，特别是独家采访，是一件极困难的事。因为驻欧盟的各国记者约有3,000人，欧盟总部是世界上常驻记者第二多的地方。

CCTV记者同其他驻欧盟记者一样，一直计划采访普罗迪，可是在近半年的时间里都没有合适的机会。2003年年底记者了解到，普罗迪大年三十的前一天晚上要到中国驻比利时大使的官邸做客并参加晚宴。这是普罗迪上任5年来第一次接受中国大使的邀请到大使官邸做客。这个信息表明，中欧关系已经开始进入一个更新的阶段。如果能借此机会采访他，其意义不言而喻。

晚9点15分，普罗迪的汽车停在中国大使馆官邸门口。他一下汽车，直接进入会客厅，与大使进行礼节性的交谈。记者迅速跟进拍摄会谈的画面，之后回到会客室旁的大厅，选好采访背景，等候普罗迪出来。

15分钟后，普罗迪和中国大使一同走出会客室，记者赶紧走上前对他说："普罗迪主席，您答应过在电视上向中国人民问候新年，现在是否能在摄像机前说几句话？"

他说："现在？好吧。"

记者问道："主席先生，明天是中国的除夕，您可能知道，春节是中国人民最重要的传统节日，中国人民对春节非常重视，我请您向全中国人民问好。"

普罗迪用法语向中国大使询问："春节快乐用中文怎么说？"

大使用中文告诉了他，他自己学了两遍，然后先用中文笑着说："春节快乐"，接着又用英文说："我要对全中国人民说，春节快乐！我祝愿今年是一个吉祥之年，是和平的一年。"

记者看他兴致很好，立即提问："您如何评价中国在当今国际舞台上的作用？"

普罗迪说："中国是国际舞台上的一支重要力量，我们期待着中国在国际事务中发挥更大的作用。"

记者继续追问："您对目前和未来中欧关系的发展有何期待？"

普罗迪回答："目前，中国在国际事务和国际政治中扮演着重要角色。欧中双方的关系是友好的，是没有障碍的，而且双方的友好关系还在继续发展。我认为欧中双方有许多共同点。我们应该进一步加强合作，在科技、文化、教育等方面有进一步合作的空间。我们双方确实有许多共同点：我们双方都不想谋求霸权，我们只是积极参加国际事务。我们双方都认为，我们的合作有利于世界的和平与稳定。"

普罗迪终于说出了有价值的信息和观点。采访结束，迅速撰稿，进行编辑，通过卫星传送。这是中国驻欧盟记者首次独家对欧盟第一号人物进行采访。

除夕晚上，普罗迪出现在《新闻联播》节目中。这次节目有两个国际政坛重量级人物向中国人民拜年：一是时任联合国秘书长安南，另一个是时任欧盟主席普罗迪。

从这个侧面也可以看到中国受到世界关注和重视的程度。特别是普罗迪还讲了对中欧关系的期待、今后在具体领域的合作趋向以及中国在世界舞台上的作用。时间虽短，但信息含量是深层次的，也是有一定国际意义的。

这次采访正式拍摄只有3分钟时间，从中可以感受到电视快速采访的紧张和压力，因而，记者要有较好的心理素质。记者对普罗迪的采访，突出体现了快速采访高端人物的特点。

三、人物快速追踪与瞬间提问

2003年6月26日，德国总统约翰内斯·劳在总统府院内草坪上向1,000多名获得"洪

> **要点提示**
>
> 高端人物的快速采访，常常在新闻发生时的特定现场进行，这是对记者的新闻判断力、反应速度的考验。
>
> 高端人物快速采访的难度是：由于受到采访时间的限定，要求记者在非常有限的时间内采访到有价值的新闻，把握好采访的进程。
>
> 有时候，这种采访是在现场瞬间完成的，事先没有预约。这时，全凭记者的快速反应和准确判断。

堡奖学金”的中外学者和留学生发表演讲。CCTV 记者在演讲台下拍摄，事先已经被告知不安排采访。

“洪堡奖学金”是面向全世界知识精英的欧洲最著名的奖学金，世界上许多著名科学家都是该奖学金的获得者。

演讲完毕，总统约翰内斯·劳突然向听众走过来，这是事先没有安排的程序。警卫人员没有阻拦。

CCTV 记者立即走上去，大声说：“总统先生！总统先生！”

总统约翰内斯·劳听到有人喊他，把头回过来，面向记者。记者赶紧地把话筒递上说：“总统先生，我是中国中央电视台记者。在今年获奖的学者中，中国学者获奖的人数居各国获奖学者之首。对此，您有何评价？”

总统脱口而出：“中国学者和中国留学生非常勤奋，非常聪明。目前在德国留学的中国学生有 3 万人。我有一个梦想：就是想让德国成为中国留学生最多的国家。”

看到总统回答了中国记者的提问，德国记者和其他国家的记者一拥而上。

记者迅速追问道：“总统先生，您怎样评价目前的中德关系？”

总统说：“德中关系发展态势很好。目前在中国的德国企业已经有 1,700 多家。这些企业与中国建立了良好的关系。下一步德国的中小企业要和中国建立合作关系。”

这时，总统的警卫人员上前请各国记者让开，总统走向人群，边握手边迅速离开。

整个采访时间只有 1 分钟 10 秒，但对总统约翰内斯·劳的现场采访，对于提升“洪堡奖学金”获奖者这条新闻的价值具有凸现的作用。同时，从信息层面上还有所引申：评价了中国留学生；对中德关系表明观点；透露了下一步中德合作的信息。

在一定程度上讲，高端人物的快速采访也是一种令记者产生报道激情的采访活动。快、新、短是新闻的特性，可以锻炼记者的速度和反应能力。讲求时效是新闻报道的特点，同时也因此使记者采访具有了挑战性和创造性。

> **要点提示**
>
> 高端人物的采访活动，多数情况下在新闻现场进行。一般来讲，在新闻活动之后才能正式拍摄采访的内容。因为高端人物到新闻现场有严格的时间规定，他们不会提前到现场，等到他们出现，新闻活动也就马上开始了。

四、巧妙灵活与深层信息探索

记者常常在采访对象要离开时，抓紧时间对他们进行采访。

有时，采访对象能否接受采访还是不确定。等到记者正式采访时，采访对象已经参加完活动，工作重心开始转移。这时候，记者采访能否成功，关键取决于能否灵活运用提问技巧，进行探索性询问。

高端人物的电视快速采访，不但时效性强，而且政治性强。记者在紧张的采访活动中，必须保持清醒的头脑，不能有半点疏忽。此外，还要注意采访活动的纪律。要看不同情况，运用巧妙的提问技巧。

每年10月1日，中国驻各国使领馆都要举行国庆招待会。2003年中国驻荷兰大使馆的招待会定于9月30日晚举行。记者了解到，荷兰外交大臣可能参加招待会。荷兰外交大臣夏侯雅伯当时已当选北约秘书长，正处在候任秘书长的位置上，已经是世界瞩目的人物了。

北约是当今世界上最大的军事集团之一，而北约秘书长则是北约的最高行政长官。记者意识到这个人物的重要性，于是提前把采访计划告诉了使馆。使馆方面回答，不敢保证他能否同意接受采访。

案例分析

采访北约候任秘书长

夏侯雅伯9点半来到中国大使馆。采访的可能性微乎其微，因为招待会10点就结束了，迟到的政要们往往顾不上理睬记者。

记者即刻把提前准备的问题压缩、调整，准备用引起注意的方式进行提问。

中国驻荷兰大使薛韩勤与夏侯雅伯交谈一结束，记者就走上前对夏侯雅伯说："大臣先生，您今天来参加中国驻荷兰大使馆的国庆招待会，这本身是否表明您对中荷关系的重视？"

"当然，我重视中荷关系。"他简短地回答说。

"那您能否评价一下目前的中荷关系？"

"中荷两国的关系目前非常好，但还有进一步发展的空间。我最近刚刚访问中国回来，中国给我留下了美好的回忆。荷兰政府会积极努力促进两国关系的发展。"

"您现在是北约候任秘书长，将于明年1月1日正式出任北约秘书长。您上任后，将会集中精力做哪些工作？"

"北约秘书长是一项很重要的职务。我对担任这项职务感到很荣幸。北约目前正处在重要的转型期，北约参加了联合国领导下的阿富汗维和行动，明年还将吸收七个新成员。

所以说，对于北约秘书长来说有很多工作要做。”

“您对北约的军事改革有何打算？”

“北约的军事改革就是建立新型的指挥机构，提高北约快速反应部队的作战能力。同时，北约各成员国应该密切合作，协调一致，这样才能更好地发挥北约的作用，而这也是我本人的职责。”

事实上，记者采访的重点有两个：一是他对中荷关系的态度；二是他对即将上任北约秘书长有何打算。记者第一个问题使他不能回避，这是一个中性的问题，很好回答。第二个问题强调目前的中荷关系，使采访的内容具有现实意义。第三个问题着眼于他的工作变化，对观众来说是新的信息。第四个问题比较尖锐，触及到北约的军事改革，这是世界关注的焦点问题。

高端人物的采访技巧运用，要根据不同情况、不同人物的特点灵活掌握，其要领是：记者提问时心中一定要清楚，要从采访对象口中得到哪些要点，用以阐明所报道的题目；记者提出的问题不能过多，一般围绕一两个重点问题展开；问题之间要有逻辑联系；提问方式开门见山，直截了当。

此外，高端人物的电视快速采访，还有一定的程序，主要有这样几个方面。

1. 采访预约

通常，高端人物的采访预约自有一套程序。一般有三种情形：一是在现场当即决定，记者尽量接近采访对象，可以用直接提问的方式采访，也可以先征求对方同意，然后采访。二是通过官方途径，一般是依靠政府部门来牵线搭桥。三是通过高端人物的新闻发言人联系，简洁清楚地说明采访意图，可以强调采访的重要性，说明电视采访的方式和要求。

2. 确定采访时间、选择采访地点

高端人物的采访时间确定、采访地点选择也有自身的特点，主要有两种情形：一是选择新闻发生的现场，采访时间可以安排在新闻活动进行的间歇，也可以安排在新闻活动结束之后。二是选择其他固定场所，一般在办公室里采访比较多。时效性不太强的反应性报道，有新闻由头的观点采访大都要提前预约，

3. 事先考虑拍摄方式、画面表现、报道方式的特定要求

高端人物的快速采访在新闻中的使用以片断插入的方式为主，多数情况下，以动态新闻的方式播出。有时候，采访的声音也可以构成新闻的主要内容。采访对象在现场多以站立的姿势接受采访，记者要考虑出镜的方式。采访对象在办公室多以坐下来的姿势接受采访，记者要考虑采访的背景，最好能够提供从属信息。

高端人物的现场快速采访是一种较深层次的信息交流，对记者的职业素养和采访能力有较高要求，只有不断实践，不断总结，才能不断提高采访水平，不断进取。

本章重点归纳

1. 快速采访不但训练了记者采访的速度，而且提供了公众意见展示的窗口。

快速采访主要表现在这样几个方面；其一，快速采访可以把重要的信息迅速传达给观众。在“信息爆炸”的社会，快速采访为观众和电视播出节省了宝贵的时间。其二，快速采访可以在最少的时间内扩大信息量。由于快速采访的问答都很简练，容易为广大的观众所接受。其三，可以训练记者的采访技巧和速度。其四，快速采访不仅可以训练电视记者的速度，还可以提高记者的判断力、反应能力以及概括能力。其五，快速采访可以成为公众意见展示的窗口。记者对普通公众的快速采访，在电视节目中成为展示公众话语权的窗口，可以说，这是一种独具魅力的采访。在某种程度上讲，公众的意见以快速采访的方式得以在大众传播媒介中传播，形成了一种新的公众意见表达方式。

2. 在电视报道中，插入记者和采访对象的问答，或者插入采访对象的声音，是直接引语引入报道中的有效方式。快速采访在一定程度上改变了电视报道的呈现方式，促进了电视新闻编辑、结构方式等方面的变化。其主要体现是：快速采访的片断插入，促成将直接引语引入报道之中的编辑方法；直接引语在电视屏幕上出现，起到现身说法的作用，具有实证性和说服力；快速采访促成了新的表现手法，画面编辑可以灵活运用人的声音，在报道结构上，可以用声音完成段落的转场；快速采访形成了生动、活泼、逼真的话语方式，提升了电视新闻的传播效果；编辑可以通过记者出镜、解说、画面、快速采访同期声的过渡处理，把事实串在一起；在很多节目中，由于插入了普通人物的快速采访，使报道新鲜、生动、活泼、感人，给受众留下深刻的印象。

3. 高端人物电视采访一般分为两种类型：一是人物专访，二是人物快速采访。人物专访有比较充分的时间准备，事先预约好采访对象，可以在演播室或固定的场所进行较长时间的采访。人物快速采访往往来不及作充分准备，采访对象常常要在现场约定，采访时间往往只有几分钟。相比之下，高端人物的快速采访对电视记者是一种新的挑战。

4. 高端人物的电视采访具有重要的作用和意义。对电视媒体来说，其主要作用有：发挥媒体抢占话语权的影响力；树立媒体关注世界事务的形象；提升报道质量，增强新闻权威性。从一定意义上讲，高端人物采访之所以具有重要作用，是人物本身具有的特点所决定的。概括起来，这类采访对象的特点具有显著性、权威性、新闻性。他们在新闻报道中主要起到两种作用：其一，增强新闻的权威性。高端人物的言论具有世界影响力，他们的观点、意见、态度、行为往往影响到世界大局，包括国际政策、法规的制定，以及政策的执行实施。其二，高端人物本身是一种新闻符号，起到引起受众特别关注的作用。传播学者研究表明，显著人物在新闻报道中出现，本身就是一个重要信息。特别是在电视媒体中出现，重要人物往往成为观众关注的焦点。

5. 要做好高端人物的现场快速采访，首先，要有强烈的采访意识，要想尽一切办法获得采访的机会；其次，要掌握快速采访的技巧；最后，要了解电视新报道方式对这种采访的特殊要求。在一定程度上讲，高端人物的快速采访也是一种令记者产生报道激情的采访活动。快、新、短是新闻的特性，可以锻炼记者的速度和反应能力。讲求时效是新闻报道的特点，也使记者采访具有了挑战性和创造性。

6. 高端人物的采访预约自有一套程序。通常，有三种情形：一是在现场当即决定，记者要想办法接近采访对象，可以用直接提问的方式采访，也可以先征求对方同意，然后采访。二是通过官方途径，一般是依靠政府部门来牵线搭桥。三是通过新闻发言人联系，简洁清楚地说明采访意图，可以强调采访的重要性，说明电视采访的方式和要求。

思考题

1. 快速采访的突出特点表现在哪些方面?
2. 快速采访的屏幕呈现主要有几种插入方式?
3. 快速采访的优势主要体现在哪些方面?
4. 为什么说快速采访提供了公众意见表达的窗口?
5. 高端人物采访的类型有哪些?
6. 高端人物快速采访的作用是什么?
7. 高端人物的快速采访有哪些特点?
8. 如何做好高端人物的现场快速采访?

第八章　人物专访

本章内容

1. 专访的类型与特点
2. 专访的形式与要求
3. 创造性专访的标准与要领

> **概念术语**
>
> 人物专访是一种以交谈和问答的方式同采访对象进行交流，人物选择带有定向性、传播意图十分明确的专门访问。

电视节目中的人物专访，成为重大报道的组成部分和固定的节目样式。

人物专访也是一种吸引人的报道方式，体现着较深层次的信息交流，需要高超的采访技巧。世界上许多著名记者都将专访作为特别难得的机会和主攻方向。

美国 ABC 的《20/20》节目专门设置的由名主持人巴巴拉·沃尔特斯主持的名人专访栏目，在美国社会有较大的影响。我国中央电视台《东方时空》节目中的“东方之子”栏目，在国内最早推出名人专访的形式，吸引了许多观众的注意。凤凰卫视推出的《名人面对面》中的人物专访，成为节目表现形态的主要特征。

电视人物专访同报纸的人物专访相比较，既有共同点，又有很大区别。共同之处是：二者都是以记者与采访对象之间的谈话为主要内容；不同之处是：电视人物专访由于引入屏幕，不但能够传达信息和印象，而且在表现形式上更为灵活多样。

第一节　专访的类型与特点

> **要点提示**
>
> 人物专访的类型划分可以依据不同的概念、属性、标准进行分类。
>
> 中外新闻界关于人物专访的类型划分主要有两种：
>
> 一是依照人物身份进行划分；
>
> 二是依照专访的主要题目进行划分。

一、不同人物的专访

依照人物身份进行类型划分，主要类型有：名流专访、权威人士专访、新闻人物专访。

（一）名流专访

名流专访的特定对象是：有一定社会名气的公众人物，往往是某个领域、某个流派、某一阶层的代表性人物。

主要传播意向是：产生名人效应，吸引观众。

采访风格是：轻松型和严肃型兼而有之。

表现形态是：可以作为固定栏目定期播出，也可以作为一档节目的组成部分穿插进行。

名流专访又可以细分为不同类型的名人采访。

通常，主要有这样一些类型：艺术界名流、娱乐界明星、政界首脑、风云人物、科学家、文化名人、学者等等。

1990 年海湾危机的报道，其基本的内容构成由两大部分组成：一是战场的动态；二是世界各国首脑、专家的反应。节目大部分时间安排的都是权威人士的专访。这些权威人士的专访大都具有一定的新闻性，讲求时效，讲求新闻由头。

1997年香港回归的报道中，中央电视台专门在72小时节目中穿插了对香港权威人士的专访。凤凰卫视中文台在60小时节目中也穿插了许多大陆和香港的权威人物专访，包括国际上的重要人物。

2009年，庆祝中华人民共和国成立60周年，是我国各大媒体报道的重点。中央电视台新闻频道在国庆前推出了《共和国部长访谈录》。

名流专访作为一种节目样式，确实是独具特色的。1993年5月，中央电视台《东方时空》中设立《东方之子》栏目，该栏目采访了众多的社会名流，其中仅学者型的社会名流就有上百人之多。“东方之子——浓缩人生精华”这句节目的提示语非常凝练，它概括了“东方之子”栏目的传播意向。也正是该节目选择的社会名流们身上所具有的独特魅力以及他们那令世人赞叹的精彩人生旅程和非凡的表现，深深地感染了观众、打动了观众。

在《东方之子》栏目的带动下，我国电视屏幕上的名流专访越来越多，也越来越成熟，逐渐出现在新闻节目、体育节目、文化节目、文艺节目等各种类型的节目之中，表现方式也朝着多样化方向发展。

（二）权威人士专访

顾名思义，权威人士专访即是对在某些领域具有一定权威的人物的采访。

权威人士专访主要的特点：

1．访问对象具有权威性

同名流专访相比较，权威人士专访选择的对象可以是社会知名人士，也可以不是，但却一定是某个方面的权威发言人。

举例来讲，一个医学界的博士，他可能在社会范围内没有特别的知名度，但他在医学领域的某方面是权威，那么，他在该领域内就有权威的发言权。记者可以根据报道需要，就相关的题目，选择类似这样的人物进行专访，以体现报道的深度和可信度。

要点提示

名流专访的最大特点是：

1．采访对象有一定社会名望，在某些领域有较为特殊的表现和成就，是公众认可的著名人士。因而，他们在电视上的露面本身就能够吸引观众的注意力。

2．作为社会名流，他们在电视上亲口讲述的内容可以使观众产生较大兴趣，特别是可以增强真实性和可信度。

3．可以展示名流们的不同风貌、不同个性。许多人物的言谈举止，给观众留下了较深刻的印象。

4．由于名流专访的采访大都由著名记者或主持人来承担，因而可以产生双向的名人效应。在西方电视界，名记者或名主持人对名流的采访，常常被看作是富有魅力的电视节目。

2. 采访的侧重点不是个人的活动，而是着眼于客观物质世界的不同领域

名流专访一定是选择社会名气比较大的公众认可的名人，采访的侧重点是名人自身的生活、工作、个性。

权威人士采访的侧重点则是：社会现象、问题的揭示；思想、观点的披露；对重大新闻事件的反应、分析、评价；对国家和政府的方针、政策的解释、阐述。有些权威采访涉及个人生活，但往往衬托一定时代背景，有特定的社会意义。

3. 权威人士的发言具有一定代表性

在某种程度上讲，权威人士专访特别注重人物身份的代表性，这些人物在报道中起到的作用不仅体现权威性，而且具有一定代表性。而名流专访则比较注重人物身份的特殊性，报道的内容往往突出人物的特别之处，以展示人物的个性。有些采访允许权威人士持不同观点、不同看法，甚至允许思想观点的交锋。

4. 权威人士专访的结果将在社会上产生一定反响，引起公众的关注

由于报道题目的重要程度和采访对象的权威身份，权威人士专访的内容具有一定深度，因而，这类采访能获得较为明显的传播效果，以至于引起国际社会的反响。

5. 权威人士采访本身具有新闻价值

1986年9月，美国哥伦比亚广播公司《60分钟》资深节目主持人麦克·华莱士在北京中南海独家采访了当时的中共中央顾问委员会主任邓小平，成为第一个在电视上专访邓小平的电视记者。这次持续一个小时长的专访本身成为一条重要的新闻。邓小平表示愿意在任何时间、任何地点同戈尔巴乔夫会晤。世界许多政界首脑和舆论界对专访的内容加以研究和评价，前苏联总统戈尔巴乔夫作出回应，准备在合适的时候到中国同邓小平会晤。

6. 权威人士专访在一定程度上也具有名人效应

中央电视台《焦点访谈》节目主持人水均益善于抓住时机专访国际政坛上的风云人物。其中包括美国总统克林顿、原国务卿基辛格、联合国秘书长加利、英国首相布莱尔、巴勒斯坦领导人

相关背景

早在20世纪50年代初，美国著名记者爱德华·默罗就创办了《面对面》电视人物专访节目。在这个节目中，他采访了500多位社会各界名流和政界要人，包括1956年对中国总理周恩来的专访。

默罗在《面对面》节目中，充分利用电视的特点，在以谈话交谈为主的同时，还穿插画面，展示名流们的生活、工作、环境，以及个人爱好。

直到今天，默罗的专访节目仍然是美国新闻院校的教学例证材料。一般认为，默罗是电视人物专访节目的推动者，他开创了一种轻松的人物采访风格，并且将轻松的风格同高超的采访技巧结合起来。

延伸阅读

《东方之子》节目的主要标志是人物访谈，访谈是一种节目形式，也是我们的表达方法，从世界电视节目的发展看，“访谈”是一种趋势，而在国内却非常稀薄，可以说《东方之子》是开创性的。[①]

① 时间：《精神的田园——〈东方之子〉学人访谈录》，华夏出版社1996年版，第5页。

阿拉法特等。这些权威人物的专访为中国观众了解国际政坛人物打开了一个窗口，事实上起到了名人效应。此外，他们对世界事务所持的观点、态度，以及对中国问题的看法也引起了观众的特别兴趣和不同程度的反应。

7. 权威人士专访讲求时效，具有新闻由头

目前，每当世界上发生重大事件，权威人士的专访就紧紧跟上。特别是在一些反应性报道中，权威性采访成为必不可少的组成部分。

比如在美国有线电视新闻网（CNN）一天 24 小时全天候的新闻报道中，反应性报道占有很大比重，而多数的反应性报道是通过权威人士专访来体现的。

8. 权威人士专访有深度，有分量，是一种深层次的采访

权威人士专访被喻为“重量级”的采访，其含义不仅仅是指人物本身有社会名望或较高头衔，还指采访的内容具有一定分量。

从发展的趋势看，权威人士的专访越来越受到广播、电视机构的重视，应用范围也逐步得以扩大。

要点提示

权威人士专访的目的是：体现权威性，增强报道的说服力和可信度。

选择的特定对象是：社会政治、经济、文化等领域中的专家、学者、政府部门的负责人等具有一定发言权的权威人物。

采访的风格是：庄重、严肃、客观。

表现形态是：可以作为报道的组成部分，也可以作为独立的节目。

（三）新闻人物专访

1. 人物选择的着眼点

新闻人物专访的人物选择范围比较宽泛，但要体现新闻性，即人物本身一定是新闻人物。主要包括：

（1）重大新闻事件的当事人，或重大事端的挑起者、“制造者”；

（2）科学技术领域中成就突出者、重大成果的获得者；

（3）政治、经济领域中，提出和实施对社会生活产生重大影响的某些新举措的核心人物；

（4）文化、艺术领域中取得新的辉煌成就且获得国际国内认可、拿到大奖的人物；

（5）体育活动中创造国际、国内新纪录的人物；

（6）做出平常人难以想象的，令世人惊讶和赞叹的特别事迹的人；

总之，新闻人物专访选择人物的着眼点首先是新闻性。因此，新、特、奇是人物选择的代表性特征。

要点提示

新闻人物专访的主要特点是：

人物本身带有新闻性，专访讲求时效性。

2. 同动态性人物新闻的区别

新闻人物专访同动态性人物新闻报道有所区别。二者虽然都是报道新闻人物，但在报道方式、报道侧重点、表现形式、表现元素调动和报道时机选择等方面都有很大区别。其中，主要的不同点是：

（1）报道方式与表现形态不同。新闻人物专访属于深度报道，主要采取的是谈话交流的形式，访谈是其主要表现形态。动态性人物新闻通常采取消息、特写方式，活动画面加解说是其主要表现形态。现场氛围的烘托是动态性人物新闻的优势，因而，它是一种形象画面的报道形式。它可以穿插人物采访，但比较简短，而且大都在现场同期进行。而专访的采访地点比较灵活，可以在现场，也可以在其他场所。它要求有特定的时代背景和新闻事件背景作衬托，但侧重访谈内容的“纪实性”呈现，给观众以独特的视觉、听觉感受。

（2）报道的侧重点不同。新闻人物专访大多以新闻事件为由头，深入挖掘人物的内心世界、思想观点、精神风貌或事件的缘由，报道侧重点是从不同侧面深层次展示人物的特点。人物新闻大多以人物的新闻活动为依托，侧重于报道人物的事迹、行为。概括地讲，新闻人物专访是专题性报道，人物新闻报道是动态性新闻。

（3）表现元素调动不同。特别是电视新闻人物专访在表现元素的调动上以采访交谈和问答为主，用声音元素、主体画面呈现记者和采访对象的交流过程。而人物的活动画面、音乐、字幕、特技等元素是为了配合专访而调动的，所以要根据声音传达的特定需要而插入使用。动态性人物新闻大都以现场的人物活动画面为主要表现元素，采访插入往往简短、快速，甚至只有一个片断，或者根本没有。

（4）报道时机选择不同。新闻人物专访和人物新闻报道都讲求时效性，但在时机的选择上有所不同。人物新闻报道往往体现动态性和即时性，报道时机大都是选择新闻刚刚发生或正在进行之时。例如，报道吉尼斯纪录的创造者、体育项目破纪录的运动员，结果一出来记者就立即报道，甚至就在现场抓拍。新闻人物专访不能在事件发生的现场进行，因为还不知道结果。通常，报道时机选择是在新闻人物活动有了结果或持续一段时间之后。在一些特别重要的新闻人物专访中，可以在人物活动过程中选择恰当时机。例如，时任美国总统克林顿访华期间，其活动作为重大事件报道要持续一段时间，对中国观众来讲，此时的克林顿成为关注的焦点，即新闻人物。《焦点访谈》节目不失时机地争取到采访机会，对克林顿进行了专访。

（5）报道长度不同。一般来讲，人物新闻比较短，最多不超过 3 分钟。新闻人物专访则相对要长一些，大都在 3 分钟以上，重要的采访在 10 分钟以上。因为，一定长度的专访才能够容纳比较深层次的内容。

以上，我们从几个主要方面阐述了新闻人物专访同动态性人物新闻报道的区别。通过比较，也就得出了新闻人物专访的基本特点。

归纳起来，新闻人物专访是具有一定深度的专题报道，人物新闻是具有一定动态性的消息报道；新闻人物专访以访谈为主要表现形态，人物新闻以活动图像为主要表现形态；二者都讲求时效性、现实性，但在时机的选择上有所差别；二者都以表现人物为主要内容，只不过侧重点有所不同。

需要强调的是：新闻人物专访作为具有一定深度的专题性报道，要求记者在传播意向、报道内容、专访形式、采访方式、问题设计、提问技巧、表现元素调动等各个方面进行通盘考虑。

二、不同题目的专访

依照不同报道题目，人物专访的侧重点和主攻方向可以分为这样几种类型：观点采访、信息采访、个性采访。

在一定程度上讲，观点、信息、个性专访是针对不同的报道题目和侧重点进行区分的。在实际采访当中，记者的提问和采访对象的回答大都涉及观点、信息、个性，也就是说，这三者是相互渗透的，相互交织的。不过，由于报道的题目不同，侧重点即不同。因而，在采访实施过程中，既不能将三者等量齐观，又不能截然分开。

一般而言，事件性专访以透露信息为主，常常通过采访当事人或参与者以及新闻发言人来进行。问题性专访以披露、阐述观点为主，主要通过权威人士、代表性人物来进行。名流或新闻人物的专访以揭示个性为主，主要通过采访社会名流、公众人物及有显著特点的人来进行。

（一）观点采访

一般情况下，观点采访大多是对知名人士的采访，而这些名人又是各自领域的权威专家或有一定职务的官员。他们发表的意见不仅代表某一领域、某一流派、某一阶层的观点，而且还有一定社会影响。

记者进行观点采访时，基本的要领是：摆出问题，引出对方观点，然后再根据对方观点进一步展开问题。

观点采访是有一定难度的，要求记者具有哲学思维、学者的风度、思想家的气质。这是因为观点与思想采访通常都要采访政府要员、各界名流、权威人士，而这些人一般都头脑清醒，见过大世面，记者若没有一定水平，难以胜任这项工作。

要点提示

观点采访侧重于思想观点的揭示；对社会问题的看法、主张；透露重大事件的实质性内容。

信息采访侧重于提供新的情况、新的动态、新的趋向；披露事件的原委；透露新的具体计划、措施和设想。

个性采访侧重于展示人物的风貌，人物的突出表现，人物的思想境界、内心世界，人生哲学、世界观，突出人物的个性特征。

概念术语

所谓观点采访就是记者向采访对象提出某种实质性问题，然后由对方表明态度，阐述自己或所代表的机构的观点、立场、态度、主张。

观点与思想采访范围较广，包括政治、宗教、道德、社会及各种经济问题的争论，以及对对立观点的验证。记者要揭示、触及观点与思想，唯一可选择的办法是广泛、深入、持续地研究整个事件或某一人物的背景材料。

对于观点与思想的采访，记者一定要有充分准备，对采访对象的观点、思想乃至人格都应有所了解、有所研究，因为如果记者对此一无所知或知道甚少，就难以找出采访对象与其他人的观点不同之处，也就无法确切了解采访对象对某一问题的真正观点。

反过来说，记者事先若对采访对象了如指掌，就比较容易发现其新观点、新思想。第一个进入美国电视网的著名美籍华人电视新闻节目主持人钟康妮曾说过，她在报道白宫新闻时期，对美国历届总统的主要经历以及观点、思想都做过较为深入的研究，所以她的采访得心应手。

许多政治家或外交家往往不轻易透露自己的观点，这时就要全凭记者的经验、学识、机智来应付这种场面，引导他们道出自己的观点与思想。记者首先得在思想上能同采访对象交流，否则采访就难以进行下去——即使能进行下去，也不会有什么结果。

在验证某些思想观点时，记者有时亦可充当一个对手的角色，用从权威人士或有关方面获得的事实来抛砖引玉。比如，采访有关人口控制问题时，记者可以说“昨天某某评论说……”而不说“某某可能会对此做出这样的回答……”。记者一般不把结论下在前面，因为那样做，采访对象就会认为那是记者的观点，甚至会同记者配合下去。

有些探索性的问题，往往容易引起争议。记者在采访时要特别注意传播效果。是分别阐述不同观点，还是解释其中有代表性、方向性的观点，取决于探索性人物采访中是否包含有突出价值的观点。

相关背景

美国电视新闻超级新闻节目主持人沃尔特·克朗凯特1952年报道总统选举活动，用半年时间研究美国政界要人的资料，从而使观点采访大获成功。又如哥伦比亚广播公司《60分钟》节目首席记者迈克·华莱士，1986年为采访中共中央顾问委员会主任邓小平，用了几个月时间搜集有关资料，研究背景，设计问题，因而他的提问有相当深度。

（二）信息采访

信息采访要围绕事件本身及产生的连带反应进行提问，以求透露更多的信息。事件专访的采访对象选择可以是当事人、目击者，也可以是能够对事件发表看法的人。

例如，第二次海湾战争期间，CNN运用专访形式，进行了多侧面、多角度披露新动向、新情况的信息采访，在全方位整体报道中产生了一定影响。

要点提示

信息采访属于为公众提供信息的一种采访类型。

信息采访的侧重点是传达新动向、新情况、新趋势。

记者主要是从对方口中为观众获取信息，而不是为了让对方发表观点。

这种信息可以由事件的“制造者”提供，这类事件往往是正在进行之中的，信息同事件发展密切相关。也可以由某一领域的权威人士、政界要人来发布，这类信息往往是比较重要的、外界欲知或未知的。

例如，1986年邓小平同志接受美国哥伦比亚广播公司《60分钟》节目主持人迈克·华莱士的电视采访时，就发布一则重要信息：只要中苏关系的三大障碍得到解决，邓小平愿意在任何时间、任何地点与苏联领导人戈尔巴乔夫进行高层会谈。

由于信息采访的主要目的是为了获取信息，因而记者一般都准备好完整的文字材料，从中整理出最重要的内容。采访对象既可以直接提供所要发布的信息，也可以依据某一事件或目的发布信息。

如果采访对象不善于上电视，记者一般都事先准备好一份详细的提纲给对方，并先预演一次，以求取得最佳效果。电视采访不同于文字采访，只要上镜头就难以修改，因此不论做哪种采访，记者都十分重视屏幕形象和效果，既要把采访搞得生动活泼，又要给观众一种采访是现场即席进行的印象。

有些复杂的、有一定深度的新闻事件采访也属于信息采访的范畴。这种采访的目的，主要也是提供信息。值得注意的是，与新闻事件有关的重要人士接受采访时，往往把所提供的信息与其观点融为一体，这时记者就要分辨清楚哪些是信息，哪些是对方个人或所代表的团体、党派的观点。

（三）个性采访

个性采访注重人情味，力求以揭示某个人物的个性来更全面地反映一个人的本来面目，以便吸引观众。

在单独进行个性采访时，记者的落脚点不是在观点或信息上，而是在对方的个人生活、兴趣、工作、娱乐等方面上，而一般观众对名人的这些方面恰恰极有兴趣。在对名人进行严肃的采访时，高超的记者有时也穿插做一些个性采访，以配合观点、信息采访。比如华莱士曾询问邓小平的家庭、工作、业余活动等方面的情况。

记者在正式采访前，首先应研究采访对象的全部背景资料，从中筛选出关键性的问题，一一列出，并按逻辑顺序提问。这类问题概括起来大致有以下几个方面。

1．成长阶段

童年、少年、青年、中年、老年。抓住每个阶段的特点，寻找不同年代的不同变化。

2．家庭

父母、兄弟姐妹、妻子或丈夫、孩子对他或她产生的影响以及本人对家庭生活的看法。

3．转折点

是什么时候在事业上发生了转折点？促成转折点的关键因素是什么？

4．成功的标志

为什么获得成功或成就？是什么动力促成成功？靠个人的奋斗还是受到某人的帮助或

> **要点提示**
>
> 从发展的趋势看，最成功的个性采访在朝着探究个人思想、揭示个人信念和行动的方向发展。

赶上了某种机会？

5. 个人信念

有什么样的个人信念？对事业追求的目标是什么？为什么？

6. 个人习惯与特点

对生活、工作、学习、娱乐的态度以及与众不同的地方。

第二节　专访的形式与要求

> **要点提示**
>
> 专访的形式对记者的采访有一定的规定和要求，电视节目形态同专访的形式也有着内在的联系。

有时，专访的形式既是节目的样式，也是报道的方式，因此电视记者必须对节目样式、形态以及专访的形式有所把握，才能很好地发挥专访的作用。

一、专访的基本要求

专访主要是在演播室进行的采访报道，是电视记者不同于文字记者的采访方法之一。

演播室专访就是把固定的采访对象约请到演播室，在做这种采访时，主要应注意以下几个问题。

（一）自然轻松

专访是一个双向交流的过程，采访的成功在很大程度上取决于采访对象的选择与配合。经常上电视与记者打交道的人物老于此道，在专访中表现得非常自然轻松。从未上过电视的采访对象，则需要事先沟通，以使他们消除紧张情绪，表现得自然一些。

西方电视记者进行采访，往往事先不把具体问题告诉访问对象，以防对方自圆其说，但是在做专访时，他们都把访问的范围和程序告诉对方，使其对演播室有个大概了解，以便双方配合得自然轻松。访问对象如果能做到像在自己家中一样谈吐自然，专访就算成功了。

（二）镇静的态度

人物专访经常采取直播形式，采访与播出同步进行对记者和访问对象都会形成某种压力。如果双方在节目中表现得不理想，观众就会挑剔。记者必须保持镇静的态度，开始不要提尖锐的问题，否则会影响访问对象的情绪。

（三）和谐的气氛

电视人物专访的直播，没有改动的余地，必须要自始至终保持一种和谐的气氛。和谐的气氛就是要使专访的形式、态度同专访的题目相适合，轻松的题目不必过于严肃，严肃的题目不能表现得随便轻浮。

（四）把握时间

电视人物专访的直播方式有严格的时间限制，记者要在有限的时间内准确无误地完成专门的访问，又不能让观众感到急促。一般应稍微提前一点结束采访，但也不要过早结束，不要低估几秒钟内也能讲几句有用的话。记者可以用“最后一个问题是……”这样的提示引起对方注意。通常访问对象喜欢把他们认为重要的东西和盘托出，这样会使专访冗长。记者在专访过程中还要注意倾听，以便在合适的当口打断对方的谈话而转入下一个问题。

二、电视专访的形式

电视屏幕上的人物专访同广播、报纸的人物专访既有共性的一面，又存在着个性特点。在专访的具体步骤和形式上，电视人物专访有其独特的表现形式。

过去，人物专访的方式基本上是一问一答，记者和采访对象端坐在电视屏幕前。现在，专访表现形式有很大变化，主要有这样一些形式。

> **要点提示**
>
> 电视人物专访的表现形式由单一形式走向多样化。
>
> 电视人物专访的表现形式已经成为节目样式的突出特点。

（一）画面加解说

用画面加解说进行提要式引入，然后进行一对一的采访问答。美国的著名女主持人巴巴拉·沃尔特斯对前总统布什夫人的专访就较好地运用了这种形式。

（二）画外音提问

将画面让给采访对象，扩大形象画面信息量。许多明星人物的专访采取这种形式，并利用特技手段进行艺术处理。北京电视台曾播出的《正大纵横》节目中的《星光灿烂》栏目大多用这种形式进行专访，视觉效果突出。

（三）多地点活动式

许多人物专访在特定的场所进行，记者跟随采访对象，转换地点进行活动式专访。现场场景带给观众从属的信息，增强了报道感染力。《张艺谋东京对话》主要的采访形式即是多地点活动式，这成为节目的表现形态。

（四）面对面直接交流式

这种方式适用于比较严肃的事件、问题专访。人物的回答、记者的提问非常引人注意，观众全神贯注倾听，不必插入活动画面分散注意力。例如，《60 分钟》记者迈克·华莱士对邓小平的专访持续了一个小时，两人面对面坐着，进入采访最佳的状态。

（五）面对屏幕式

这种形式是利用通信卫星进行异地专访。开始电视画面上出现两个人的图像，中间也可切换突出一个人的图像。这种形式成为西方电视界人物专访中的常见方式，在我国，重大体育比赛的报道中也经常采用。

（六）电话访问式

利用电话进行专访并配以图表、图片或者典型画面，是进行异地采访的有效方式。有时，由于条件限制，画面拍摄有困难；有时，采访对象不大愿意露面。在这些情况下，电话就成为有利的工具。电视新闻报道中的电话采访，除了记者同采访对象之间进行交流外，记者同记者之间根据报道需要，也可以进行一定长度的对话。

任何事物的内容都存在于相应的形式之中。人物专访同样要依据节目内容，寻求适当的形式传达特定内容。

在电视节目中，内容对形式起决定作用，形式必须适合内容，而不仅仅作用于内容。没有不体现内容的纯粹的形式，也没有不借形式来表达的赤裸裸的内容。当形式是内容的表现手段时，形式和内容的联系是十分紧密的。如果把形式同内容分开，就等于取消了形式本身，反之，亦然。因此，二者相互联系，相互依存，不能割裂。

以什么样的形式进行人物专访，取决于内容。所谓随物赋形，并不是将内容的决定作用绝对化，而忽略表现形式的能动作用，那无疑会有碍于内容的传达。

《小崔说事》作为央视一档具有品牌效应和影响力的栏目，一直拥有较为固定的收视群体，而“两会”特别节目《小崔会客》的主要特点是：走进会客室的嘉宾大都是省部级的政府官员，他们作为“两会”的委员以一种新的姿态上媒体，不但具有一定权威性，同时也成为吸引观众的因素；所谈的话题侧重于民生热点问题，引起社会共鸣；崔永元的平易近人、幽默但不失尖锐的提问营造出轻松、和谐的氛围，在这种氛围下谈论一些尖锐、敏感的话题，给观众了留下较好的印象，产生了一定的影响力。

案例分析

“两会”特别专访节目《小崔会客》

《小崔会客》首播是2006年，当时作为中央电视台新闻频道《新闻会客厅》的一档特别栏目，共推出13集系列特别节目。节目围绕“建设社会主义新农村”这一主题进行讨论，使电视机前的观众通过节目，对我国农村的现状、存在的困难与建设新农村的远景有一个感性的认识。

2006年的《小崔会客》在“两会”报道中的节目形态上有几个方面的创新：谈话风格幽默机智的主持人崔永元首次主持重大政治题材谈话节目；13个省的省委书记或省长以嘉宾的身份，参与节目的录制；13个农民家庭受邀来到演播室，接受小崔与自己所在省份一把手领导的采访；13个EMBA（高层管理人员、工商管理硕士）带着3个神秘任务到农村体验生活，并在镜头前向观众展现体验结果。

自2006年起，其后的4年内，《小崔会客》一直作为《新闻会客厅》的“两会”特别节目出现在广大观众面前，逐渐成为“两会”最具代表性与最受欢迎的栏目之一。

2009年《新闻会客厅》停播。《小崔会客》成为《小崔说事》栏目“两会”期间的特别节目，但其风格、节目定位以及节目品质仍延续了最初样态，并在以往的基础上有了新的突破和创意。

2012年的《小崔会客》沿袭了往年采访全国代表及委员中省部级高官的定位，并在往年成功经验的基础上，融入更有创意、更有效果的环节设计，进一步增强“官民沟通”的有效性、可看性。

《小崔会客》每期节目还邀请了若干文化艺术界和文化产业界重量级嘉宾作为访谈段落的延展与补充。设立特别嘉宾席，产生感性对话、理性思考的碰撞效果。

除此之外，《小崔会客》每期节目还引入网友短片对当期嘉宾所在省市区或部委主管领域进行民间访问和拍摄，在节目现场以短片方式呈现并形成与嘉宾的交流。

随着全媒体时代的来临，微博早已成为当前最时尚、最快速也最高效的社交网络平台。《小崔会客》也通过微博和广大观众进行了互动，这也是2012年与往年相比凸显其时代感的一大特点。经统计，在约50分钟长的节目中，微博互动的环节共出现两次，不仅很好地实现了场外观众与场内嘉宾的互动，也调动了节目中的多种形态，丰富了节目内容，避免嘉宾与观众产生疲劳感，调节了栏目节奏。

优酷拍客是2012年《小崔会客》有所创新的地方，几乎每期节目都有这一环节，通过与优酷网的合作，围绕某一问题邀请优酷拍客去当地拍摄一些短片。这种个人拍摄行为与电视台的采访报道不同，能够最大限度地还原事情本相，听到最基层群众的声音，避免了找托儿、捏造事实等行为的发生。这种形式更加贴近普通百姓，也在某种程度上体现了互联网时代“全民皆记者”的特色报道。

谈话节目很容易使观众产生疲劳，如果只是单纯的一对一或者一对多人的谈话、聊天，即便主题很吸引人，也很难令观众坚持50分钟。为此，《小崔会客》节目设计了许多短片的播放，内容也因人而异、因题而异。除了前面提到的优酷拍客拍摄的短片外，有的还穿插电视台对某个问题进行的暗访拍摄和新闻报道，如3月8日采访陕西省省长赵正永时播放了“谁在污染渭河”的前期调查报道；有的播放嘉宾之前参与节目的视频回放，与现状对比，看当年的承诺有否兑现，如3月12日专访国家卫生部党组书记、副部长张茅；还有的在现场摆放白板请嘉宾现场计算低保收入，如3月7日专访民政部部长李立国。多种形式和多种类型短片的播放丰富了节目的内容，也提升了节目的质量。

此外，节目中插入了暗访、前期节目回顾与采访、历史回溯等多种形式的短片，丰富了节目内容，吸引了现场和电视机前观众的眼球。

2012年《小崔会客》节目中邀请的客人更为灵活，进一步成为吸引观众眼球的要素之一。这些客人的身份实际上就是一定社会阶层的代表，他们本身具有吸引观众眼球的要素。

2012年《小崔会客》每期节目都设置一个主嘉宾，即主要访问对象，他们往往是“两会”代表，或“两会”委员中的省部级高官。此外还邀请了5至8位与话题相关的嘉宾，这些嘉宾有的

要点提示

理想的电视人物专访应该是：

传达某种信息、某种印象，某种只能用电视媒介才能传达的重要东西。

同样是高官，有的是普通老百姓，有的是文艺界或影视界的名人，有的是某些领域的专家教授。所有的客人都是与当期主题有关的某一方面的发言人，或者讲述故事，或者发表看法，或者描述现状。观众不仅倾听，而且还看人，看人的样子、说话的表情、对事的态度等。

第三节　创造性专访的标准与要领

人物专访也是一种吸引人的节目方式，特别是电视屏幕上展示的人物专访，被认为是一种个性化的富有魅力的节目形式。

在美国等西方国家，将人物专访视为一种创造性的采访，一些著名记者往往在人物专访的节目中展示采访的个性风格。

下面侧重分析电视人物专访作为创造性采访的标准与特殊要求。

一、主动、积极、创造

成功的电视人物专访包含着创造价值。

记者的采访不是被动的、消极的、模仿的，而是主动的、积极的、创造性的。

案例分析

华莱士采访邓小平

《60分钟》节目主持人麦克·华莱士在采访邓小平时，首先以漫谈方式同邓小平进行交流，巧妙地表露了他的意图：

华莱士：我把今天同你的交谈看成是一次非常难得的机会，因为像你这样的人物，我们记者不大容易得到专访的机会。

邓小平：我是一个普普通通的人。

华莱士：我希望我们在一起的1个小时对你是有趣的。

邓小平：我这个人讲话比较随便。因为我讲的都是我愿意说的，也都是真实的。我要在我们国内提倡少讲空话。

华莱士：你有没有接受过一对一的电视采访？

邓小平：电视记者还没有。与外国记者谈得比较多的是意大利的法拉奇。

华莱士：我读了那篇谈话，感到非常有趣。法拉奇问了你不少很难回答的问题。

邓小平：她考了我，我不知道她给我打多少分。她是一个很难对付的人。基辛格告诉我，他被她剋了一顿。

华莱士：是的。我采访过法拉奇。但我也问了一些她很难回答的问题。

要点提示

记者采访技巧的高低对报道产生直接影响：

关系到提问构思、报道意图的表现；

关系到思想观点、新闻价值能否得以具体化；

影响报道水平的高低。

这段采访中三言两语的对话，至少表明了华莱士的四个意图：

第一句话表明他对此次专访的重视。老练的华莱士深知只有在访问对象确认记者确有诚意并非常重视访问的情况下，才能得到对方的信任，进而达到双向合作的目的。

第二句话道出他素以硬性采访著称，对美国政界首脑经常进行咄咄逼人的提问。

要点提示

创造性专访的衡量标准是：

给观众留下深刻的感觉和印象；

记者能够把握采访进程、驾驭被采访者；

达到理智水平。

第三句话显示他的专访对邓小平而言是开创性的第一次电视一对一专访，这在某种程度上提高了此次专访的新闻价值。

最后的一句话用意在于引起邓小平对他本人的重视，因为他曾向难以对付的法拉奇提出过难以回答的问题，说明他本人也不是等闲之辈。

这段对话证实记者在提问过程中创造力的作用。虽然华莱士采取的是漫谈方式，但每句话都是有意图的。

作为记者，高超的提问技巧应该达到这样一个标准，即能够积极主动地为实现特定目的进行创造。

要点提示

经验不足的记者采访不知从何着手，想到的问题往往是一般化的。解决的办法是：理清思路。

怎样理清思路呢？办法是寻找差异、着眼变化、把握具体运动的客观对象。

二、技巧、对策、思路

提问技巧本身也包含着创造性劳动的结晶。具体地讲，记者提问技巧的发挥体现在针对不同类型的访问对象采取的对策上，这诸种对策又以语言表达的形式来实现。

在人物专访中，电视记者灵活的提问技巧是采访成功的重要保证之一。

中外记者在长期的采访实践中，摸索积累了多种多样的提问技巧和对策。在某种程度上讲，技巧的运用是因人、因事而异的。记者怎样灵活地提问，怎样提出有分量的问题，或者怎样巧妙地用提问方式将信息引出来，这其中的确有许多技巧在起作用。

归纳起来，主要有六种技巧和对策可以作为参照。

（一）充当对手，展开讨论

对思想观点不同的对象进行采访时，记者采取这种技巧往往能够挖掘采访的深度，比较适合于思想观点的采访。

（二）抛砖引玉，唤起回忆

采访往往涉及往事追溯，有人能够倾吐，有人则不愿回忆。记者若能选择一件特别能够触动对方情感的事抛砖引玉，则会唤起对方的怀旧之情，这一技巧适合于个性专访。

（三）探索询问，留有余地

记者选取具有伸缩性的问题提问，对方可以有余地倾吐对某人某事的看法、评价。对于表态、反映性报道采用这种方法可以避免出现绝对化的倾向。

（四）恰如其分地肯定，鼓励对方讲下去

对显而易见的成就作恰如其分地首肯，对方会感到记者理解他的事业，他会不厌其烦地娓娓道来。这一技巧适用于新闻人物和名流专访。

（五）提出疑问，“激怒”对方全盘托出

当采访对象因某些做法不被人理解，或者引起社会上的不同议论时，记者可以引用其中某些否定性议论，以疑问口气提出问题，对方为了澄清事实，一怒之下会将事由原委吐露出来。此种技巧适用于有争议的事件、人物、现象的采访。

（六）宽窄结合，灵活多变

根据不同的采访对象、不同的报道题目采取灵活多变的提问技巧，可先宽后窄或者先窄后宽。即先提出一个涉及范围较广的问题，然后收回到较窄的范围；也可以先涉及小范围提问，然后再放开来谈。

以上六种技巧仅仅是从众多提问实例中提炼概括出来的，并不能包括全部提问技巧。真正能够巧妙运用提问技巧不是一件容易的事，需要借鉴前人的经验并不断地开拓。

从20世纪90年代初北京电视台播出的《正大纵横》节目的“星光灿烂”栏目对娱乐界明星张敏和奚秀兰的专访中，我们可以学到一些有益的东西。

案例分析

香港艺人张敏、奚秀兰专访

张敏专访的提问：

你是什么时候进入娱乐圈的？（信息）

你是公认的美女，可你为什么不参加选美？（观点、个性，同别人比较）

你拍过电影，也拍过电视，相比之下，更喜欢哪一样？（观点）

什么人对你的影响最大？（信息）

你是许多人的偶像、梦中情人，你的偶像是谁？（信息）

平时除了拍戏，都有什么消遣？（个性）

谈一谈你的家庭状况好吗？（信息）

将来还有什么理想？（信息）

奚秀兰专访的提问：

你在歌坛已有22年，获奖无数。你也是参加歌唱比赛进入娱乐圈的，是不是？（信息）

平时你总是喜爱唱“国语”歌曲，是不是特别偏爱？（观点、个性，同别人比较）

现在许多人都谈论退休的问题，你在歌坛这么久，有没有感到厌倦？有没有想到退休呢？（观点、变化）

你是第一位被邀请到大陆演出的女歌星，还为熊猫和残疾人义演，当时的演出都很成功，请谈谈当时的情形。（信息、同别人比较）

我知道你有一位很爱你的丈夫，你们还是圈内的模范夫妻，可不可以谈谈你的家庭生活。（信息、个性）

从对张敏和奚秀兰专访的提问思路中，可以看到所有的问题都十分明白具体，针对人物的实际情况提问。

张敏是一个新秀，所以问及什么人对她影响最大，最后问她今后有什么理想。奚秀兰是一位从艺多年的明星，所以问及她对退休有什么想法，最后问现在的家庭生活情况。这些问题都是观众所关心的，同时也是新的信息。

涉及张敏的个性同奚秀兰个性的问题也是有很大区别的。例如问张敏喜欢拍电影还是电视，奚秀兰是否偏爱国语歌曲。这些问题都揭示了人物的个性特点，比之泛泛而问“你有什么感受”要高明得多。因为这些问题本身就已经为观众透露了一定的信息。

两个人物采访将问题、信息、观点有机地结合起来。由于问题具体地把握了人物同别人相比之下的差异和变化，因而揭示了人物的个性。

特别值得提及的是，问题中凡是涉及个人生活部分的口气都非常婉转。比如，问及张敏的选美和偶像，奚秀兰的退休和家庭生活，提问前都用社会上的公认看法作为铺垫，这样既表示了礼貌和尊重又得到了信息和观点。

概念术语

创造性采访的特定含义是：

创造性采访不仅引出信息，而且它允许进行信息交流，从而创造出一种采访对象单方面不能达到的理智水准。

三、多维性思维

记者在专访中怎样引出信息、交流信息并达到理智水准呢？

人物专访是问、听、看、想这四者结合的有机采访活动，因此，记者只有进行多维性思维，才能达到上述水准。

（一）理智地提问

记者的知识、洞察力和创造性想象力，将指引采访和建议应该采访什么题目，提出什么问题。成功的采访是那种忘记了摄像机和所有的一切，完全沉浸在谈话及所有的敏感问题中。

要点提示

准确的提问基调有赖于记者辩证的思考方法。

总体设计是否有的放矢在于记者对采访的人物和事物的整体框架构思。

提问方式运用能否灵活自如在于记者机智地选择，达到提问艺术外部形式与特定目的的融合。

提问技巧的发挥凭借记者积极主动的创造力而实现。

（二）聚精会神地倾听

访问要求记者精神高度集中，全神贯注地倾听对方的回答。否则很容易出现致命的问题——没有听清访问对象说了些什么，什么重要，什么不清楚，什么不对头。

初出茅庐的记者有时只顾准备提出下一个问题，考虑怎样措词，以致没能注意到访问对象因为他的漫不经心而停止不语了。

记者在访问时必须要竖起两耳倾听每一个回答，每一句话，每一个观点，每一个细节，否则无法向谬论提出异议，无法澄清含糊不清的问题，无法抓住话头补充提问。

记者不但要竖起自己的耳朵，而且要带着观众的耳朵倾听。对记者来说明白清楚的问题，观众并不一定明白清楚，记者应该排除其中的障碍。

（三）细致入微地看

很多记者在访问中对此观点有深刻体会。很显然，访问中需要记者察言观色。

观察什么？如何细致入微？

一是观察对方说话的方式，包括表情、手势、神态、语调。

这些因素往往体现人物的鲜明个性。

二是观察对方对访问的反应，是紧张、激动，还是兴奋、高兴；是烦躁不安，还是滔滔不绝。这些都可以表明访问对象对问题所持的态度。

三是观察对方的外表，包括外貌、身材、服饰。这些可以体现访问对象的外部特征。

四是观察对方所处的环境，包括他拥有的财产、室内的装饰、户外的地理位置等。这些可以体现人物的生活习惯、爱好。

心理学家经过多次实验，证实“谈话过程中自然流露出来的体态和面部表情，并不是出于无心的偶然活动，而是具有口头未能表达出来的特殊传感意义”。

（四）时刻不停地想

访问是一个艰苦的脑力劳动过程。在整个访问中，记者的大脑要转个不停，就像装上马达开动的机器一样。

想什么？如何想？

一是围绕着事件想。当对方向记者叙述一件事的时候，记者应该想事件的开头、经过、结尾是否完整，细节是否具体，数字是否确实可信，发现漏洞、疑问应当立即澄清。

二是围绕着观点想。当对方提出了一个观点或一条经验，记者就要认真思考这个观点是否正确，是否具有科学性，该经验是否符合客观实际，有什么普遍意义。

三是围绕着主题想。主题在专访中的体现方式比较独特，它是通过一连串的提问或在不间断的交流过程中得以体现的。记者在采访前就应对主题思想有所思考，在访问中应注意挖掘新鲜、生动、能够说明和深化主题的事实与观点。

四是围绕着专访形式想。特定的专访形式有着特定的时间长度、表现形式的要求，记者必须要考虑形式与内容的有机结合。

综上所述，可以发现：记者的多维性思维就是从不同角度、不同侧面去认识事物、分析事物、反映事物。

概念术语

电视传播的目的，是为了向公众传递信息、促进信息交流。

在这个意义上讲，记者进行人物专访实际上是充当着观众的“向导”，西方电视界称之为“代理人”。

要点提示

做“向导”、“代理人”就是要时刻想着观众。记者的提问、对方的回答，不但要引起观众的注意，而且应该是观众想知道的东西。

如果不考虑到这一因素并加以实践，即使你的提问技巧再高明，对方的回答又天衣无缝，这也是一次失败的采访。

原因很简单：观众不感兴趣。双方的对答如流在观众看来就是自我表演、自我欣赏。

要点提示

电视记者采访时如果让谈话成为深奥难懂的东西，那样就会排除了观众。如果忽略了观众，就是失败的采访。深奥得就像两个学者之间的探讨一样，那就不是新闻采访。

四、观众的“向导”

记者千万不要以为自己知识渊博、无所不知，提问时就炫耀自己的学问。相反，记者要时刻想到观众，想到怎样更好地为他们提供信息。另外，还要注意不要过多地使用专业术语，因为这样得到的回答往往是：“是”或“不是”。这种形式的一问一答是极为枯燥无味的。

当然，有时候一个简短的“是”或“不是”可能正是记者、观众想要知道的东西。但是一般情况下，总是想从对方口中得到较为详尽的回答。如果用简单的提问，无法使对方回答得详尽，最好紧接着问“为什么”。“为什么”不是一个可以简单地用“是”或“不是”来回答的问题。另外，这种“为什么”的提问往往给了对方一种无形的尊敬，迫使对方发挥他的专长来回答问题，而这个问题或许恰恰是观众需要了解、知道的东西。

有时，你在采访前或许已经知道了某个问题的答案，或者你自认为那个问题并不太重要、不值得一问，但大多数观众不像你一样对那个问题有所了解，甚至还一无所知。所以，不论你对某一个问题多么熟悉，甚至已料到对方会怎样回答，你还是要耐心地提问，把人们普遍关心的问题搞清楚，报道出去。

记者在选择采访对象时，也要考虑到观众。

选择的采访对象一定应与某一新闻事件有直接或间接的关系，或者是某一领域内公认的学者、专家，或者是某种观点的权威代言人。千万不要让那些与新闻事件毫无关系或根本不能回答问题的人做采访对象。

高明的记者虽然完全可以讲出对方要表述的某种观点、某种思想，但他不这样做，而是迂回而婉转地让对方把要说的话讲出来，直接告诉观众。切记：采访对象说出的话，才是观众想知道的事件——这不能用记者的话来代替。

经验不足的记者往往有一个通病：泛泛而谈、无边无际。例如有的记者喜欢问，“你对……有什么印象？”“你对……有什么感想？”等等诸如此类的套话。其实对方的感想可能很多，非三言两语能尽言。这至少表明记者本人不懂甚至根本不懂他应该问什么问题，或者他根本就没有做采访前的任何准备工作。

专访不仅是一门艺术，而且是一门较深的学问。从一个记者的提问可以看出他的水平高低，对问题的分析、理解能力。另一方面，又可以看出记者的心中是否有观众，是否问到了一般观众想知道而还不知道的问题。

但这也并不意味着电视采访要问一些浅显的、初级的问题，而是要单刀直入，击中要害。

记者还要考虑画面因素，不仅是从专访形式上考虑，更主要的是从观众的视觉感受角度来考虑，必须在专访的特定现场为看不见的观众进行画面“编辑”。

专访的结果超出个人范畴，在社会中产生影响，记者代表的不是个人而是新闻机构。采访对象是作为社会现象的代表接受采访，双方活动的结果受到社会的关注。因而，访问无法凭借单方面的努力进行，记者不能单向提供信息，采访对象也不能单向透露信息，信息的披露只能是双向交流的结果。

电视记者应该全方位认识访问的特点——双向交流与合作；同时，深层次地理解这一特点对记者采访的要求——促动双向交流与合作；最后，获得理想的传播效果——产生广泛的社会影响。

本章重点归纳

1. 人物专访是一种以交谈和问答方式同采访对象交流的专门访问。专访的人物选择带有定向性，传播意图十分明确。人物专访是深层次的专题性新闻报道方式，它不但是重大报道的重要组成部分，而且成为吸引观众的节目样式。

2. 依照人物身份进行类型划分，专访的类型有：名流专访、权威人士专访、新闻人物专访。依照报道题目进行类型划分，专访的类型有：观点采访、信息采访、个性采访。

3. 名流专访的特定对象是：有一定社会名气的公众人物，往往是某个领域、某个流派的代表人物。其主要传播意向是：产生名人效应，吸引观众。采访风格是：轻松但格调要高雅。表现形态是：可以作为固定栏目，也可以作为一档节目的组成部分。

4. 权威人士专访即是对在某些领域具有一定权威的人物的采访。专访的目的是：体现权威性，增强报道的说服力和可信度。特定对象包括社会政治、经济、文化等领域中的专家、学者，政府部门负责人等具有一定发言权的权威人物。其采访风格是：庄重、严肃、客观。表现形态是：可以作为报道组成部分，也可以作为独立的节目。

5. 新闻人物专访的主要特点是：人物本身带有新闻性，专访讲求时效性。采访对象选择着眼点首先是人物是否具有新闻性，新、特、奇是人物选择的代表性特征。专访的侧重点是：用与人物相联系的新闻事件为由头，深入挖掘人物内心世界、精神风貌、思想观点、事件的缘由，充分展示人物特点。

6. 观点采访侧重于思想观点的揭示，反映对社会问题的看法、主张。记者向采访对象提出实质性问题，然后由对方表明态度，阐述自己或代表的机构的观点、立场、态度、主张。观点采访带有探索性，往往产生广泛的社会影响。

7. 信息采访侧重提供新情况、新动态、新趋向，披露事件的原委，透露新的具体的计划、措施、设想。记者要围绕事件本身及产生的连带反应进行提问，以求获得更多的信息。

8. 个性采访注重人情味，力求揭示人物的特征，侧重展示人物的风貌、突出表现、思想境界、内心世界、人生哲学、世界观等。采访的落脚点是揭示人物的个性。

9. 人物专访的创造性体现是：主动、积极、发挥；思路准确、技巧纯熟；进行多维性思维；为观众担任“向导”。

10. 成功的人物专访的衡量标准是：给观众留下深刻的感觉和印象，左右提问，掌握采访进程，驾驭被采访者，达到理智水准。

思考题

1. 为什么说人物专访是深层次的报道方式？
2. 人物专访的类型有哪些？
3. 名流专访的采访风格为什么既要轻松又要格调高雅？
4. 权威人士专访的目的是什么？
5. 新闻人物专访的特点是什么？
6. 观点采访为什么能够产生广泛的社会影响？
7. 信息采访的侧重点是什么？
8. 个性采访为什么要注重人情味？
9. 电视人物专访在表现形式上有哪些突破？
10. 专访的创造性体现在哪些方面？
11. 记者为什么要在专访中为观众担任“向导”？
12. 创造性的专访衡量标准是什么？

第九章　调查性报道的采访

本章内容

1. 调查采访的起源与特点
2. 《60分钟》节目的开拓
3. 《新闻调查》节目的突破

调查采访报道的目的在于披露事实的真相，其题材相当广泛，涉及社会生活的各个方面。

第一节　调查采访的起源与特点

传统上，调查采访侧重于复杂事件、有争议的社会问题。20世纪80年代以来，调查采访开始涉及人类对世界事物的认识，一些人类认识上的偏差通过调查报道得以纠正。

例如：对于儿童注意力分散、多动症的认识，很长一段时间被认为是儿童成长过程中的一种自然现象。美国《60分钟》节目经过调查采访，用科学的态度和有力的典型事例证实这是一种疾病，需要治疗。经过记者的调查采访，统计出在美国和欧洲每年有25万儿童患有这样的疾病，如果不治疗，将严重影响儿童的智力发育和心理发育。

此外，有关科学实验题材的选题也成为调查采访的关注对象。如：宇宙的奥秘，航天飞机的发射等。这类题材的报道往往将记者实地调查采访和纪实手法相结合。

1986年1月，发生了美国“挑战者号”航天飞机爆炸事件。时隔十年之后，CBS记者通过调查采访将事件发生的真实原因公之于世，改变了人们过去的看法，即：“挑战者号”失事的主要原因并不是由天气而引起的，而是由于美国国家航天局盲目追求航天飞机每年发射的次数和荣誉而造成的。

电视调查采访以调查性纪录片的报道方式最为生动，吸引了无数观众的注意力，产生了广泛的社会影响。

一、调查采访的起源

按照历史的脉络追溯，调查采访应该说最早起源于西方报纸。

1918年《纽约晚邮报》记者哈罗德·A·利特用调查采访的方式，揭露了新泽西州监狱滥用职权的问题，因此获得美国普利策新闻奖项中的新闻报道奖，这是最早获得普利策新闻奖的调查采访报道。

1972年，美国《华盛顿邮报》的两名青年记者罗伯特·伍德沃德和卡尔·伯恩斯坦通过调查采访，揭露了“水门事件”的内幕，这一轰动全球并最终导致尼克松引咎辞职的调查报道，不仅使两位记者一举成名，也使得调查采访的独特作用得以充分展示。

调查采访受到各家媒体的普遍重视并成为赢得受众、扩大销路的有效武器。美国密苏里州锡达利亚的民主党人与资本报社只有五名记者，居然也用两名记者花费了两个月的时间调查当地私运海洛因的情况，并最终经法庭查证，将一名长期任职的警察局局长撤职法办。

据统计，在美国1917年～1992年颁发的580项新闻奖中，调查性采访报道摘取了40%的奖项。而1974年普利策新闻奖的6项新闻报道奖中，调查性采访报道竟达4项之多。

美国还设有“调查记者与编辑组织”和“调查性报道基金会”，以此帮助那些有敏锐嗅觉和强烈社会责任感、冒着风险揭露政府和公共机构中的腐化行为和丑闻的媒体和记者。

20 世纪 90 年代以后，由于一些调查性采访报道触及了某些垄断财团及其政党的利益，调查记者承担的风险过大，调查性报道逐渐转往风险较小的领域。

分析调查性报道兴起的原因，大致有以下几点：

首先，与西方社会发展的现实状况密切相关。在美国新闻界揭露丑闻最兴盛的时代，无论是 19 世纪末还是 20 世纪 60 至 70 年代，都是美国政治权力集中到最高点并形成巨大隐患、甚至有可能导致权力崩溃的时代。

其次，与西方政党之间的互相进攻有一定的关系。为了树立良好的公众形象，打击对手，不同党派之间相互攻击，相互揭短。这在客观上对调查性采访的兴起与发展起到了很大的推动作用。

再次，当时的报纸本身出现了信任危机。统计资料显示：从 1969 年到 1971 年，美国民众对新闻机构的信任度从原来的 27% 下降到了 18%。为了扭转这种局面，表现出公正立场，调查采访很快成了各类媒体的首选。

最后，调查报道的叙事艺术格外吸引受众。与其他客观性报道写作手法相比，调查性报道更多地借鉴了以解释性报道为代表的深度写作手法。不但揭示的内容为大众闻所未闻，形式也格外吸引人。人们都注意到这一特点：优秀的调查性报道有非常高超的叙事艺术。

延伸阅读

也许最著名的调查报道样本，其开始部分不过像一个普通的每天都能看到的报道一样。《华盛顿邮报》记者阿尔弗雷德·勒威尼斯赶在截稿时间以前，写了一篇关于水门饭店的民主党全国总部的非法闯入案件的报道。两个相对而言没什么经验的记者——鲍伯·伍德沃德和卡尔·伯恩斯坦——也列在报道 8 位作者的末尾，因为他们帮助搜寻信息。两天以后，伍德沃德和伯恩斯坦合作写了一篇追踪报道，指出其中一名破门而入的人是一位共和党的保安。

通过锲而不舍地挖掘，他们意识到这起非法闯入案是当时正在广泛展开的政治刺探活动的一部分，这些刺探活动同时任总统理查德·尼克松的连任有关系，而尼克松也正在努力掩盖与非法闯入案的有关细节。他们的报道促成了一个调查，调查结果导致对尼克松的弹劾程序，使他于 1974 年 8 月辞职。①

二、调查采访的特点

在西方新闻界有这样一种观点，认为调查采访报道不能作为一种独立规范的报道体裁存在，更没有对它进行所谓研究的必要，因为“一切好的报道都要进行调查”。针对这一观点，有必要对调查性报道与一般报道的“调查”进行一番比较：

调查采访是从揭丑报道，即专门揭露政府和公共机构中的腐

---

① 〔美〕谢丽尔·吉布斯、汤姆·瓦霍沃：《新闻采写教程如何挖掘完整的故事》，姚清江、刘肇熙译，新华出版社 2004 年版，第 336 页。

化行为和丑闻的报道发展而来的，因此这种报道往往需要“打开封闭的门和封闭的嘴”。

相对而言，一般新闻报道常常受制和听命于突发性的新闻事件，强调记者应在第一时间赶往现场，以最快的速度告之大众。

而调查性采访则注重解释那些被有意隐蔽、不为人所知的内幕，主动性更强，而对报道的时效则没有特别限制。

正因为如此，一个进行调查采访的记者可以用数周甚至一年以上的时间去搜集证据和材料，而从事一般新闻报道的记者则必须争分夺秒，抢在截稿之前发回报道。

究竟什么样的报道算作是调查采访报道？学术界对于“调查性报道”这一概念存有一定的争议。

西方新闻界关于“调查性报道”有三种代表性的观点：

密苏里新闻学院《新闻写作教程》编写组认为：调查采访报道指的是一种更为详尽、更带有分析性、更要花费时间的报道，因而它有别于日常的大多数报道。调查性报道目的在于揭露被隐藏起来的情况；其题材相当广泛，广泛涉及人类活动的各个方面。

著名的新闻研究专家罗伯特格·瑞斯认为：调查采访报道一般是报道某些人或某些组织企图掩盖的新闻。他强调，在调查性报道中，调查和搜集材料必须是记者的原创行为，而不是另一个人或另一个组织的调查行为。选题和采访必须由新闻媒体独立进行。调查性报道面对的是一个重要事实，对这个事实，某些人某些组织力图使其保密。

《新闻日报》记者鲍伯格林认为：调查采访报道是对某人或某集团力图保密的问题的报道，报道的事实必须是你自己挖掘出来的。

比较上面三个定义，尽管在表述上不尽相同，但可以从中看到调查性采访报道所必须具备的一些共同要素：

1. 一些人或组织出于某种目的，企图掩盖事实真相，保密信息。

要点提示

调查性报道必须努力发现为了某种目的而被隐瞒起来的事实；

注重挖掘已发生新闻事件的内在的、隐蔽的关系；

并向公众分析这些内在联系的重大意义。

2. 选题内容必须是重要的，为公众所普遍关心，具有广泛的关注度。

3. 真相的揭露必须由媒体相对独立地完成，而非简单地将他人已经完成的调查进行报道。

4. 与其他报道形式相比，记者采访的时间、节目制作周期比其他报道所需的时间都长。

鉴于报界调查采访报道取得巨大成就，电视新闻界也开始了调查采访报道的尝试。其中最典型、最有代表性的是美国 CBS 的《60 分钟》节目。

《60 分钟》节目因其对社会问题的细致采访调查和深入分析，成为美国乃至世界闻名遐迩的名牌栏目。《60 分钟》的成功，彻底打破了电视媒介不能做深度报道的定论，赋予了记者调查采访新的生命力。

要点提示

美国 CBS 创办的《60 分钟》的报道形态，成为电视调查采访报道的模式。

总编导唐·休伊特对《60 分钟》节目呈现的调查采访报道样式给出的定义是：用画面讲一个真实的故事。

《60 分钟》节目代表了电视新闻调查采访的发展方向，在全球范围内产生了广泛影响。

第二节 《60 分钟》节目的开拓

探索电视新闻调查性采访报道的规律，不能不分析 CBS《60 分钟》节目。

《60 分钟》是 1968 年创办的杂志型电视新闻节目。该节目以具有一定深度的调查性采访报道博得了观众的高度赞赏与信任。

《60 分钟》的节目主持人都是闻名全美的电视记者，他们以调查记者的形象出现在节目中，形成了电视调查采访报道的独特风格。

《60 分钟》在每星期日晚 7 点～ 8 点的电视收视“黄金时间”播出，观众多达四千多万。《60 分钟》节目一次播一小时，节目中的选题有 1/3 是调查报道，每个调查报道的长度在 15 分钟左右。

概念术语

《60 分钟》根据报道内容，采取了记者亲自到现场调查采访的方式，并且以记者的调查采访为报道结构的主线，沿着这条主线，用纪实手法展开事件的叙述，从而奠定了电视新闻调查性纪录片样式的基础。

一、调查记者形象的确立

美国电视新闻最初模仿新闻纪录片的形式，先打出字幕，然后出示画面，随着画面配上解说。电视新闻虽有画面，但是形式呆板，不能吸引人。报道内容也较简单，大多是动态消息。5 ～ 10 分钟的口播新闻，很难做到有深度和广度。因而，新闻界一度认为电视新闻简单、肤浅，流于表面，很难做到深刻细致。这种看法在很长时间内似乎成了定论，在一定程度上束缚了电视新闻从业人员的思想。

《60分钟》节目打破了这种定论，开创了电视采访调查性报道的新形式，成为吸引观众的节目样式，并且影响了许多国家电视记者的调查采访报道，带动了电视调查采访报道在全球的发展。

《60分钟》刚开办时，收视率并不理想。总编导唐·休伊特经过苦心思索，决定借鉴大型杂志《时代周刊》的做法，扩大选题范围；同时借鉴好莱坞的叙事手法，引人入胜地讲好新闻故事；此外，节目启用了新闻报道经验丰富、具有个性的主持人，以调查采访记者的形象出现，确立了在电视新闻界和观众中的地位。

二、调查采访领域的延伸

翻开《60分钟》的报道题目，可以看到其涉及各个领域：从政治、经济、军事、科学、文化、外交到核武器、战争、枪支管理等领域；从环境污染、税收、车祸、住宅这些人们普遍关心的问题到种草养花、喂猫养狗这类生活事务，可谓把触角伸到了美国社会以及世界事务的各个角落。

作为一档电视新闻节目，能够起到这样的作用绝非容易。《60分钟》不断摸索，大胆开拓，全面铺开报道面。记者不但采访调查了重要的新闻事件，而且敢于触及有争议的问题。

要点提示

美国一些社会学家对《60分钟》的评价：

要想了解美国现今社会和人民，就得去看《60分钟》。

《60分钟》是反映美国社会的“一面镜子”。

案例分析

越南战争报道

越南战争在美国一直是个有争议的问题。广播公司的巨头们受到政府对越战政策的压力，严格控制电视报道，阻止在电视上抨击政府的外交政策。《60分钟》主持人麦克·华莱士为分析这场战争带来的后果，于1982年秋亲自带领一个摄影组到越南实

> 地采访调查。
>
> 他采访了在1972年被美军轰炸机轰炸致残的年仅10岁的女孩，采访了在越战中受伤的美国官兵。最后调查得到的事实揭示越战带来的恶果：它给越南和美国人民都带来了不同程度的损失。
>
> 节目播出后，引起了各界人士的注意。美国军界大为恼火，但众多观众来信，赞赏华莱士的报道，认为美国对越之战是非正义的。

40多年来，为了扩大报道影响，《60分钟》开拓了各种新的报道领域。调查记者把目光延伸到纷繁复杂、不断出现的新事物中；突飞猛进的科学技术对现实生活的改变；世界格局、国际关系中的一系列变化；人类面对的共同问题等等。

由于节目开拓了调查采访报道的新领域，其在美国三大电视网新闻竞争中立于不败之地。《60分钟》收视率经常位居美国20大节目之首，创造了新闻节目打败娱乐节目的纪录。

在强烈的竞争意识支配下，《60分钟》一面寻求新的报道题目，开拓新的领域，一面在增强报道深度上下功夫。调查采访记者不但把重要的新闻事件展示给观众，而且深入分析事件发生的原因，预测发展动向和前景。

例如，酗酒开车造成交通事故，是一个老大难的社会问题。主持人里森纳报道这个问题时，没有停留在表面上。他在调查采访中掌握了大量的数据，指出酗酒开车增多的一个重要原因是警察处罚不严，从而造成了一系列社会问题：无辜的人死于车祸，蒙受经济损失，交通秩序混乱，人心不安等。同时，他进一步分析了美国汽车工业的利弊，提出了制止酗酒开车的措施。

《60分钟》节目的调查采访经过40多年的历史检验，仍然具有生命力，节目经久不衰的原因就在于新闻报道领域的不断延伸。

以华莱士、里森纳为代表的调查记者成为美国公众家喻户晓的人物，调查采访渐渐成为特定的节目形态，成为《60分钟》的显著特点，也成为节目成功的重要因素。

美国的电视新闻在竞争中曾一度败给报纸、通讯社，《60分钟》节目延伸了调查采访的领域，改变了电视新闻没有深度的看法，开拓了电视新闻向纵深发展的途径。

要点提示

《60分钟》节目强调调查记者的采访功力；

强调记者亲临现场获得第一手材料；

强调在调查报道中不但要搞清事件的来龙去脉，而且要呈现深度。

三、调查采访的舆论作用

“格特案件”的报道，显示了《60 分钟》调查采访报道发挥的巨大舆论作用。1983 年，一个 43 岁的白人家庭主妇向《60 分钟》节目提供线索，她在《沃思堡明星电讯报》上看到“格特案件”的报道，认为这个案件审理很不公正，《60 分钟》应该前去调查。

莱纳尔·格特是南卡罗来纳州大学毕业的一名黑人学生。他被格林维尔的一家厂商雇用为工程师，因被怀疑在肯塔基的饭馆犯有“抢劫 615 美元罪行”而被捕受审，并由一个全部由白人组成的陪审团裁定有罪，被判处无期徒刑。

格特不服判决，始终认定自己清白无辜。他的同事也证实，抢劫案发生的当天格特正在工作，没有离开办公室，不可能参与此案。但是，尽管没有任何确凿的证据表明格特与此案有任何联系，得克萨斯州的地方检察官还是驳回格特的上诉，维持原判。

格特在监狱被押期间，他的亲朋好友以及一些对此案感兴趣的民间组织四处奔走，呼吁重新开庭审理所谓的“格特案件”，为此他的同事们筹集了数千美元，为他进行辩护。全国有色人种协进会也过问此案，达拉斯的好几家报纸报道了这一消息，这些报道导致了全国范围的进一步报道。

尽管在全国范围对“格特案件”进行了公开报道，格特仍被关在监狱，直到这位白人妇女丹·史迪威夫人把一张纸送入打字机，给《60 分钟》写信后，“格特案件”才有了转机。史迪威夫人在民权运动高涨时，从未参加过游行示威，可是她看到对“格特案件”的报道后非常气愤，她说：“这个案件使我非常气愤，黑人同我们一样，享有相同的权利，这太不公平了——格特失去了自由。”她立即想到了《60 分钟》。她从报纸上查到《60 分钟》的地址，给《60 分钟》写了一封信，并一同附上从报上剪下的“格特案件”的消息。她把这封信寄给 CBS 总经理吉思·扬科夫斯基。

“我与此案没有任何关系”，她在信中写道，“我只是一个对此有兴趣、表示关切的市民。我对这个年轻人的遭遇感到愤愤不平，不论有罪与否，他的人权已受到侵犯。我希望《60 分钟》能够调查此案。……或许《60 分钟》在全国范围内的报道、披

> **要点提示**
>
> 《60 分钟》调查采访报道敢于接触有争议的问题，敢于揭露社会弊端，因而被美国公众看作是最后求助的“法庭”——当报纸和政府官员都毫无办法时，人们转而相求的地方。

露会以某种方式帮助格特先生。"

她的信和剪报在1983年2月底——格特被捕六个月后——到达CBS总部。扬科夫斯基把信转给CBS新闻部。新闻部经理把信又转给了《60分钟》总编导唐·休斯特，并附上一个纸条：此案虽然复杂，但却是一个很好的报道题目。

《60分钟》节目的主持人莫利·塞弗带着助手到格林维尔调查了此案。莫利·塞弗回来后，在1983年12月4日的《60分钟》节目中报道了"格特案件"，认为这是一次不可置信的、颠倒是非的审判。

《60分钟》报道此案时，判处格特无期徒刑的达拉斯地方检察官亨利·韦德正好在家，他刚准备出门时接到一个朋友的电话：《60分钟》正在报道"格特案件"。韦德急忙打开电视，看了全部报道。

在此后几个月，韦德利用一切机会，谴责这次电视报道，指责报道歪曲事实，但是他却不能回避周围人的反应。他回忆说："第二天晚上，我的儿子及儿媳妇问我，怎样才能说明格特确实有罪。"他的一些同事也问他类似的问题。这些人的责问，加之公众的舆论，迫使韦德在《60分钟》报道10天后，释放了格特，并重新审理此案。三个月后，"格特案件"彻底了结，格特被判无罪。

事后，这位检察官承认，《60分钟》的报道与解决此案有极大关系。格特的辩护律师埃德·格尔直言不讳地指出，《60分钟》使得克萨斯州最有势力的人屈服了，如果不是《60分钟》的报道，莱纳尔·格特至今还被关在监狱里。

《60分钟》调查采访报道具有的新闻舆论力量，以及舆论影响社会的作用由此可见一斑。

四、调查记者的社会责任

美国亚拉巴马州蒙迪维尔一家化工厂喷射化学毒素造成环境污染，附近一名儿童死亡，一些居民中毒。《60分钟》对于这一事件的调查报道，引起美国社会对环境污染问题的高度关注。同时，这一报道成为电视新闻调查采访的经典案例。

《60分钟》记者布莱德利调查采访这一事件时，多次访问死亡儿童父母以及负责治疗这个儿童的医生，还到中毒的居民中了解情况。在初步得出结论之后，他又深入到这家化工厂进行各方面调查核实。最后用确凿的事实报道说明，这个儿童的死亡和居民中毒，是由于化工厂的污染造成的。该报道在美国化工生产领域产生广泛的影响，引起全社会的震惊。

几十年来，《60分钟》优秀的调查记者持之以恒、不辞辛苦、克服障碍调查事实真相，表明记者具有较强的社会责任心。这种对社会、公众负责的精神还常常促使记者不顾危险地寻求时机，抓取有力的证据。

在纷繁的社会现象面前，哪些问题同人类生存息息相关，但还没有被人类所认识；哪些现象是假象，哪些真相又被掩盖，这些都需要记者采访调查加以揭示。因此，记者责任心影响对新闻的判断，关系到是否能够抓住时机采访调查。

时机对于调查记者来说有偶然性，但在同样条件下有人能从偶然出现的机遇中抓住重大新闻，有人则不能，还有人面对重大社会问题无动于衷。具有高度责任心的记者，会以特有的新闻敏感千方百计地捕捉新闻。

在越战激烈进行期间，丹·拉瑟在《60分钟》节目做调查记者，他主动要求到前线采访。别人劝他说，你现在有这么好的工作，又有妻子儿女，为什么要去冒生命危险呢？拉瑟回答，新闻记者的职责促使他不能放弃千载难逢的机遇，尽管有极大危险。职业责任感使拉瑟不顾阻力、困苦、风险，冒险报道了越战。前苏联入侵阿富汗时，他又冒着生命危险，化装潜入前线阵地进行调查。

具有社会责任感，是对调查记者的职业要求。新闻作为一种社会现象，具有自身的特有规律。

从新闻共性规律探索，强烈的正义感、高度的责任心是调查记者应具备的基本政治素质。

电视新闻节目正在朝着多样化趋势发展，对调查记者的要求也不断提高。在一定程度上讲，《60分钟》记者的调查采访活动代表了电视深度报道的较高水平，《60分钟》形成的调查性纪录片节目形态，已经成为世界各大电视机构纷纷效仿的报道模式。在中国电视屏幕上，调查采访的节目形态正处在从模仿到成熟的阶段。

需要说明，《60分钟》的调查报道也不可能是尽善尽美的，也必然受到社会历史的局限。但是，分析《60分钟》的成功因素，探索调查采访报道的共性特点，揭示调查采访报道对记者的要求，可以为我国的调查报道提供借鉴。

第三节 《新闻调查》节目的突破

根植于中国电视媒介的调查采访报道，在20世纪80年代才初见端倪。与美国同行相比，中国记者在实践中的探索也是

要点提示

调查采访报道所产生的巨大社会作用，要求记者具有高度的责任心。记者在调查采访中的高度责任心，是取得观众信任的重要因素，也是调查采访成功的前提。

要点提示

20世纪90年代，伴随着改革开放的继续深化和政治民主化的推进，我国新闻事业的话语空间进一步拓展。

在我国大的政治经济环境以及媒体和受众双重需要的背景下，《新闻调查》节目应运而生。

不断进取、开拓前进的。

1980 年中央电视台开播《观察与思考》节目，这是中国电视新闻中较早进行深度报道的栏目，其中播出过不少调查性报道，例如节目第 2 期采用偷拍的方式报道了“公车私用”现象。

我国电视调查采访报道的兴起，始于 1993 年中央电视台新闻栏目的改版。

1993 年 5 月 1 日，早间新闻节目《东方时空》创办，其中的小栏目《焦点时刻》是一个社会焦点类栏目，开始进行一些调查性报道的尝试。

1994 年 4 月，中央电视台又推出了新闻评论性栏目《焦点访谈》。《焦点访谈》栏目中一些有影响的报道，可以说是真正意义上的调查采访，如《仓储粮是怎样发霉的》《小车难载高收费》等。

1996 年 5 月 17 日晚 9 点，中央电视台第一套节目推出《新闻调查》，播出第一期报道《宏志班》。

由此，调查性采访报道开始在中国的电视媒体上展示独特的报道模式，产生一定的影响力，中国的电视新闻深度报道进入了一个新的开创时期。

要点提示

《新闻调查》栏目创作班子曾经提出“主题事件化，事件故事化，故事人物化”。

《新闻调查》将故事化作为调查报道的理念，并成为一种特定的创作方法。

一、注重调查采访过程

作为一档时间长度达 40 分钟的调查性电视新闻栏目，《新闻调查》的报道不单单是新闻事件的“五个 W”。

《新闻调查》着力展示的核心，是如何进入事实的内核，发现事实各个方面和层面的逻辑关系，在此基础上一步步获取事实的真相。

对《新闻调查》而言，过程就意味着真相。没有对调查过程的展示，观众就无法从历史、全观的角度来认识新闻事件是如何发生和发展的，也无法知晓究竟有哪些背景因素对事件的发生发展起到了重要的作用。

而没有了调查取证的过程，也就失去了电视调查性报道作为一种报道体裁独立存在的价值。

1997 年 1 月 17 日，《新闻调查》播出《公交能否优先》调查报道。节目中展示了记者调查过程，引发了观众的兴趣和思考，为《新闻调查》赢得了赞誉。时至今日，《公交能否优先》的调查采访过程展示还经常被人提及并作为“以调查过程流畅清晰取胜”的典范。

以下是对《公交能否优先》的调查采访报道的分析。

调查背景：

随着经济的发展和车辆的增多，堵车日渐成为城市普遍面临的难题。20世纪70年代初期，法国也面临过这样的问题。当时他们提出了“公交优先”的口号，实践证明效果不错。我国的城市交通是否也可以实行“公交优先”呢？

策划理念：

因为调查的问题是“公交能否优先”，因此记者选取北京103路无轨电车作为切入点展开调查。以103路电车为调查的切入点有这样几个好处：首先，它是北京公交运营了多年并且容易引出话题的一条交通线路。围绕这个线路展开调查，顺理成章地体现了以民为本，公交才能优先的主题；其次，以一条具体的线路作为切入点，使得调查远离了空洞的概念而变得具体形象；最后，重要的一点是，103路电车为调查提供了一个调查路径，调查采访以此为起点，进行多方面、多层次的延伸，调查的过程感必然鲜明。

调查过程：

记者早晨5点半就登上了由北京动物园开往北京站的103路无轨电车。对于103路来说，这已是当天早晨由动物园开往北京站的第十趟早班车。记者此行的目的是想测试一下，在早上城里几乎不堵车的情况下，103路跑完全程12.8公里需要多长时间。

在103路电车上，记者展开了调查采访：“您平常上班的时候，一般怕什么？”被采访对象的措辞虽不尽相同，但中心意思却是一致的：“堵车。”

问到目前严重的堵车状况，103电车的司机回答是：“徐徐寸进，步步为营。”

在完成对103路电车乘客、司机、售票人员、车队领导及北京公交公司总经理的调查采访后，记者的调查转向了政府官员和道路交通专家。从时任北京市副市长张百发到时任北京市公安交通管理局副局长段里仁，从时任建设部城建司公共交通处处长张奎福到时任北京市公共交通研究所所长李新，官员和专家不仅形象地讲明了堵车现象的根本原因、潜在的危害，同时也提出了最有效的解决办法——优先发展公共交通。

相对于重在现象和问题展示的调查采访，这一问题的调查有事例有数据，有历史有现状，进入更理性的层面，调查的过程感非常清晰。

在完成对地面公共交通的调查以后，记者调查的路径一转，进入了更深的层面：地下公共交通对缓解交通堵塞压力存在什么样的可能性？调查的结果是“要真正解决城市交通问题，必须靠地铁。但修建地铁造价太贵，每公里5个亿，因此需要时间”。

完成了以上的调查，记者又开始了更深层面的调查——对公交优先的社会意义和相关社会经济问题的思考。

可以说，对调查过程的重视和明晰的把握是《公交能否优先》成功的关键。

要点提示

电视声画同步的媒介特性，决定了记者的调查过程和报道是结合在一起的。

被调查者难免因为摄像机的介入而有所保留，但调查现场的展现是同步的。

记者采访调查本身和报道无法分解地交融在一起，一次完成。

二、展示记者调查行为

从报道属性上来讲，报纸调查性报道和电视调查性报道并无本质不同。但是，报纸毕竟是文字的传播媒介，一切的事实和形象全都有赖于文字的描述和再现，因而电视记者的调查采访和报道其实是两个过程，最终见诸观众的是对调查采访素材的整理加工。

电视调查文体中，记者的调查行为成为报道的重要部分。这一点，从《新闻调查》开播第一期节目《宏志班》就清晰地显现出来。

在《新闻调查》以后制作的节目中，虽然在选材上经过了一个漫长曲折的探索过程，但作为节目外在特征的电视调查文体始终变化不大。记者始终是作为调查行为的实施者出现和存在的，他同时也成了节目的结构元素。

记者的调查行为包括记者对调查过程的分析。

展示记者调查行为还有另一层含义，就是展示记者对新闻事件的分析。因为面对任何新闻事件，记者必然有自己的视角。

这种归纳分析，一般由记者在调查现场面对观众串场完成，在形式上类似于常规新闻报道中的现场报道。

把调查记者的现场分析纳入记者的调查行为，是因为这种分析对记者的调查起着条理清晰化的作用。

在《新闻调查》大容量的节目当中，不能全部是冗长的调查取证，这样既无益于真相的揭示，也使节目在叙事上失去了节奏感，甚至给观众流水账的感觉。

正是基于以上的认识，《新闻调查》从创办一开始就确立了由记者出镜向观众展示调查进程并进行现场分析的报道模式。

在展示记者对事件分析的时候，有一个界限必须划清，那就是记者的分析归纳并不等同于记者的评价和议论。

记者分析的目的是：调整调查的逻辑层次和叙事的推进，而不是主观的定性和议论，因为在此时调查的过程尚未结束，调查还在进行中，事实的真相还没有全部浮出水面，观众还处于对真相的期待和判断中，议论和评价只会导致反感。

案例分析

《透视运城渗灌工程》调查采访报道

在《透视运城渗灌工程》的调查采访报道中，记者的调查行为在屏幕上得到充分展示。

1998年10月16日，《新闻调查》播出《透视运城渗灌工程》报道，记者在现场的调查表现十分出色。

调查背景：1995年年内，运城地委和行署共同提出，在半年内，投资2.8个亿，完成100万亩的渗灌面积，并迅速采取了行动。然而，工程动工之初就有专家对大面积推广此项技术表示担心。结果如何呢？

记者调查行为：临猗县、芮城县是渗灌工程的两个重点县，记者先到临猗县进行调查。

记者随意在路边停下车："这些田间地头的渗灌地，有哪些用过？"

农民："没有用过，劳民伤财。"

记者："为什么呢？"

农民："没有水，用啥？"

记者又来到了芮城县节水渗灌典型乡学张乡，全乡共有34个渗灌池。

乡长任干军说，全乡渗灌90%配套。

记者的观察很敏锐："为什么很多渗灌池要建在路旁边呢？"

任干军（愣了一下，然后脸上堆笑）："你这给我问住了，我也不知道该咋说。"

为了查实全乡到底有多少渗灌池用过，记者请任乡长一起来到了学张乡建有渗灌池的公路边。先看了4个渗灌池，乡长说这4个有3个都用过。最后来到了离乡政府最近的一个渗水池边。乡长说这个池子也用过。

记者："下水管在哪儿呢？"

任干军："那不是？"

记者："哪儿？"

任干军："那不是？"

"这地里有没有埋管子？"记者问身边的一个农妇。

"没有埋管子。"农妇的回答很明确。

"那个池子用过没有？"记者又问。

"没有。"农妇说。

"从来没用过？"记者又一次核实。

"没有用过。"农妇说。

任干军："她一个老太婆，整天不在地里，她怎么能知道？"

农妇："我老在地里。"

记者："那个池子有没有放过水？"

农妇："没有放过水。"

镜头马上甩到远处的任干军（咆哮）："谁胡说了，我马上就收拾他。你哪能这样搞？咱们实事求是，你如果再这样说，我不管你，你随便上哪儿去就上哪儿去。"

在平王村，记者拔起一个渗灌上做样子的水管问农民："这样的还有吗？"

一位妇女回答："不知道。"

旁边一位男人轻挥了一下手："那边乡镇干部都在……"欲言又止。

透视《透视运城渗灌工程》调查采访报道，除了那些官僚气甚至匪气十足的官员外，留给观众印象最深的恐怕就是记者在渗灌工程现场所做的大量的实地调查。这种调查是行为式的，而非简单的一对一的采访。我们看到，记者在现场有发现，有演示，记者拔掉管子，一目了然地看到造假行为。记者在现场根据当时发生的情况，立即进行现场指认。可以说，记者充当调查媒介的作用发挥得淋漓尽致。

在《新闻调查》的节目档案里，《沙起额济纳》也是一个成功的调查报道。记者迎着八级大风、面对滚滚而来的沙尘作现场报道；为了调查暴风雪过后牧民的受灾情况，摄制组在过年时节深入茫茫雪海，顶着严寒冒着暴风雪寻访灾民；为探寻七里沟死人真相，记者戴着面具走向剧毒气体硫化氢等等。这些都给观众留下深刻印象，产生了较大社会影响。

要点提示

《新闻调查》采访报道的特点在于围绕新闻悬念展开调查，注重展示记者的调查行为，强调调查过程并最终揭示事实真相。

三、调查路径围绕悬念展开

对于电视调查报道来说，如何展开调查是一个不能忽视的问题。

分析《新闻调查》播出的报道，可以发现，几乎每一次成功的调查都是围绕悬念的提出、悬念的求证、悬念的解决来完成的。

悬念成了潜藏于电视调查文体当中时时发挥着不可或缺的作

用的重要元素。

在对悬念的处理和把握上，《新闻调查》已经形成了一套相对固定的模式。每一期的《新闻调查》在片头过后，都会出现记者在演播室的一段串场，串场的内容也往往是针对某一具体的事件或现象提出相应的悬念。

全片围绕演播室提出的悬念，开始求证和探寻。栏目同时根据调查求证的脉络，将节目分为四个隔断，每一个隔断又在前一段落调查的基础上提出小的悬念点，环环相扣，推动整个调查向纵深发展。

例如，《新闻调查》2000 年 3 月 24 日播出的《左肾未探及》的演播室开场是这样的：

"1998 年 8 月，七岁的小男孩杨易在医院作检查的时候，忽然发现自己的左肾没有了。这成了杨易一家人的心病。从此，他们不停地奔波在医院、卫生厅和法院之间。七个多月过去了，他们一家始终没有得到明确的结果，问题到底出在哪儿呢？是杨家还是医院，是医疗主管部门还是我们现行的医疗事故鉴定体系呢？"

在这段串场中，开篇就提出了悬念，由对杨易左肾的去向延伸到对制度的呼唤上。于是悬念也从对新闻事件的猎奇升华为对制度的思考。

2002 年 2 月 23 日，《新闻调查》播出了《毒枭谭晓林》，全片充满了悬念。

节目一开始，先概括介绍谭晓林的犯罪事实：谭晓林，四川乐至县人，1993 年移居缅甸，先后向我国境内贩运大宗毒品 55 次，毒品海洛因 3 吨以上。

于是悬念出现了：谭晓林是怎么走上贩毒道路的呢？为什么被称为新一代的毒枭呢？围绕这些悬念，片子开始了调查。

原来谭晓林的发迹是从他结识缅甸大毒枭杨国栋开始的。于是悬念又来了，谭晓林是通过何种方式向我国实施贩毒行为的呢？公安机关又是如何对其侦察缉拿的呢？对于谭晓林这样一个狡猾的毒枭，缉拿的困难有哪些呢？

一个又一个悬念的提出，然后在一次又一次破解的过程中，调查一层层展开，故事一步步推进，真相一点点显露。

要点提示

《新闻调查》栏目组曾经对记者调查采访提出过四项要求：

1．质疑的精神

《新闻调查》的记者必须要有怀疑一切的介入态度和打破沙锅问到底的工作作风。

2．平衡的意识

《新闻调查》的记者应该让事件中的冲突双方和不同的利益集团有同等的发言机会。

3．平等的视角

在《新闻调查》记者面前，只有被调查者这一相同的身份，没有尊卑贵贱之别。

4．平静的心态

《新闻调查》记者要多一分理性，少一分冲动，这会有助于对事物作出更准确的判断。

四、调查记者的质疑精神

下面结合《新闻调查》播出的具体节目，对这四项要求进行分析。

探寻事实真相，不但包括内幕调查，同时也包括对复杂问题的深层探究，而记者的质疑精神，是获得“真相”的首要条件。

这些“真相”呈现两种状态：一种是我们通常所说的内幕和黑幕，即被权力和利益遮蔽的真相；另一种是复杂事物的混沌状态，即被道德观念和认识水平所遮蔽的真相。

在 2001 年 4 月 7 日播出的《绛县的经验》报道中，记者以执着的质疑精神，一步步接近事实真相。

下面是记者对绛县主管农业的副县长、农业科技示范工作的负责人的一段采访。

记者：您告诉我一个确切的数字，全绛县种了多少亩的无籽西瓜？

副县长：5,300 亩，比较成功的是 3,700 亩。

记者：比较成功的标准是什么？

副县长：成功标准就是老百姓的收入。

记者：收入怎么衡量呢？

副县长：去年好的卖两千五六，单亩收入 2,500 块钱。

记者：普遍都能达到这个水平吗？

副县长：普遍是 1,500 元左右，成功的是 1,500 元左右。

因为实际了解的农民收入和县里的统计差别极大，记者再次就农民收入问题对副县长进行采访。

记者：关于农民收入的数字是怎么统计出来的？

副县长：这个数字我们下去以后一家一户走，你卖了多少钱？他卖了多少钱？有的笑得跟花一样，有的很满意：还不错！差不多！明年继续干。

记者：这样的户多吗？

副县长：10 个人种西瓜 8 个人挣了钱了，一般不向外张扬。

记者：为什么不张扬？

副县长：一个是收入一两千块钱有啥张扬的？如果收入十万、八万老百姓还有点儿小思想。真正有两户不好，他就吵得特欢：政府让我咋了咋了，这个不对，那个不对。

概念术语

什么是真相呢？所谓真相，《现代汉语词典》的解释是：事情的真实情况（区别于表面的或造假的情况）。

所谓真相就是正在或一直被遮蔽的事实。有的真相被权力遮蔽，有的被利益遮蔽，有的被道德观念和偏见遮蔽，有的被我们狭窄的生活圈子和集体无意识遮蔽。

相关背景

1999 年 1 月，山西省绛县被中国农业科学院确定为第三个全国农业科技示范县。仅仅过了一年，人们便从媒体上获悉，绛县已建成 142 个科技示范区、2,687 个科技示范点。

有报道说，绛县在成为农业科技示范县以来的一年时间里，已经迅速地引进了新品种、新技术以及新成果 380 多项，有的成果推广当年就取得了成功，而无籽西瓜正是被着力宣传的这样一个项目。记者对这个成功的项目进行了调查。

记者：您能不能具体地告诉我这个统计是怎么做出来的？

副县长：因为我们总共是八个乡镇就是几十个村子，而且面积就 3,000 多亩，我们有包乡镇的干部，有包项目的领导，没有准确到像测量小麦产量那样，因为也没有必要把它弄那么准确。农业动态，只要把整个动态了解清楚，以利于我们今后更好地指导农业工作。

记者：不经过精确地统计，怎么能够知道种得好的有多少，种得不好的有多少？

副县长：因为我们熟悉农村工作，基本上统计情况都能弄出来。像你吧，你肯定弄不出来，你就要靠一家一户统计，算算、走访户调查。

记者：您觉得通过这几种统计方法统计出来的数字可信、可靠吗？

副县长：比较可靠。

……

记者：绛县在去年一年建成了 142 个科技示范区、2,687 个科技示范点，我想知道在这么短的时间内建设这么多的示范点当时是出于什么考虑？

副县长：这个示范园区说多也不多，说少也不少。因为搞这么一个活动就是把方方面面的力量都调动起来，有力量的、有条件的都在参与这个示范。

记者：那么多的科技示范园、科技示范点，真正能够起到示范作用的您估算一下到底有多少？

副县长：真正起到示范作用的还是多一半。

记者：外界曾经说过，绛县搞的农业科技示范县很多做法是在搞“科技大跃进”，您怎么看待这种评论？

副县长：因为五八年我才三岁，我也没有参加过“大跃进”，我不知道“大跃进”是个啥概念。

《绛县的经验》报道之所以能够获得成功，很大程度上是凭借记者锲而不舍的质疑精神，一次次深入农户家里，实地采访，实地调查，绛县官僚形式主义最终被揭露。记者董倩在采访的过程中始终不温不火，她的质疑精神使调查采访获得成功。

要点提示

记者把握调查记者的职业角色的同时，自始至终以平等视角提出问题。

既尊重采访对象的人格，揭露犯罪事实，又不同于办案人员的审讯。

相关背景

河北省石家庄市郊区东简良小学一年级学生杨易在4岁时患了“神经母细胞瘤”，这是一种常发于儿童的恶性肿瘤，多长在腹部紧靠肾脏的部位，死亡率很高。1996年11月26日，杨易进行了腹部肿瘤切除手术，身体恢复良好。不料三年以后，也就是1999年8月，杨易的身体再次出现了异常反应。

杨易的父亲杨选国把孩子送到当初施行手术的河北医科大学第二医院，在做腹部B超检查时，有关人员惊讶地发现小杨易的左肾看不到了。杨选国立刻怀疑，是不是在三年前那次腹部手术中孩子的肾脏被切除了，因为上次手术就是从肾脏上剥离肿瘤，术前检查显示双肾大小、结构都很正常。但是，河北医科大学第二医院称手术施行正确无误，杨易的肾脏可能是术后萎缩。

之后，杨易的父母开始请求医院和卫生厅进行医疗事故鉴定。由于杨选国和医院之间分歧太大，加之进一步的检查尚未进行，省卫生厅无法作出结论。于是，杨易的父母把省卫生厅诉至法院。

五、调查记者的平衡意识

2000年3月24日，《新闻调查》播出《左肾未探及》在观众中引起强烈的反响。正是记者在采访上很好地把握交流与审视的分寸，不但很好地叙述了事实，让对方表述了自己的观点，也在叙述和表述的过程中不断找出对方的破绽进行反驳和质疑。

杨易的左肾到哪儿去了？问题到底出在哪里？究竟谁该负责？是杨家还是医院？是医疗主管部门还是现行的医疗事故鉴定体制？

据本片编导的《调查手记》介绍，记者在前期采访中，只有杨易的父母愿意接受采访，他们认为多了一份替自己讨回公道的力量。河北医科大学附属第二医院和河北省卫生厅拒绝记者采访，原因是他们认为此前的媒体“炒作”有失公允，并给公众造成一种印象：杨易的左肾已经被医院切了，医院推卸责任，卫生厅偏袒医院。经过一再劝说，第二医院和卫生厅基于收看《新闻调查》以往节目所获得的“客观中立”的印象，表示愿意接受采访，说出真相，以正视听。

在最后的播出报道中，我们看到，记者没有不负责任地“煽情”或“谴责”，而是始终冷静客观地给予当事人双方以同等的表述机会，让他们倾诉各自面临的尴尬和委屈，进而引发对医疗事故鉴定体制的思考。

下面是两段记者的采访：

记者：杨易的爸爸把这个病历给我们，上面有8月20号是您签的字。

省二院B超科大夫秦玉玲：是的，是秦玉玲。

记者：您能不能回忆起来那天的一些情况，关于孩子做B超的一些情况？

秦玉玲：回忆不起来了。

记者：一点也回忆不起来了？

秦玉玲：一点也回忆不起来。

记者：当时秦医生的反应，你还记得住吗？

杨选国：记得，（她）一句话不说，当时就叫记录的大夫，报告简单一点，就把后边都去掉了。还有肾脏、脾脏，这些都没报告，不报告了，不说了。

……

杨选国：我小孩肾脏没有了，我感到意外，我感到吃惊，我受不了。我辛辛苦苦三年，呕心沥血到现在，没想到小孩的病情反复了，受到这么大折磨，我花了十几万进去，去北京，哪个地方都去了，该治的都治了，花了那么多钱，现在小孩肾脏没有了，我能接受吗？我当时找二院去了。

当年的手术医生张道荣：我们手术都写手术记录，没有切。我们送标本到病理科没有记录发现肾脏，我们的麻醉师记录没有切除肾脏。

……

张道荣：我费了那么大劲，反正我看到的我都拿到了。从我良心上我不受谴责，我觉得我是对得起他，我是做到仁至义尽了，我尽了最大努力了，费了我百分之百的力气了，我心里无愧。

……

记者：你认为孩子的肾到底是个什么样的状况？

杨选国：没有了，而且肯定是没有了。萎缩到一点都没有，找不着，是不成立的。

记者：您能不能很自信地面对我们的摄像机，您可以保证，在手术的过程中，您没有切除孩子的左肾？

张道荣：这一点我敢千真万确地告诉你们，而且我敢用我的人格、用我的党籍来保证，到任何时候，你就是逼着我，把我的头砍掉，我也敢说，没切就是没切。

通过《左肾未探及》节目中的采访，可以看到调查记者对采访对象的选择、提问的方式、问题涉及的内容都进行了精心的考虑，从而很好地体现了平衡意识。

要点提示

《新闻调查》节目告诫记者无论采访什么人物都要采取平等视角。平等视角也是新闻报道客观原则在采访态度上的体现。

六、调查记者的平等视角

1998 年 4 月 17 日，《新闻调查》播出第 79 期节目《从市长到囚犯》。

1997 年 3 月，河南省鹤壁市市长朱振江因受贿罪被捕并被判刑 12 年。作为一个农民的儿子，一个勤苦攻读的学生，他是如何走向犯罪道路的？新闻调查的记者对此进行了采访。

下面是记者对朱振江的一段采访：

记者：在你推荐的干部里面，或者你为之说话的干部里面，有没有出现最后走上违法道路的人？

朱振江：就是胡安林。

记者：你跟胡安林这样一个人是什么时候开始结交的？

朱振江：我当副市长以后，因为他是一个企业的厂长，在工作过程当中逐渐和他接触多了，就认识了。

记者：当你跟他个人的关系发展到比较亲密以后，你自己什么时候感觉到可以向他提一点要求？

朱振江：就是出国的时候，有一次到美国去。当时，资金比较紧张，我跟他提过，后来他给了我 1,000 美元。

记者：这是你第一次向别人提出来要钱了，跟过去别人送上门来是有很大的不同吧？

朱振江：因为我知道他那儿有，先从他那儿拿来用。回来以后，他再没有追过，我也没有再还他。

记者：实际上你内心深处有没有想“还”？

朱振江：没有。

记者：回到安阳之后不久，胡安林的企业得了奖，而你向这个企业又伸了手。

朱振江：那很简单！就是从他的奖金里分了 10,000 元给我。

记者：你当时收他的钱是一件非常容易、很自然的事情，是这样吗？

朱振江：跟他比较熟悉了，所以也就比较随便了。

记者：一个“要”，一个“收”，对你来讲，不同在哪里呢？

朱振江：不同就是：你收了，是人家给你送上来的；你要，就是说自己占了主动了。

记者：你有没有某种跨过了一条界线的感觉？

朱振江：现在看起来，这个事情确实是跨过了界线。

……

记者：在你担任市长和副市长的六年的过程中，当年上大学时，那 42 块钱的事情和父亲的嘱托是不是曾经想起过？

朱振江：曾经想起，但是慢慢地又给淡忘了。

记者：当你想起的时候，内心有矛盾和冲突吗？

朱振江：……

记者：你认为自己从当年跨进市长的办公室到现在跨进这座监狱，是什么东西给你带来了这么大的命运的变化？

朱振江：金钱。

记者：你缺钱吗？

朱振江：我不缺钱。

记者：究竟是一种什么样的动机需要这样做？

朱振江：就是挡不住。

记者：这个挡不住的东西是一种诱惑吗？

朱振江：是一种诱惑。所以对这个问题，我确实感到非常懊悔，也确实感到这个惨痛的教训，说实在话，太沉重了！我至死都不能再忘记它。做官总是要有一定的权力，但是如何去用好这个权，这是每一个人都应该面对的一个最实际的问题。所以在这个过程中，千万千万不可伸手，伸手必被捉。

> **要点提示**
>
> 从《新闻调查》的采访问答中，可以看到记者调查采访的客观态度。正是由于记者的这种态度，采访对象才对记者怀有信任的态度，记者的调查采访也才得以向纵深展开。

七、调查记者的客观态度

2002年3月23日，《新闻调查》播出了《与神话较量的人》，引起极大轰动。采访对象刘姝威当年被中央电视台第二套节目评为“感动中国——2002年度风云人物”。

在《与神话较量的人》中，记者王志以温和的客观态度与刘姝威进行了一番交流，采访的过程十分精彩，揭示了银行信贷安全问题。

下面是报道中的部分采访问答：

记者：照你这么说，就是没有人来关注这件事。

刘姝威：没有人说出这件事。银行没有及时采取行动的原因，不是因为技术上的原因。

记者：不是由于技术上的原因？

刘姝威：从技术上，现在银行有那么多博士和硕士。他们都受过很好的训练，他们怎么能够看不出来呢？绝对不是由于技术上的原因，而是由于技术以外的原因。

记者：你指的这个因素是什么？

刘姝威：就是什么呢？作为一个上市公司的话，瞿兆玉哪有那么大的本事上天入地：他为什么能那么迅速地就能拿到《金融内参》呢？如果这个因素你不消除的话，保证我们的信贷安全是很难的。

记者：你指的这个因素是在商业游戏规则之内呢，还是之外？

刘姝威：我想这不是市场经济允许的。要是在一个健康的市场经济当中，这些因素是不可能存在的。这些因素呢，会威胁到我们国家社会主义市场经济的健康发展。而我以前的研究，就像

延伸阅读

开播一年后，《新闻调查》打出"正在发生的历史，新闻背后的新闻"的广告语，昭示世人《新闻调查》告诉你的是背后的新闻。的确令人振奋，这种追求和奉献就是锻造栏目的品质从而形成观众的期待感。"新闻背后的新闻"还给《新闻调查》找到了一个合理的依据：我公布的是背后的东西，所以我要"调查"。

《新闻调查》节目脚本：

成克杰腐败案
贪官胡长清
目击UFO
质疑电话收费
左肾未探及
县官的官司①

《新闻调查》节目脚本：

从市长到囚犯
大官村里选村官
透视运城渗灌工程
国企亏损的背后②

瞿兆玉对我的评价一样——你太学术了，我对这些因素原来关注得太少了。

记者：你指的这个因素是权力吗？

刘姝威：你说呢？

记者：我问你。

刘姝威：我问你。你听了我讲述的话，你认为这个因素是什么？

记者：你是当事人。

刘姝威：这个问题我想应该让公众来分析吧。现在的问题是如果是权力的话，这就有一个——他为什么会用他掌握的权力干出这种事？怎么才能够制止他运用手中的权力干这种事？这是我们应该思考的问题。那么对于决策部门来讲，是不了了之呢，还是要一查到底呢？如果你这个问题你不一查到底的话，以后他还这么干；如果这个因素你再纵容它存在下去的话，银行没法办，行长无法当，这是很危险的。

记者：你认为会不了了之吗？

刘姝威：我不希望不了了之。

记者：你的预测是什么？

刘姝威：我的预测……我无法预测。

记者：预感呢？

刘姝威：我无法预感。

通过以上的例证对我们有所启示，调查采访报道需要特别注意的是：记者不能轻易下结论。

从"调查"二字来说，新闻调查的定位只有一个，就是它的揭露性。通过记者的调查揭示事件的真相，真正的调查节目是以怀疑为前提的。当然，记者的行为动机必须是以维护公共利益为前提的。从这个意义上说，新闻调查的使命就是揭穿骗局和假相。③

---

① 梁建增、塞纳、张洁主编：《调查中国——中央电视台新闻调查内部档案》(第一部、第二部)，中国民族摄影艺术出版社2001年版。

② 中央电视台新闻评论部编：《正在发生的历史新闻调查1998》，光明日报出版社1999年版。

③ 张洁：《新闻调查的品质》，载夏骏、王坚平主编：《目击历史新闻调查幕后的故事》，文化艺术出版社1999年版，第169页。

本章重点归纳

1．调查采访报道最早起源于西方报纸。1918 年《纽约晚邮报》记者哈罗德·A·利特因揭露新泽西州监狱滥用职权而获普利策新闻奖的调查采访报道奖，这是最早获得普利策新闻奖的调查采访报道。

1972 年，美国《华盛顿邮报》的两名青年记者罗伯特·伍德沃德和卡尔伯·恩斯坦报道了“水门事件”的内幕，这一轰动全美并最终导致尼克松引咎辞职的新闻报道，不仅使两位记者一举成名，也使得调查采访报道受到各家媒体的普遍重视，成为赢得受众信赖的有效武器。

2．西方新闻界认为典型的调查性报道必须具备的要素是：一些人或组织出于某种目的，企图掩盖事实真相、保密信息；选题内容必须是重要的，为公众所普遍关心，具有广泛的关注度；真相的揭露必须由媒体相对独立完成，而非简单地将他人已经完成的调查进行报道；与其他报道形式相比，其新闻采制时间与报道所需的篇幅都较长。

3．我国电视媒介调查采访报道的兴起始于 1993 年中央电视台新闻栏目的改版。1993 年 5 月 1 日，早间新闻节目《东方时空》创办，其中的小栏目《焦点时刻》是一个社会焦点类栏目，曾经做过一些调查性报道的尝试。1994 年 4 月，中央电视台又推出了新闻评论性栏目《焦点访谈》，栏目中不少有影响的报道就属于调查性报道。

在我国大的政治经济环境以及媒体和受众双重需要的背景下，《新闻调查》应运而生。1996 年 5 月 17 日晚 9 点，中央电视台第一套节目《新闻调查》播出第一期节目《宏志班》。由此为发端，调查性报道开始在中国的电视媒体上展示其独特的报道模式和影响力，中国的电视新闻深度报道也由此进入了一个崭新的时期。

4．电视调查报道对调查过程的展示是一种独特的采访方式。在某种程度上讲调查过程就意味着真相的揭示。没有对调查过程的展示，受众就无法从历史、全观的角度来认识新闻事件是如何发生和发展的，也无法知晓究竟有哪些背景因素对事件的发生发展起到了重要的作用。

5．电视声画同步的媒介特性决定了记者的调查过程和报道是结合在一起的。被调查者虽然难免因为摄像机的存在而有所保留，但记者的调查行为和调查现场的“场信息”依然会生动、逼真地展示给观众。记者的调查行为在调查报道中成为一种独特的采访方式，调查行为本身和记者的形象在屏幕上的展现使记者的采访形成了独特的风格。

6．对于电视调查报道来说，如何展开调查是一个不能忽视的问题。《新闻调查》采取设置悬念的调查方法，吸引观众的目光。成功的调查往往是围绕悬念的提出、悬念的求证、悬念的解决来完成的。悬念成了潜藏于电视调查文体当中并时时发挥着不能或缺的作用的重要元素。

7．调查报道的选题是报道成功的前提条件，选题必须具备“可调查性”因素才能够进行调查采访报道。《新闻调查》对选题“可调查性”因素的强调十分明确，选题理念从一个侧面验证了调查采访报道的特殊要求。

思考题

1．调查采访报道起源于哪种媒体？
2．调查采访报道最突出的特点是什么？
3．调查采访报道为什么具有较大的社会影响力？
4．电视调查报道的特点是什么？
5．《60 分钟》节目中调查报道的突出特征有哪些？
6．电视调查性纪录片模式是怎样形成的？
7．《新闻调查》节目的形态特征主要表现在哪些方面？
8．电视调查采访报道对记者有哪些基本要求？
9．为什么电视调查采访报道能够产生巨大的社会作用？

第十章　记者的职业道德与素质

本章内容

1. 记者的职业道德
2. 记者的素质构成

作为一种社会分工，记者工作都有哪些特定的职业要求呢？本章从记者的职业道德和素质构成两个主要方面来进行阐述。

概念术语

记者职业道德的内容包括：指导思想、品德修养、立场态度、工作作风、事业心、责任感等。

记者职业道德的核心内容是尊重事实，这是贯穿于记者新闻活动的指导思想。

记者的立场、思想作风、工作态度、事业心、责任感都围绕这个核心而发挥作用。离开了这个核心，诸种职业道德标准就没有着眼点，失去了目标。

第一节　记者的职业道德

记者职业道德是记者新闻活动的行为规范与准则。

一个优秀的记者，不仅要具有较高的采访报道水平、敏锐的新闻嗅觉，而且还必须具有良好的职业道德。在某种程度上讲，良好的职业道德是一个合格的新闻记者的先决条件。

一、职业道德的内容规范

新闻记者职业道德的内容规范是依据新闻记者职业活动的特点而确定的，每一方面都有其一定的标准。

记者要尊重事实，就要客观、公正、全面、真实地报道新闻；要做到客观、公正、全面、真实，则必须坚持正义、追求真理；要做到坚持正义、追求真理，则必须热爱事业、献身事业。

记者实事求是报道新闻就是对观众负责、对历史负责。中外优秀的记者往往都具有不辞劳苦、百折不挠、不为虚荣利禄所羁缚、不为社会恶风邪气所熏染等坚韧的品质和高尚的情操。

事实上，记者的职业道德是自觉地体现在具体的采访报道之中的。特别是在一些重大事件的采访报道过程中，往往能够检验出一个记者的自觉程度。

美国三大电视网对“挑战者”号航天飞机失事的报道，采取了克制慎重的态度，从中可以看到三位资深新闻节目主持人的思想感情和责任感。

1986 年 1 月 28 日上午 11 点 38 分，美国“挑战者”号航天飞机发射不久突然在空中爆炸。这一人类科学史上的重大悲剧震惊全球，举世关注。

灾难发生后，电视成为美国公众寻找答案与安慰的地方。无数双眼睛紧紧盯住电视，期待电视给予解答。

面对这一悲剧，美国三大电视网一反常态，没有采取过去抢发新闻的做法，彼此之间几乎看不到相互竞争的迹象。观众看到的是三大电视网极为克制、慎重的报道。而在过去肯尼迪总统、里根总统遇刺等突发事件中，三大电视网则争先恐后抢播最新动态，个别报道出现失实。

美国三大电视网首先报道了事件的发生，然后播发了官方和非官方的反应，接下来请航天专家分析爆炸原因。这种分析是猜测性的。美国三大电视网反复采取同样的程序进行报道，报道内容没有什么实质性区别。观众也不像以往收看重大事件报道那样从一家媒体转到另一家了解不同的信息、解释、观点，而仅仅固定收看一家的报道。

美国三大电视网晚间新闻的三位资深记者出身的权威主持人努力将事件、反应和分析串到一起进行报道。连续报道三个小时后，美国广播公司的詹宁斯向观众承认：我们没有多少能告诉你们的消息。

按惯例，美国三大电视网在“挑战者”号发射时都作了实况转播。“挑战者”号突然在空中爆炸是任何人都想不到的。起初，主持人和记者们甚至不愿承认从电视上看到的令人震惊的事实——没有一个人能在爆炸中幸存下来。

哥伦比亚广播公司的拉瑟不断重复说：“这是一个巨大的火球。”美国广播公司记者史蒂夫·比尔只说：“这是一场严重事故。”全国广播公司的布罗考最后还是用不完全肯定的语气报告说：“看来，也许没有一个人能够幸存。”记者比尔也沉痛地说：“希望微乎其微。”

爆炸4小时后，美国三大电视网仍然没有用肯定的语气报道事件造成7人死亡的悲剧，尽管看不到任何希望。而在1963年肯尼迪遇刺时，电视在枪响后10分钟就用肯定的语气告诉观众“总统伤势严重”；枪响后1小时5分钟，便告诉观众“总统已经去世”。素以采访能力强、判断事物准确的三位主持人面对实况图像却不愿作肯定的判断；他们常常是若有所思进行报道，他们的神态使这一事件的悲剧色彩更为浓重。这一事件本身是整个美国民族乃至世界科学历史的悲剧，在这样惨痛的悲剧面前，主持人的感情、情绪同全国民众相吻合，不能不抱以克制的态度，慎重地进行报道。

拉瑟无休止地重播“挑战者”号爆炸的画面，向观众展示慢镜头。他和所有有关专家通话，了解事件的来龙去脉，但得到的只是模糊的答复。明确答案只能等待下一步海上打捞的结果。电视画面上长时间展示空荡荡的海洋镜头，所有观众的心好像都要沉到海底一般。

詹宁斯利用一个航天飞机模型向观众说明造成爆炸的可能原因。他反复向观众报道有关遇难者女教师麦考利夫的事迹，他把女教师称为“空间的第一位真正的市民”。他说，“我们认为她的精神就是我们的精神。”由于他对麦考利夫作了较为完整的报道，麦考利夫在观众心目中比其他6位遇难者占据了更大的位置。

布罗考在电视上报道的时间最长。他为观众提供了较多的事实和背景：7位遇难者的个人经历；“挑战者”号推迟发射的原因；引起爆炸的某些推测；海上打捞的进展等等。

美国三大电视网对这一悲剧性突发事件的报道表明，电视可以将事件、反应、分析组织到一起；可以为观众担任事实的搜集者；同时在分析中注入思想和感情，给观众以启迪和安慰。

从中我们还可以看到，记者职业道德的核心标准是尊重事实，记者的感情、态度、责任心、作风是围绕这个核心发挥作用的。

二、职业道德的体现形式

在文本、条例形式上，记者职业道德一般通过“记者守则”“记者信条”等形式体现出来，其特点是具体、适用、针对性强、易于实践与检验。

纵观中外新闻界对记者职业道德的要求可以发现，记者职业道德准则有一定的沿袭性，早期制定的规则在今天仍然是适用的。这说明新闻记者的活动是具有共同规律的，这个规律一方面表现在记者的职业道德受社会公德的制约，另一方面表现在记者的职业道德受新闻事业自身特点的影响。

在1992年我国广播电影电视部实施的《广播电视岗位规范》中，明确提出记者的岗位职责要求。其中，在政治素质要求中包含这样一些内容：有较高的马克思主义理论水平和政策水平，并能用以指导业务实践；遵守纪律，有良好的职业道德；勤奋工作，实事求是，开拓进取，作风正派，廉洁奉公，联系群众。

需要指出，记者的职业道德虽然因其自身的规律形成了为世界新闻界共同接受的准则，但是在具体履行这些准则的过程中，不同社会道德标准对记者的影响和约束是不同的，不同的记者因其观点、立场不同，报道事实的角度、态度也是不同的。

从这个意义上说，记者的职业道德也受到不同社会道德标准的影响。在现实社会里，记者道德标准的施行在不同程度上体现着不同阶层社会利益的要求。一些西方国家虽然有明文规定不允许过多过细地报道犯罪、凶杀、色情的新闻，但是由于西方新闻机构的商业性质决定其要追求利润，他们的报纸、电视、杂志上这类的报道仍然占有相当比重，甚至成了污染社会风气的一大公害。

职业道德对社会、对公众能够产生直接作用，如果记者违背职业道德操守，必将对社会造成不良的影响。

新闻传播每日每时都不断反映运动变化的世界，影响着社会各个不同阶层的人，记者享有“社会道德天平”之称。故此，新

概念术语

国际上大多数新闻机构确认记者职业道德最重要的是：尊重事实、对受众负责、保持正直和独立、保守秘密、保护消息来源、尊重他人名誉、不得接受贿赂等。这些细则规定了新闻记者必须要具有较好的道德修养。

相关背景

20世纪20年代初期，美国等西方国家开始较系统地制定记者道德准则，到20世纪70年代末，世界上已有60多个国家制定记者道德守则。1981年我国中宣部、新闻局与中央新闻单位共同商讨拟定了《记者守则》（试行草案），这是新中国成立以来我国新闻工作者第一个记者职业道德守则。

闻记者的职业道德是取得记者资格的先决条件。

> **要点提示**
>
> 培养、提高记者的职业道德，起码要做四个方面的努力：
>
> 一是记者职业道德法规的约束；
>
> 二是新闻机构的监督；
>
> 三是新闻教育的熏陶；
>
> 四是记者自身修养的加强。

三、职业道德的主客观约束

（一）道德法规的约束与新闻机构的监督

目前，世界上许多国家都将记者职业道德诉诸法律形式，以约束记者的行为。新闻法规一方面保障记者权力；一方面也约束记者的行为；同时也为受到诽谤、侵犯的公众起到法律上的保护作用。

记者职业道德法规的约束和新闻机构监督，是对记者遵守道德操守的强制性控制手段。

> **案例分析**
>
> 美国哥伦比亚广播公司曾辞退一名较有名气和能力的体育节目主持人吉米·斯奈德，原因是斯奈德在节目中公开评论说："黑人是最好的运动员，这是因为在奴隶制时代主人养育了他们的结果。""早在南北战争之前的奴隶制时代，主人们就曾把强壮的黑人男子和女子弄到一起，好让他们生育强壮的后代。"[①]斯奈德的言论引起捍卫人权组织和各界人士的强烈抗议，电视网为维护声誉将他辞退，同时声明斯奈德的意见不能代表电视网。

> **要点提示**
>
> 新闻教育熏陶对培养、提高记者职业道德有着潜移默化的作用。
>
> 自我修养的加强是培养、提高记者职业道德的主导因素。

这个例证说明，新闻记者道德法规的施行必须要有新闻机构的配合才能更有效力。新闻机构按照记者道德标准监督检查记者的行为，把记者道德作为衡量记者是否具备职业资格的标准。

（二）新闻教育熏陶与自我修养的加强

对新闻记者进行职业道德教育，首先应使其了解新闻记者工

---

① 木华辑：《名解说员因侮辱黑人被辞退》，《中国电视报》1988 年第 10 期。

作的特点，对职业道德基本准则有一定的认识。一般刚刚跨入新闻记者队伍的人，往往处于主体意识不强、自觉性不高的阶段，因此，必要的职业道德教育是一项重要的工作。南斯拉夫、日本、英国等国都十分重视新闻记者的入门教育，其中职业道德是最基本的内容，也是最高的要求。

伟大的物理学家爱因斯坦指出：卓越人物的道德品质，可能比单纯智力上的成就具有更大的意义。智力上的成功，在很大程度上依赖于性格的伟大，这一点往往超出通常的认识。

培养、提高记者职业道德最根本的途径是加强自我修养。在我国新闻史上有许多“宁为玉碎，不为瓦全”的品德高尚的记者，他们身上都体现出较高的自我修养。著名的记者邵飘萍拒绝奉系军阀张作霖以30万元阻止他报道其倒行逆施的要求，最后死在张作霖手下。

延伸阅读

邵飘萍在其著作《实际应用新闻学》中讲道：“外交记者精神上之要素，得品性为第一。所谓品性者，乃种种新闻记者应守之道德，贫贱不能移，富贵不能淫，威武不能屈，泰山崩于前麋鹿兴于左而目不瞬，此外交记者之训练修养所最不可缺也。”①

综上所述，可以十分清楚地认识到：记者职业道德法规是对记者行为的法律约束；新闻机构的监督和新闻教育的熏陶，是对记者树立职业道德的灌输；新闻记者自我修养的加强是记者遵守职业道德的保证。

因此，培养、提高记者的职业道德，应该有主观和客观两方面的相互促动、相互作用，才能取得相对良好的结果。

四、记者社会地位的特殊性

新闻记者在今天被视作有一定社会地位的专门职业，是同记者的采访活动对人类社会产生的影响相关联的。

过去，在西方社会很长一段时间里，记者职业意味着是一种自由自在，甚至放任不羁的工作。早期的新闻编辑部杂乱无章，充满了气味、吵嚷。角落里有闲散的记者打牌，办公桌旁甚至有醉汉拿出酒瓶狂饮。众所公认，记者仅仅是热爱传奇故事的人物。

现在，新闻编辑部早已发生了翻天覆地的变化，新闻的生产过程从采集到传播都发生了变化。在现代新闻编辑部里，电脑替代了手动打字机，电传机替代了电信、电报传递。新闻记者敲击

① 邵飘萍：《外交记者之资格与准备》，《实际应用新闻学》京报馆1923年版。

键盘写稿，电脑已经取代了笔和墨水。在受众的眼里，记者已成为手持麦克风对着话筒说话的不平常的人物。

记者被邀请参加宴会，成为席间的重要人物，或者是最有趣的人物。过去，记者是不会被邀请参加宴会的。今日许多记者成为知名人士、政治家的顾问，甚至智囊；少数记者进入政府担任要职；也有些记者成为明星人物，成为被采访报道的对象。调查美国水门事件的《华盛顿邮报》记者鲍勃·伍德沃德和卡尔·伯恩斯坦都成了最有名气的世界性新闻人物。他们采写的披露水门事件的书《总统的人马》被拍成电影《惊天动地大阴谋》，好莱坞巨星罗伯特·雷德福和达斯廷·霍夫曼分别扮演两位记者。伍德沃德和伯恩斯坦两人则在电视上抛头露面，参加了一个介绍好莱坞影星的电视节目。

可以说，记者的社会地位有一定的特殊性。记者拥有的受众人数比世界上任何传教士、教师或政治演讲家都要多。据美国权威的《赫德森氏华盛顿新闻媒介联系人名录》记载，到 1981 年，在华盛顿的新闻记者和编辑共有 3,266 人，但是他们在世界范围内拥有的听众、观众、读者都超过这个数字的 1,000 倍。

显而易见，在今天这样一个即时通信时代，记者的采访活动对社会之所以产生越来越大的影响，不仅是由于新闻本身传播速度加快，还由于传播范围扩大，受众比过去任何时候都多，记者对时代的影响可谓愈加广泛、深入。

记者职业确有着诱人之处，但也充满危险和困难。

记者采访最大的难点在于：必须在有限的时间内对纷繁复杂的事件作出及时的判断、选择、反映。记者要在瞬间记录今天的历史，他们必须在截稿之前或就在事件进行之中作出判断，而不同于历史学家可以有充分的时间沉思默想、考证研究。有时记者不可避免地在判断事实上出错，因此，大凡成功的记者往往都是最精明、最敢于冒险，又最小心谨慎的人。

无论时代发生什么变迁，无论技术手段多么先进，作为记者，始终要充分发挥自己的聪明才智，用清醒的头脑来观察、判断、选择、报道新闻，这是记者职业道德的核心内容。只有尊重事实，用事实说话，才能行使记者的使命。

第二节　记者的素质构成

一个称职的记者应该具备哪些基本素质呢？

首先，我们借鉴一下国外对于电视记者素质构成的观点和标准。

在美国，电视台挑选电视新闻从业人员的标准大体有三个：

其一，必须有专业新闻工作的背景；

其二，具有电视技术的专业知识；

其三，具备新闻判断力和新闻敏感，专业训练次之。

概念术语

依照心理学的解释，素质是人的先天解剖生理特点，主要是感觉器官和神经系统方面的特点。

素质是人的心理发展条件，不能决定人的心理内容和发展水平。人的心理来源于社会实践，素质也是在社会实践中逐渐发育和成熟起来的，某些生理素质上的缺陷可以通过实践和学习得到不同程度的补偿。

对于新闻记者来说，知识总量的汇集，能力的提高，修养的培育，作风的形成，品格的铸造，自然也有一个逐渐积累、成熟的过程。

对这三点，不同电视台有不同的看法，但只要入选人员具备上述条件的一条，就有可能被挑选上。

哈伯德有限广播公司董事长兼总经理斯坦利·哈伯德在其《电视与广播时代》一书中，阐述了新闻从业人员应该具备的素质。

他在书中提出了这样的观点，什么人算作记者？一个有资格做新闻记者的人是因为他在一所大学获得学位，这所大学证明他毕业于新闻专业吗？或一个有资格做记者的人，是因为他过去在某个地方做过记者？他认为并非如此。

一个记者要想让别人承认自己真正胜任这项工作，就必须向别人证实自己确有新闻才干和新闻敏感。由于制作广播电视新闻的时间有限，为求成功，广播电视新闻记者必须具备真正的新闻敏感。

他认为，一个人不可能在新闻学院学到新闻敏感。新闻学院可以使学生做好准备，将来在一家电台或电视台的新闻编辑部工作；教授学生掌握基本的新闻报道技巧，但掌握技巧决不意味着已具备新闻敏感或新闻判断力了。

哈伯德强调的是新闻敏感和新闻判断力。一个真正的记者必须首先具备新闻敏感，而这种敏感又应该是有专业知识的，区别于只有专业知识却没有新闻敏感的人。

一位经验丰富的老记者巴巴拉·艾伦赞同这一观点，他提出，一个有潜力的记者应有能力做到这样三点：对市政府、对记者所在社区的实权人物、对所在地区的经济工商界人士、对你们的学校及地方名人的各个方面都应熟悉；对人、政府、艺术、政治、教育、科学、社会和经济问题的有关知识掌握的广度和深度，是衡量记者素质的重要标准之一；记者的作用和职责是看到那些似乎会成为新闻的事件和背景。

波士顿WEEI全新闻电台的主编特里萨·麦卡尔平倾向于挑选那些过去从事过新闻工作的人。她强调新闻经验的重要性在某种程度上胜过其他要素。她认为，过去的电子新闻写作经历是重要的，这可以是在大学电台或在某个地方没有报酬的实习经历，只要它是电子新闻写作就行，因为电子新闻写作的要求与报纸新闻写作不同。

麦卡尔平注重的第二点是：申请人必须具备用口语风格撰写简单句的能力。她期望记者有新闻判断力。她是这样考验他们的判断力的：交给申请者一条报纸消息，让他们改写成电子新闻稿，从而判断申请者是否为电子新闻找到了合适的导语，并以一种“吸引人的口语风格”来表现导语。同时，电子新闻要求记者讲求速度，对于好的记者来说，所有这些都是一挥而就的。

至于申请者的学历，麦卡尔平认为大学文科教育为最好。同时申请者是通过认真阅读报纸、杂志，听广播新闻、看电视新闻来了解世界上发生的事情的。如果申请者过去没有一点新闻经历，那么也要有传播学专业学习背景。

欧文教授在其《电视新闻》一书中阐述了新闻媒介经理们录用年轻人的n个条件：首先考虑的是有两年记者经历，但没受过大学教育的人。其次是没有记者经历的大学广播电视新闻专业的毕业生。最后是非新闻专业毕业又没有实践经历的大学生、地方大专生以及电视专科毕业生。对其他非电视新闻专业毕业生的优先考虑次序为：政治科学、英语、历史、综合新闻和电子传播。电视台要求的最重要的能力是写作。最受欢迎的个人素质是好奇、热情、精力充沛、奋发向上。

欧文还依据美国新闻教育委员会的有关规定，列举了电视新闻记者应当具备的素质：

1. 撰写口语化新闻稿件的能力；
2. 新闻判断力和鉴赏力；
3. 编辑稿件如通讯社电传稿的能力；
4. 具备法律及电视法的知识；
5. 操作一般设备的能力；
6. 了解电视的有关技术问题；
7. 了解媒体对受众的责任；
8. 在压力下工作的能力；
9. 迅速作出决定的能力；
10. 制作新闻节目的速度；
11. 熟悉电视新闻的各种技巧；
12. 新闻制作的专业知识；

要点提示

从记者工作的特性和职责看，记者应具备良好的政治素质、精神素质和业务素质。

政治素质的要求是：坚持真理、坚持正义，具有高度的社会责任感和政治思想水平。

精神素质的体现是：热爱事业、献身事业，具有顽强的职业作风、强烈的竞争意识。

业务素质的构成是：深厚广博的知识、纯熟的技巧、综合的能力。

13. 为电视采集新闻的能力；

14. 以较好的声音播读新闻稿的能力；

15. 在全国性或其他消息中发现适合于地方新闻的能力；

16. 在一般采访中迅速看到特写稿的角度；

17. 使复杂问题简单化的能力，并使其对听众或观众富有意义。

以上是美国媒体对电视记者的特别要求。从上述的观点来看，电视记者的素质要求同文字记者有所不同。

要点提示

记者的新闻采访活动本质上是一种社会活动。记者对人类世界发生的事物是否有正确的理解，对报道内容同社会发展密切的关联程度是否有清醒认识，都直接影响到传播的社会效果和电视机构的声誉。

记者也是一定意义上的社会活动家。观众对记者采访报道的信赖程度往往取决于记者对人类、国家、民族、公众利益的关心程度。反过来，记者的采访活动也时刻受到公众和社会的监督。记者要胜任本职工作，一定要具有良好的政治素质。

一、政治素质

相对而言，任何一个国家的新闻媒体，都在一定程度上有其政治色彩，任何一个电视机构都会受到现实社会的影响。

在我国，电视是党、国家和人民的传播媒介。它一方面要传播报道国家的重要方针政策、法律以及各个时期的工作重点；另一方面要反映人民群众的呼声、要求、愿望，起到“桥梁”的作用。党和人民的根本利益是一致的，所以不能违背这一根本利益，不能超越于执政党、社会、人民，而应为国家民族的利益着想，才不会被社会、时代所淘汰。

政治思想水准之于记者，其重要性占据首位。政治上站不住脚，其他一切都无从谈起。当然，政治思想水准不是空洞的口号或标签，而是对国内外形势的准确把握，对各个时期国家大政方针精神的领会、贯通，准确、具体地把国家和政府的大政方针、中心工作体现在节目中。

社会责任感是记者政治素质的另一个重要内容。记者的工作责任重大，需要具备较强的社会责任感。

记者在采访报道中批评什么，赞扬什么，肯定什么，否定什么，都具体地反映出记者的社会责任感。

要点提示

由热爱、追求、献身而形成的顽强职业作风和强烈竞争意识反映出记者采访活动的特殊性。

二、精神素质

从纯职业的观点看，记者工作既意味着光荣与神圣，也意味着艰辛和危险。

某种程度上讲，记者工作是高强度的脑力与体力劳动的结合。这种工作的特性决定记者的精神追求与付出。

热爱与献身是相互促动的。热爱，是动力的源泉；热爱，才能有所追求；热爱，本身就是力量。献身是一种崇高的精神境界，它促使记者调动自己的潜在力量、勇气、智慧，为了实现理想去做艰苦卓绝的努力，甚至牺牲自我利益。

这种特殊的工作也充满了刺激和传奇色彩，许多优秀记者正是被这样的特殊状态所吸引、所激励。他们不畏惧危险，不躲避艰辛，不害怕吃苦，反而在危险、艰辛、劳苦中体会出人生经历和职业活动的乐趣，促使他们调动自身的潜在智慧和能量、无比的勇气和信心，为完成记者的神圣使命而奋斗不止。

三、业务素质

记者要提高自己的业务素质，需要在能力、知识、技巧三个方面下功夫。

行为心理学理论揭示：人的知觉或思维活动是人在从事这样那样的工作或操作中进行的。若要顺利地、成功地完成工作，重要的前提是具备相应的综合业务能力。

任何单独的能力都不能成功地完成某种活动。例如，学习活动需要观察力、记忆力、概括力、理解力等。记者的新闻采访实践活动是复杂的劳动，更需要多种能力的综合。

能力是为顺利完成特定活动在个体经常、稳固地表现出来的心理特点，因此，它是在个体固定下来的概念化的东西。

知识是头脑中的经验系统，它以思想内容的形式为人所掌握。

技巧是指那些在个体固定下来的行动方式，这些行动方式虽然具有概括性，但它相对来说仍是比较具体的。而能力不是这些行动方式本身，而是调节这些行动方式的心理活动的概括化。

记者在采访中对具体方式的掌握，这是技巧。在运用技巧的过程中，如果支配动作的心理过程进行的敏捷性能够经常出现，并成为巩固的概括化系统时，它才成为能力。

在记者的新闻采访活动中，能力、知识、技巧密切地联系着，他们之间相互联系和相互制约的体现是：掌握知识、技巧以

概念术语

能力、知识、技巧是构成记者业务素质的基本因素。

记者业务能力的发展是在掌握和运用知识、技巧的过程中完成的。

离开了知识的学习积累和业务技巧的训练掌握，业务能力是得不到发展的。

能力在一定程度上决定着记者在知识、技巧的掌握上可能取得的成就。

延伸阅读

"电视采访记者应该是一个什么样的人？应该是感觉灵敏，理智，好奇，热忱，有耐力，富于想象力，灵活，有创造性，可信赖，足智多谋，真诚，顽强，富有同情心，机警，勇敢，自信……优秀的电视记者为观众、为采访对象、也为自己做能提供新信息的采访。"①

① 〔美〕肯·梅兹勒：《创造性的采访》，中国人民大学出版社 2010 年版，第 96 页。

一定能力为前提；能力制约着掌握知识、技巧的快慢、深浅、难易和巩固程度；而知识的掌握又会促进能力的提高。

从专业的角度讲，突发性重大自然灾害的报道往往是检验媒体传播能力和记者素质的窗口。

突发性自然灾害具有“突发性”和“灾难性”的特点，往往在短时间内成为社会关注的焦点，同时，也成为媒体报道的热点。

由于突发性自然灾害具有社会普遍关注的媒体新闻热点的特征，围绕事件的方方面面会瞬间形成社会舆论重心。

作为国家权威强势媒体，汶川地震使 CCTV 在重大灾难事件直播的应对机制方面积累了经验；玉树地震使 CCTV 抓住了报道的先机，以迅速及时、信息透明公开及新媒体的多元报道赢得了舆论引导的主动权；芦山地震由于政府、媒体和公众之间的互动，使信息发布、传播和接受获得明显的效果。

可以说，电视记者业务素质的提高要从能力、知识、技巧三个方面进行综合培养，这也是其职业特征所决定的。

本章重点归纳

1．记者的职业道德是记者新闻活动的行为规范和准则，其内容包括：指导思想、品德修养、立场态度、工作作风、事业心、责任感等。

记者职业道德的核心内容是尊重事实，这是贯穿于记者新闻活动的根本性的指导思想。记者的立场、作风、态度、事业心、责任感都围绕这个核心而发挥作用，离开了这个核心，职业道德就没有了着眼点，失去了目标。

2．记者职业道德的体现形式一般通过“记者守则”“记者信条”“岗位规范”等形式得以体现。在世界上，大多数国家新闻机构都确认记者职业道德中最重要的内容是：客观、公正、真实、准确、庄重地报道新闻；向读者、听众、观众负责；保持正直和独立；保守国家秘密；保护消息来源；尊重他人名誉；不得接受贿赂，不搞有偿新闻等。

3．培养、提高记者的职业道德，起码要从四个方面努力：一是职业道德法规的约束；二是新闻机构的监督；三是新闻教育的熏陶；四是记者自身修养的加强。

4．记者的政治素质要求是：坚持真理、支持正义，具有高度社会责任感和政治思想水平。精神素质的体现是：热爱事业、献身事业，具有顽强的职业作风和竞争意识。记者的业务素质构成是：深厚广博的知识、纯熟的技巧和综合的能力。

思考题

1. 记者职业道德的核心内容是什么?
2. 为什么要加强自我修养?
3. 怎样正确认识记者的社会地位?
4. 记者的基本素质构成体现在哪些方面?
5. 记者业务素质主要包括哪些方面?
6. 记者精神素质主要包括哪些方面?
7. 为什么说中国记者的政治素质在新闻活动中十分重要?
8. 知识、能力、技巧三者是什么关系?
9. 知识、能力、技巧在业务活动中是如何发挥作用的?

图书在版编目（CIP）数据

电视采访学 / 赵淑萍，谭笑著.
—北京：中国传媒大学出版社，2015.5
ISBN 978-7-5657-1196-1

Ⅰ. ①电…
Ⅱ. ①赵… ②谭…
Ⅲ. ①电视新闻—新闻采访
Ⅳ. ① G222.1

中国版本图书馆 CIP 数据核字（2014）第 227162 号

广播电视新闻专业“十二五”规划教材

电视采访学

著　　者 赵淑萍　谭　笑
责任编辑 曾婧娴
装帧设计指导 吴学夫　杨　蕾　郭开鹤　吴　颖
设计总监 杨　蕾
装帧设计 刘鑫等平面设计创作团队
责任印制 曹　辉
出 版 人 王巧林

出版发行 中国传媒大学出版社
社　　址 北京市朝阳区定福庄东街 1 号　　邮编：100024
电　　话 86-10-65450532 或 65450528　　传真：010-65779405
网　　址 http://www.cucp.com.cn
经　　销 全国新华书店

印　　刷 北京艺堂印刷有限公司
开　　本 787×1092mm　1/16
印　　张 16.75
版　　次 2015 年 5 月第 1 版　　2015 年 5 月第 1 次印刷

书　　号 ISBN 978-7-5657-1196-1/G·1196
定　　价 39.80 元